新曲綫 | 用心雕刻每一本……
New Curves

用心字里行间　雕刻名著经典

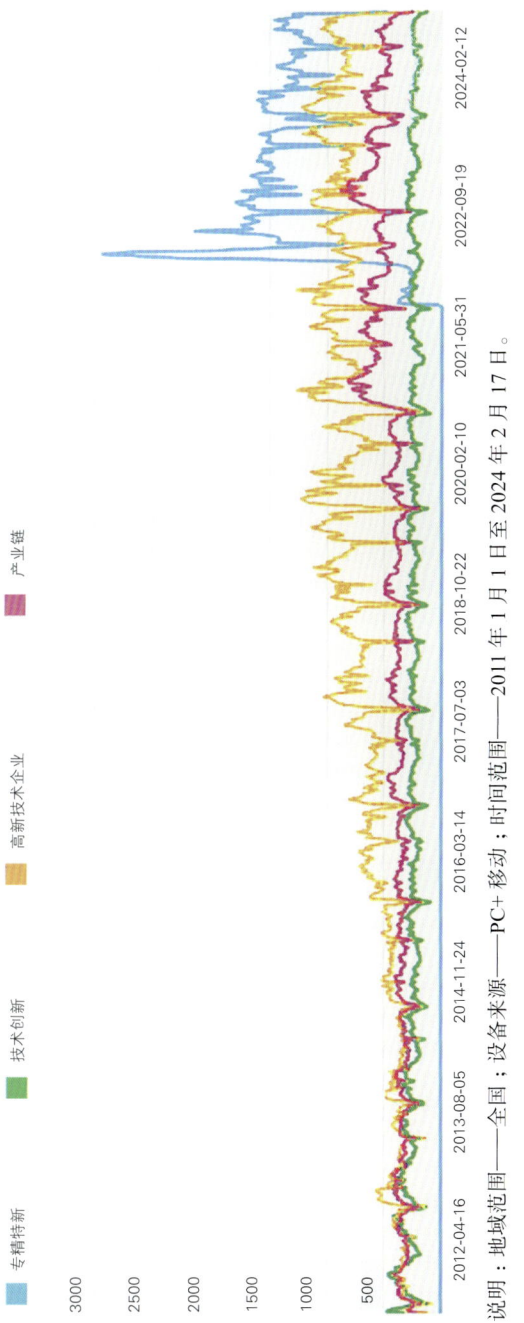

图1-1 百度指数——搜索指数（关键词搜索趋势）（见正文第4页）

说明：地域范围——全国；设备来源——PC+移动；时间范围——2011年1月1日至2024年2月17日。

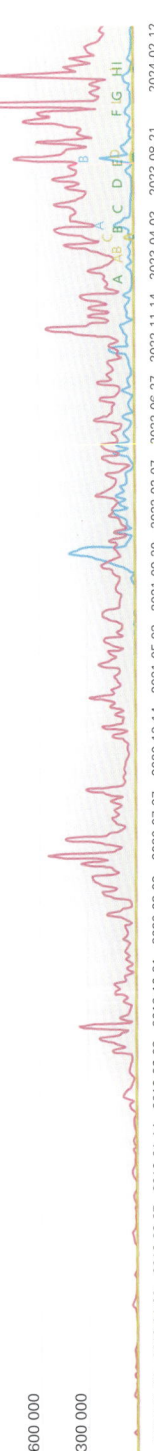

图 1-2 百度指数——资讯指数（资讯报道）（见正文第 5 页）

商务印书馆(成都)有限责任公司出品

做 实

"专精特新"企业的成长之道

王 辉　彭泗清　董小英
潘垚天　武亚军　王 锐　著

商务印书馆

2025年·北京

序 言

唯实唯精，共创未来

  这是一部在新发展格局下，专为中国"专精特新"企业群体的创业者、总经理和高管们而研究并撰写的管理实践型著作，也是博雅塔下关注管理学实用价值的众多学者的集体创新之作，还是中国经济高质量发展背景下面向国家重大需求、因应社会与时代需求的诚意之作。

  随着2019年中美贸易战和西方逆全球化的兴起，中国面对国内国际经济双循环的新发展格局和经济、社会亟待全面高质量发展的巨大挑战，由此，越来越多的中国大型企业和一大批创新型中小企业群体，都面临着提升自主核心技术、全面提升核心竞争力和加强产业链韧性与安全的迫切需求。尤其重要的是，随着人工智能、云计算、大数据等新一代信息技术的迅猛发展，中国制造业比以往任何时候都需要寻求在全球产业链和价值链中的价值和竞争力，需要提升产业链的自主性、安全性和韧性。因此，分布在产业链关键环节和领域的专精特新企业，更要克服重重困难，努力解决"卡脖子"问题，实现持续发展。

  事实上，自2018年以来，中美经贸摩擦加剧、国际贸易争端增强、保护主义盛行，中国在半导体芯片制造、航空航天、新材料、信息安全和互联网软件及操作系统等一些新兴产业领域和若干关键技术上都遭受了

"卡脖子"问题，中国的自主技术研发、产业链安全与供应链韧性，以及大、中、小型企业融通发展都亟待加强，由此中国政产学研各界都充分认识了强化大国制造、产业链强链补链优链固链、加强关键技术研发及提升核心竞争力的重要性，并且在多个领域做出了艰苦努力与辛勤探索。党的"二十大"报告明确指出"支持专精特新企业发展"，工业和信息化部2021年提出了发展专精特新企业体系和建设规划的"百十万千工程"，即到2025年十四五规划期间，全国要打造100万家创新性中小企业、10万家专精特新企业、1万家专精特新小巨人企业、1000家单项冠军企业和一大批领航企业，并在相关领域推出了政策支持、资源配套以及关键行动举措，进而影响到如浙江、山东、广东和深圳等各主要工业省市。在工程科技界，在习近平总书记"四个面向"——"坚持面向世界科技前沿、面向经济主战场、面向国家重大需求、面向人民生命健康"的指引下，推进中国制造2035计划，加强工业科技创新基础已经成为一种国家战略。实际上，随着我国工业强基工程的推进，中国工程院工业强基战略研究项目组在2021年对我国苏浙沪地区的专精特新小巨人和单项冠军企业进行了广泛的调研和分析，并且推出了专项研究成果。

专精特新企业的发展不但助力中国经济的高质量发展，同时也为中国特色管理理论的形成提供了丰富的土壤。多年来，中国管理学界有一批学者倡导推进面向管理实践的中国学问和本土研究，呼吁大力推进有中国特色和中国气派的本土管理理论发展。然而，具体到中国专精特新企业成长与管理模式研究领域，虽然也有一些研究者、机构（如中小企业协会）和政府部门（如工信部）对专精特新企业的评价标准与指标体系，以及江浙一带专精特新密集区域的企业管理特色和成长路径等做了研究，但总体来看，在全国范围内对中国专精特新企业的管理和发展模式仍然缺乏比较系统深入的学术研究，而中国专精特新企业培育国家工程的实施及专精特新企业的持续转型升级要求，对中国管理学术界提出了巨大的政策需求和学术挑战。

在这个重大的政策需求和学术挑战面前，北大燕园博雅塔下关注管理实践的学者们秉承北大勇于创新的学术风气和"敢当"精神，积极融入中国多类型、多层级专精特新企业实践前沿，从多学科及专业协同的观点出发，从领导行为、战略模式、营销战略、企业创新、运营管理与组织文化等6个方面，对专精特新企业进行了全方位的"扎根式"研究。在疫情期间，北大研究团队成员在2021年12月底对北京奇安信公司进行了第一场现场调研和访谈，自此开始，本书的6位作者在"使命感召"和"志趣相投"的双轮驱动下，克服多种困难和诸多不利的艰苦局面，采用跨学科的多元视角，从各自擅长的专业领域对专精特新企业战略与管理问题进行了综合性和多领域的访谈研究，并于2022年年底提出了综合性的专精特新企业成长发展理论框架——"博雅塔模型"。该模型从领导模式、战略管理、组织文化、市场营销、运营管理和企业创新等6大模块，深入细致地分析并构建了专精特新企业的成长模型。这6位学者所擅长的管理学科与研究领域主要包括：王辉——战略领导；彭泗清——市场营销；武亚军——战略管理；董小英——信息化和数字化转型；王锐——营销战略与企业创新；潘垚天——社会心理与组织文化。自2019年10月在北京大学组建了跨学科的专精特新企业管理研究团队后，研究小组就以线上线下相结合的方式，对京津冀、广深珠三角、沪杭长三角的8家专精特新代表性企业进行了主题调研和深度访谈。这些企业分别是：北京的大清生物（先进医疗材料）、亿华通（氢能发动机与商用运输）、奇安信（网络信息安全）、天智航（骨科手术机器人）及冀凯股份（矿井支护机械），杭州的宇视科技（视频安防与物联网），广东的瑞德智能（小家电智能控制器）、金洲精工（电路板微型钻头）。此外，研究小组也结合了本书作者多年来对华为、方太、贝壳、乐歌、中国巨石、极飞科技、小狗电器、万位数字、九号公司、宜花科技等企业的研究成果。2023年的4月和8月,研究团队中的几位教授先后又组队对安徽合肥、广东深圳等多家专精特新企业进行了现场调研或补充调查。在仔细分析这些调研资料,集中研讨与观点交锋碰撞的基础上,6位教授组成的团队通过多轮研讨,商议采取理论与实践兼顾的著作风格,分工完成了九章内容的研究与撰写,并希望以形象鲜明的整体框架、通俗易懂的语言,向理论界和企业实务界传播我们的学术观点与研究成果。

博雅塔模型包含五个部分,对应了一座塔具有的结构和相互关系。首先是"塔基",包括中国改革开放的制度环境、优秀的传统文化(儒、释、道、兵、法等价值观,中国特色的思维模式等),以及西方的管理理论与实践。中国的企业家是在"改革中孕育,开放中成长"的,改革开放为中国企业家提供了良好的条件,同时孕育了非常鲜明的企业家精神,如洞察环境、抓住机遇、承担风险等。接下来是塔的"基柱"部分,包含"坚实的领导""务实的战略""脚踏实地的企业文化"三个方面。专精特新企业要想更好的生存发展,"做实"是重中之重。这些中小企业不要急于做大做强,也不要急于多元化的经营和发展,最重要的是"做实"。"横梁"作为博雅塔重要的组成部分,在一座塔中起着承上启下的作用。在模型中体现为"扎实的运营",包括精益化管理、信息化建设、数字化转型、平台化竞争等内容。塔的"顶柱"则代表专精特新企业发展最重要的两个方面:"实用的创新"与"以实应变的市场营销"。模型最上面的部分是"塔刹",代表着中国专精特新企业未来一定要走向世界,参与全球化竞争,从而使中国的产业链变得韧性更强,安全性更好。

在序言里值得对本书的三大特点——战略性、理论性与实践操作性做进一步的强调。首先需要指出的是本书具有的战略性,它主要体现在以下三方面。第一，本书的读者对象定位于职能经理以上的业务总经理和集团总裁等高层领导人，博雅塔模型和其中的高层领导力（第 3 章）与企业战略模式（第 4 章）为领导人提供了一个系统思维框架和两种主要工具，即辩证领导力和战略五星模型。第二，本书的第 5 至第 8 章虽然侧重信息化和数字化转型、创新和组织文化等各个管理学科，但其整体则侧重向总经理或部门经理展示专精特新企业发展需要的综合观点或协调视角。第三，本书的主要内容实质上集中在创新性中小企业如何从创新型中小企业向小巨人企业及制造业单项冠军企业跃升，这将会对大量的创新性中小企业持续转型升级，进而成为隐形冠军企业或全球领航企业提供重要指导。此外，就本书的内容涵盖范围而言，它所提供的综合性的博雅塔模型，包含了战略领导力、战略模式、企业文化构建、实用创新性（包括产品、技术和市场创新）、运营管理升级（包括信息化、数字化和智能化等）和国际化战略发展等多种关联内容，涵盖了专精特新企业发展的主要领域，并且涉及中国传统文化的创新性发展和创造性转化等重要议题，是对中国专精特新企业战略领导者加强综合管理效能、提升企业战略成长能力的一个重要保障和信心加持。

  其次，本书在写作中兼顾了理论的严谨性和文字的可读性，体现了"博雅塔模型"及主要管理模块的理论高度。实际上，本书第 3 章在通用高阶层理论的基础上提出了专精特新企业领导者的价值观和辩证领导力要求；第 4 章的"战略五星模型"是在通用战略要素和聚焦/专一化竞争战略的基础上，提出了专精特新小巨人企业战略成长所需要的目标专一、市场聚焦、价值创新、技术精进与人才支撑等关键要素及其配合等命题；第 5 章的组织文化研究在常规的组织文化功能论基础上，指出了专精特新企业在组织文化方面表现出质量、效率和创新三个基本特征，以及快速、弹性、学习、灵活和团队五个专有特征；第 6 章在传统的质量管理和精益化管理理论的基础上，总结出专精特新企业扎实运营需要的四大递增能力要求，即精益化管理、信息化建设、数字化转型和平台化合作；第7章在传统的创新分类理论的基础上，凸显了专精特新企业创新的系统性、实用性和独特性，即切近客户的实用性、适应性和压强性（针尖式）。需要指出的是，本书各章的叙述并非是抽象理论推演的枯燥陈述，而是结合基本理论、案例发现和事实证据的有效铺陈，力图在通俗的叙述中展现扎根理论的重要性和针对性。

再次，本书提出的扎根式理论框架和管理知识具有很强的实践操作性。一方面，这是由于本项目采用的主要研究方法是多案例的扎根研究，得出的观点或模式本身就是从实践中总结提炼而来的，因此天然具有操作性；另一方面，本书各章的叙述也都采用了理论与实践相结合，以及系统观点和框图、案例与夹叙夹议配合的呈现方式，这样也使得各部分管理知识的要点、应用场景及具体背景相对清晰明了、易于实行。此外，为了提高书中理论观点与知识的实践操作性，作者在撰写中还开发了一些具体的实践应用工具或辅助方法来提升实践操作效果。例如，本书第4章所提出的专精特新企业成长的"战略五星框架"，在其应用操作时就可以根据战略五星框架进行各组成要素的星级评价（即从1星至5星打分），从而明确战略改进方向和要素升级力度，进而提升战略模型的实践应用效果。

这是一本面向实践者的通俗类管理学著作。在阅读本书时，企业的高层管理者可以按照本书各章的内容，从第1至第9章依次顺序阅读。当然，各位经理人朋友也可根据自己管理工作的实际需要和兴趣关注点，从书中的某一章开始作为阅读的起点。例如，关注运营及精细化管理的经理人可以从第6章——扎实的运营入手阅读，再来阅读其他相关章节，最后完成全书阅读和对内容的整体把握；关注组织文化和人力资源管理的经理人，则可以选择第5章作为阅读起点，再及其余。需要向各位经理人朋友们指出的是，在阅读本书所述具体企业案例的管理经验和做法时，我们希望读者能联系这些具体企业所处的行业特点和专精特新发展层次，以及所在地域的宏观政经环境和地域文化背景等因素，从而更好地理解这些经验和做法的相关价值及其调节因素，甚或是替代因素，而不仅仅把书中的案例经验或做法作为管理教条生搬硬套，或者简单复制为自己的管理行动。另外，值得强调的一点是，本书重点依据的八家专精特新典型企业既有发展的成功经验，又面临升级挑战，并不代表它们已经成功或完全正确无误。

除了感谢本书读者对我们的研究和专著予以关注，同时我们也特别希望在此对参与调查的这八家企业，以及我们以前和现在正在研究的案例企业表达我们衷心的感谢！尤其感谢：奇安信创始人齐向东；宇视科技创始人张鹏国；大清生物创始人李次会；亿华通董事长张国强；天智航创始人张送根；冀凯股份董事长冯帆；瑞德智能创始人汪军；金洲精工总经理罗春峰等。他们的卓越表现不但助推了中国经济的高质量发展，有利于解决中国的"卡脖子"问题，同时也为我们的研究提供了丰富的素材，使我们能够在优异的管理实践中汲取营养，逐步形成具有中国特色的管理模型和理论。本书能够得以出版，我们还要感谢新曲线公司和商务印书馆编辑团队的倾力付出！正是你们的耐心催稿和专业编辑，使本书不但能如期出版，同时也保障了内容上的专业性与可读性。最后，感谢北京大学领导力研究中心对本书相关研究的支持与辅助，以及参与本项研究的博士生和EMBA学生等相关人员。本书的写作和出版还得到了北京大学光华管理学院"光华思想力"第四期课题经费的资助，在此特别致谢！

本书书稿全部完成和交付出版之际，恰逢2024年立春时节，很快龙年春节也即将到来，作为未名湖畔一群关心中国专精特新企业发展理论与实践方法的中国管理学者，我们真切地认识到数以百万计的专精特新企业正是构筑中国经济发展壮大的主要群体和活力之源，而越来越多的中小创新企业成长为专精特新小巨人、单项冠军企业乃至全球领航企业，是中国在世界经济舞台上勇立潮头与实现大国复兴的必由之路！我们衷心地希望本书的出版能够帮助中国数以百万计的优秀企业家们发扬龙马精神，带领企业在新时代龙腾虎跃、持续升级，为中国式现代化和大国复兴贡献卓越力量。倘能如愿，何其幸哉！

本书全体作者

2024 年 2 月 4 日 立春时节

于博雅塔下

目　录

第 1 章　从月明星稀到群星璀璨　　1
　　专精特新企业兴起是中国经济发展的新篇章　　2
　　回望与反思：值得警醒的偏差与误解　　7
　　开创新格局：专精特新企业如何实现高质量发展　　18

第 2 章　研究样本与分析框架　　23
　　专精特新企业为什么重要　　24
　　访谈过程及目的　　26
　　访谈样本的筛选　　30
　　专精特新企业成长的博雅塔模型　　42

第 3 章　坚实的领导　　73
　　企业家与胜任特征　　74
　　前瞻与务实　　76
　　坚韧与通变　　92
　　自驱与引领　　98
　　整合与赋能　　103

第 4 章　务实创新的战略　　113

中小创新型企业要有战略思维　　114

专精特新企业战略发展：迈向一个"五星"架构　　125

制造业专精特新企业"五星"战略架构　　133

科创型专精特新企业的"五星"战略架构　　145

专精特新企业"五星"战略架构的管理应用　　167

第 5 章　脚踏实地的企业文化　　185

三个基本特征　　188

五个专有特征　　197

文化落地　　212

总　结　　215

第 6 章　扎实的运营　　217

精益化管理　　219

信息化建设　　229

数字化转型　　242

平台化合作　　250

构建扎实的运营体系　　257

第 7 章　实用的创新　　263

专精特新企业创新的特点　　264

贴近客户　　266

实用性创新　　270

适应性创新	274
针尖式创新	286

第 8 章　以实应变的市场营销　　297

市场研究功：以专注深耕市场，把握真实需求	301
客户信任功：提供实效方案，以精诚赢得客户	318
竞争进化功：创造领先实力，以特长超越竞争	331
生态共建功：强化厚实根基，以创新持续发展	337

第 9 章　走向世界的中国专精特新　　343

从本土走向世界	345
专精特新企业的国际化特点	347
国际化的动因	350
国际化的条件	353
国际化的路径	358
国际化战略	359
如何迈出第一步	361
国际化的能力建设	365
国际化经验	370
总　结	373

第 1 章

从月明星稀到群星璀璨

本书的序言中介绍了作者团队与"专精特新"企业的缘分。作为时时关注管理动态和管理新知的研究者，我们比较早就知道"专精特新"这个词，十多年前就开始了相关的研究和知识积累。不过，真正开始以实证方法对专精特新企业成长之道进行深入研究，只是近几年的事。具体的研究过程和方法，将在第 2 章详细介绍。有趣的是，我们对于这个课题的研究节奏，与社会大众对于专精特新的关注热度，基本上是同步的。

随着企业调研的开展和相关理论研究的深入，我们越来越感受到专精特新企业研究的巨大魅力。这种魅力来自这些企业精彩纷呈的故事，来自它们独特的成长路径，来自一大批专精特新企业成长所蕴含的重大意义：专精特新企业的兴起开启了中国经济高质量发展的新篇章，增添了强链优链的新动能，创造了群星璀璨的新生态，也为讲好中国故事、构建中国管理理论提供了新素材。

专精特新企业兴起是中国经济发展的新篇章

从专家观点到国家政策

"专精特新"是近几年才火起来的热词，它在媒体中的出现却可以追溯到二十多年前。早在 2000 年就有专家提出"中小企业有四条可行之路：专精特新"（卫东，2000），2005 年及 2006 年一些省份出台了有关专精特新的文件[1]，2011 年工信部出台《中国产业发展和产业政策报告（2011）》和《十二五工业转型升级规划》，明确提出要促进中小企业走"专业化、精细化、特色化、新颖化"发展道路，但是，由专家的观点到地方政策，再到部委的规划，再到国家层面的重大政策，是一段相当长的历程。

2019 年，中共中央办公厅、国务院办公厅印发《关于促进中小企业健康发展的指导意见》，其中提出以专精特新中小企业为基础，在核心基础零部件（元器件）、关键基础材料、先进基础工艺和产业技术基础等领

---

[1] 2005 年辽宁省率先发布了《中小企业"专精特新"产品技术认定暂行办法》，2006 年安徽省政府工作报告中提及发展一批"专精特新"中小企业，形成一批特色鲜明的产业集群。

表 1-1 "专精特新"相关重要政策和会议

时间	文件/会议名称
2012.4.26	国务院发布《关于进一步支持小型微型企业健康发展的意见》
2013.7.16	工信部发布《关于促进中小企业"专精特新"发展的指导意见》
2018.11.26	工信部发布《关于开展专精特新"小巨人"企业培育工作的通知》
2019.4.17	中共中央办公厅、国务院办公厅发布《关于促进中小企业健康发展的指导意见》
2021.1.23	财政部、工信部联合印发《关于支持"专精特新"中小企业高质量发展的通知》
2021.3.11	十三届全国人大四次会议。十三届全国人大常委会联组会议专题询问，引导中小企业走上"专精特新"之路
2021.7.30	中共中央政治局会议。会议首次提到了要开展补链强链专项行动，加快解决"卡脖子"难题，发展专精特新中小企业

域，培育一批主营业务突出、竞争力强、成长性好的专精特新"小巨人"企业。由此，专精特新小巨人的培育也从部委层面上升至更高的层级。

2019年6月，工信部公布了第一批国家级专精特新小巨人名单，这也意味着促进专精特新企业发展由政策倡导进一步升级为国家行动。2020年11月13日，第二批国家级专精特新小巨人名单公示。2021年2月3日，财政部、工信部联合印发《关于支持"专精特新"中小企业高质量发展的通知》，《通知》中提出，2021—2025年，中央财政累计安排100亿元以上奖补资金，引导地方完善扶持政策和公共服务体系，分三批（每批不超过三年）重点支持1000余家国家级专精特新小巨人企业高质量发展。

从业界话题到社会热点

虽然国家支持专精特新企业发展的政策力度不断加大,但在 2021 年 3 月之前,专精特新还主要是政府部门和企业界关注的话题,专精特新出圈,成为社会大众关注的热点,只是近三年的事。我们可以通过百度指数来佐证这一判断。

图 1-1 是百度搜索指数中以"专精特新"为关键词的变化趋势。为了对比,我们加入三个相关词汇:技术创新、高新技术企业、产业链。自 2011 年 1 月至 2024 年 2 月长达 13 年的时间里,网民对"技术创新"的搜索频次不温不火,相当稳定;"高新技术企业"的搜索频次在 2015 年开始有明显的上升趋势;"产业链"的搜索频次在 2020 年有显著的提升;"专精特新"的搜索频次在 2021 年 3 月前基本上无声无息,然后突然上升,接着出现爆发式增长,其风头超过"高新技术企业"和"产业链",成为不鸣则已、一鸣惊人的黑马。

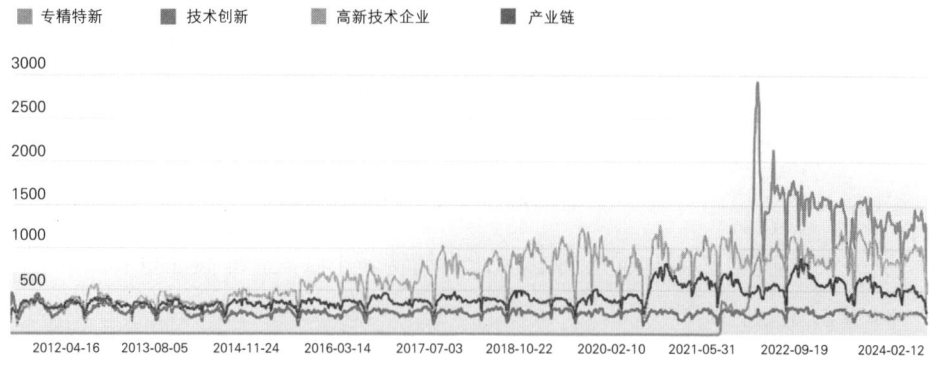

说明:地域范围——全国;设备来源——PC+移动;时间范围——2011 年 1 月 1 日至 2024 年 2 月 17 日。

图 1-1 百度指数——搜索指数(关键词搜索趋势)(见彩插)

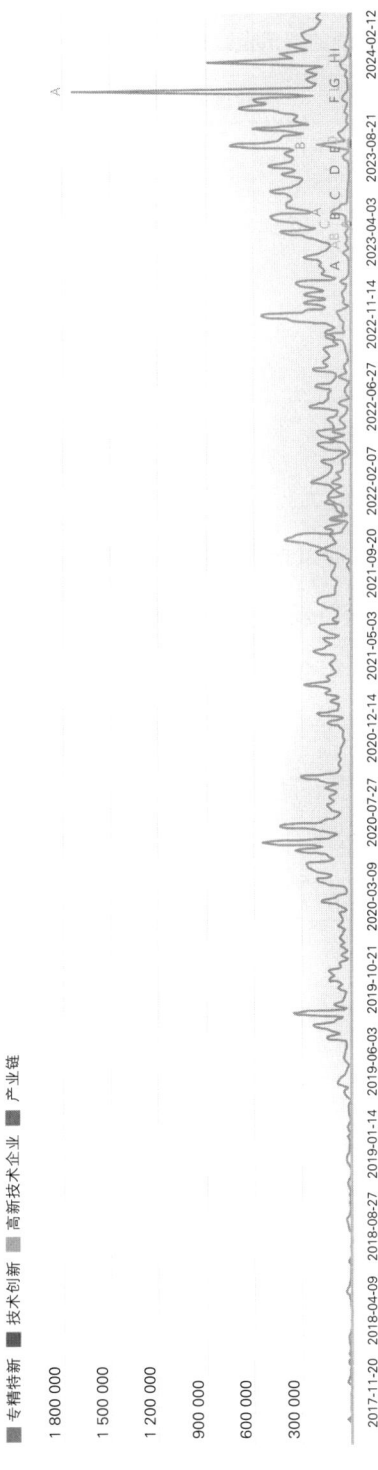

图1-2 百度指数——资讯报道（见彩插）

表 1-2 4 个关键词的资讯指数日均值对比（6 个时间段）

时间段	技术创新	高新技术企业	产业链	专精特新
2017.7.3—2018.7.3	0	37	9193	0
2018.7.4—2019.7.3	0	0	42 423	0
2019.7.4—2020.7.3	0	0	124 662	0
2020.7.4—2021.7.3	0	0	122 537	1054
2021.7.4—2022.7.3	0	0	137 575	72 234
2022.7.4—2023.5.3	146	2691	256 315	40 131

我们再来看看百度指数的另外一个维度——资讯指数，与基于网民关键词搜索的搜索指数不同，资讯指数以媒体中的资讯报道为基础。图 1-2 是百度资讯指数中以"专精特新"和三个相关词汇为关键词的变化趋势（2017 年 11 月 20 日至 2024 年 2 月 12 日）。

可以看出，自 2018 年开始，"产业链"一词的资讯指数显著超过"技术创新"和"高新技术企业"；自 2021 年 8 月开始，"专精特新"一词的资讯指数显著提升（2021 年 7 月 4 日至 2022 年 7 月 3 日一年中，"专精特新"的资讯指数同比增加 6751%）。表 1-2 列出 6 个时间段中 4 个关键词的资讯指数日均值数据。

从百度搜索指数与百度资讯指数的变化都可以看出：2021 年是专精特新企业成为社会各界关注热点的大年，专精特新企业开始由边缘走向中国企业舞台的中央。值得注意的是，学术界对专精特新的关注，也呈现出类似的轨迹。通过知网查询，可以找到以专精特新为主题的学术期刊，其中 2000—2011 年每年都在 5 篇以内，2012—2018 年每年 20 篇以内，2019 年 31 篇，2020 年 67 篇，2021 年大幅增长到 316 篇，2022 年高达 701 篇，2023 年有 480 篇。显然，2021 年也是中国管理学界有关专精特新企业研究的一个爆发点。

专精特新企业兴起的里程碑意义

专精特新企业成为热点，意义非同小可。可以毫不夸张地说，专精特新企业的兴起，是中国经济和企业发展的里程碑和转折点，意味着中国企业发展开启新的篇章，进入了高质量发展的新时代，在宏观层面将推动构建更加健康的产业生态，在微观层面将促使企业形成更加健康的创业心态和产业生态，推动中国商业文明迈上新台阶。

我们这样说似乎有一点宏大叙事的味道，不少专心致志做专精特新企业的经营者可能并不喜欢这种叙事方式，但是，我们相信，在"百年未有之大变局"的大背景下，在这个错综复杂、高度不确定性的时代，看清大势至关重要。只有洞悉了大趋势，才能真正坚持长期主义，也才能真正脚踏实地做好做优专精特新企业。

接下来，我们准备结合历史回顾和未来展望，从改革开放以来中国企业成长和发展、中国企业家创业创新的历史进程，来阐释专精特新企业涌现带来的历史转变，由此明确专精特新企业成长之道的时代底色。

概括来说，专精特新企业的兴起，意味着中国企业舞台上长期存在的C位偏差（大企业被追捧，中小企业被遗忘）得以纠正，企业生态将由过去的"月明星稀"走向"群星璀璨"；意味着不少企业家在创业心态上发生转变，由过去片面追求"做大做强"，到更加重视"做实做优"。

回望与反思：值得警醒的偏差与误解

改革开放以来，中国经济连续多年高速发展，取得了举世瞩目的巨大成就，跃升为世界第二大经济体。与此同时，中国企业茁壮成长，涌现了一大批优秀的企业和企业家。这些成就众所周知，不可否认，其中的很多宝贵经验值得总结和提炼。中国企业家调查系统课题组发布的《2023·中国企业家队伍成长与发展30年调查综合报告》（李兰等，2023），以持续30年的问卷追踪调查数据为基础，总结了中国企业发展和企业家成长的历程和经验。这份报告中一个重要的发现是，中国企业和企业家成长呈现阶段性特征，在社会主义市场经济体制创建期（1993—2002年）、全球化背景下的经济发展转型期（2003—2012年）、强调自主创新的改革开放攻坚期（2013—2017年）、大变局下的高质量发展推进期（2018—）四个阶段，企业发展的环境和主要动能、企业成长需要突破的主要瓶颈、对企业家的能力要求等均有明显不同，其中的风云变幻、创业创新历程，有太多可歌可泣的精彩故事。

如表1-3所示，在不同阶段，企业发展的现实挑战和关键目标明显不同，企业的管理重点自然也会有所不同，概括来说是：从"活下来"到"赢市场"，到"拼创新"，再到"开新局"。

在市场经济创建期，很多企业，尤其是中小企业，不仅在资源上一穷二白，在管理体系上也是从零起步，活下来是最现实的目标。因此，企业难免粗放发展，甚至恶性竞争。

在经济发展转型期，跟国际接轨、提升市场竞争力是企业发展的关键，很多企业为了赢市场，往往不惜一切代价，价格战、同质化竞争屡见不鲜。

在强调创新驱动发展的攻坚期，通过自主创新建立差异化竞争优势成为企业共识，拼创新成为热点，对标国际一流企业成为管理潮流，其中也不乏盲目跟从、东施效颦。

在高质量发展推进期，如何提升企业的系统能力、开创企业新发展格局，业已成为最关键的目标。这个阶段对企业的能力和企业家的综合素质

表 1-3　宏观政策环境的演进与企业家队伍的成长：四个阶段的比较

	市场经济体制创建期（1993—2002年）	经济发展转型期（2003—2012年）	改革开放攻坚期（2013—2017年）	高质量发展推进期（2018—）
国家经济发展战略	建立社会主义市场经济体制；造就企业家队伍	经济转型、产业结构优化升级；健全现代市场体系，发挥市场在资源配置中的基础性作用	创新驱动发展；紧紧围绕使市场在资源配置中起决定性作用，深化经济体制改革	贯彻新发展理念，转换增长动能；高质量发展；新发展格局
企业发展关键目标	建立现代企业制度 提高企业管理水平 练好基本功	企业转型与升级 提高企业的国际化水平 提升市场适应力	企业自主创新 提高创新管理能力 建立差异化竞争优势	企业高质量发展 提高管理复杂性的能力 提高持续健康发展能力
企业家进步方向	成为适应市场化改革要求、具备职业化素质的合格企业家	成为带领企业国际化和转型发展的学习型企业家	成为带领企业自主创新发展的创新型企业家	成为带领企业系统地应对高复杂性、实现高质量发展的战略型企业家
企业家核心能力	以职业化为核心的能力基础建设 自我职业角色意识初步形成；现代企业制度的理解和创建	以学习及变革为核心的能力扩展与提升 学习意识强；积极变革转型；责任意识与精神境界提升	以创新为核心的能力提升 风险承担与突破式创新的意识与能力表现突出	以管理复杂性为核心的能力提升 家国情怀；危机感知与应对能力提升；追求高质量发展

资料来源：基于《中国企业家队伍成长与发展30年调查综合报告》中的表格修改。

提出了更高的要求，需要企业家在总结历史经验和教训的基础上，迈上新的台阶。

面对开新局的时代使命，我们有必要进行回望和反思，看清楚企业在之前的发展中比较突出的问题和偏差，梳理出一些企业经营者和社会公众常见的认知误区，探讨出现偏差和误解的主要原因，从而为企业的健康可持续发展提供借鉴。这种回望和反思也可以帮助我们进一步理解发展专精特新企业的重要性。需要说明的是，企业的很多观念和做法在当时的背景下是情有可原、无可厚非的，我们之所以讨论偏差和误解，是以新的发展目标和需求为参照，阐释需要改善和提升的方面。

企业舞台上的 C 位偏差：月明星稀

"C 位"一词是网络流行语，对应多个英文词，如 Core、Carry 和 Center。C 位一词最早来源于游戏领域，指游戏中的 Carry 位（大哥位、1 号位），即能够在游戏中后期担任主力带领队伍的角色。C 位一词后来逐渐扩大到娱乐圈和生活中的方方面面，说某个人在 C 位就是指其在团队中处于核心位置。

我们借用 C 位一词来看改革开放以来的中国企业舞台，可以发现一个很明显的 C 位偏差：在媒体上、各种活动中，大企业被追捧，中小企业被遗忘，在公众视野中呈现的是一幅月明星稀的画面，若干知名的大企业和这些企业的创始人及高管处在舞台的中央，吸引了几乎全部的注意力，而中小企业处在几乎被遗忘的角落，无人问津。

一些 MBA 同学脑海中的硅谷企业地图，也从一个层面印证了这种月明星稀的情况。在国内的管理学教学中，硅谷经常作为高新技术企业创业创新的典范，不少商学院的海外游学项目也将参访硅谷作为必选项目，相应地，硅谷企业的案例是 MBA 同学最关心的内容之一。有意思的是，在 MBA 课堂上，当我们请同学们说出自己知道的硅谷企业名称时，大多数同学能够说出来的企业不超过五个（如苹果、Google、英特尔、思科、Facebook等）。当然，这些都是大名鼎鼎的企业。可以说，在很多同学的脑海中，除了几家经常处于C位的大企业，其他企业仿佛不存在一样。事实上，真正的硅谷企业地图群星璀璨，有大量的优秀企业虽然名气不大，却非常重要，是硅谷创业创新生态中不可或缺的成员。

C位偏差可能是人之常情，但是，中国企业舞台上的C位偏差却更加突出。为什么会出现这种情况？表面上看，这是大企业和小企业的影响力不同造成的。大企业资源丰富，有钱在主流媒体做广告，有钱搞各种公关活动，可以在很多地方发声；小企业则资源匮乏，人微言轻。在这种表象背后，更深层次的原因可能是市场经济发展早期阶段各种因素的综合作用，包括政策的偏向。

C位偏差的原因之一可能是"金牌心态"，如同看奥运会，公众往往只关心金牌榜和冠亚军，对那些没能站上领奖台的运动员往往视而不见。

C位偏差的原因之二可能是模仿式创新和对标国际一流企业的副产品。在模仿及对标为主流的发展阶段，企业自身经验有限、自主性不强，同时也不清楚自己能力的界限，自然会注意最优秀的企业、最耀眼的明星。打一个不恰当的比喻：情窦初开的年轻人往往想追求完美无缺、高不可攀的"梦中情人"，而不是最适合自己的对象。

C位偏差的原因之三可能是相关政策和社会资源的偏向。不少部门对企业的扶持政策往往是"抓典型""树先进"，工作重点是培育参天大树，而不是建设一大片森林。社会资源尤其是大众媒体资源对明星企业的过度倾斜，无形中也助长了C位偏差。

优秀的大企业、明星企业无疑有过人之处，有很多值得学习借鉴的地方，但是，当公众的注意力、各种社会资源都只聚焦大企业时，真实的商业世界就被裁剪、扭曲了，这种偏差无形中影响了企业家和创业者对商业世界的感知，进一步影响了他们对自己企业的发展定位，从而带来企业成长上的目标偏差。

企业成长的目标偏差：好高骛远

在中国经济高速成长的过程中，涌现了大量的经营主体。相关资料表明，截至 2023 年 9 月底，全国登记在册经营主体多达 1.81 亿户。其中，企业 5673.7 万户，个体工商户 1.24 亿户，农民专业合作社 224 万户。在企业主体中，绝大多数是中小微企业，数量超过 5200 万户。从世界范围来看，中小企业占比高是普遍现象。欧盟委员会官网显示，中小型企业占欧盟企业数量的 99%。

有一个很有意思的现象，中国很多中小企业虽然规模很小，默默无闻，但是其愿景却十分宏大，要么是"成为全球领先的 XX 技术解决方案提供商，推动社会进步和人类福祉"，要么是"打造世界一流企业"，总之，愿景都是要"做大做强，创造辉煌"。这种现象当然很有积极意义，体现了他们的鸿鹄之志。但是，从实际情况来看，不少企业的远大目标最终遥遥无期，只是一种好高骛远罢了。

中国传统文化强调"立志"，而且是要"立大志"，要志存高远、壮志凌云。与此相关的名言有很多，如"弃燕雀之小志，慕鸿鹄以高翔""少年心事当拏云"等。即使自身条件欠缺，也要信心满满，奋发有为，即所谓"穷且益坚，不坠青云之志""苔花如米小，也学牡丹开"。同时，古人相信立志的重要作用，"有志者事竟成""古之成大事者，不惟有超世之才，亦必有坚韧不拔之志"。这种倡导立志的价值观与企业家精神相当吻合，对创业者和企业家都是强大的精神动力。

值得注意的是，古人也认识到，立志只是成功的必要条件，不是充分条件，如果没有脚踏实地地践行，志大才疏，最终只会眼高手低、一事无成。在曾国藩看来，要成大事，需要具备三个条件：远大志向、学问见识、持之以恒的行动。他指出："士人第一要有志，第二要有识，第三要有恒。有志则不甘为下流；有识则知学问无尽，不敢以一得自足；有恒则断无不成之事，三者缺一不可。"可惜的是，不少企业空有做大做强的志向，却见识不够、恒心不够、践行不够，无法做实做优。

必须指出的是，企业立大志可以体现在做优做强，但不一定需要体现在做大。在 2019 年 3 月 8 日新京报举办的两会民营经济沙龙上，国务院发展研究中心原副主任刘世锦指出，应鼓励企业做优做强，不必提企业做大。他认为，从实际情况来看，有些企业做好并不需要做大。在行业内影响力很大，产品在细分行业中市场占有率很高，并不一定需要规模很大，相当多的企业自身的技术特点决定其不可能做大。政府应该鼓励做优做强，适合做大的企业自然会做大。当政府特别强调企业做大的时候，企业可能会犯错误。比如中国企业较高的负债率，就是因为相当一部分企业为了做大而借债，这样企业看起来很大，其实很虚弱。

对企业发展模式的几种误解

回顾中国企业近三十多年的发展历程，分析其中的各种做法和说法，我们可以总结提炼很多宝贵经验和真知灼见。同时，我们也会发现不少对企业发展模式和企业生态的误读和曲解。对这些误解进行剖析和澄清，有利于我们明辨是非，选择正确的战略路径。

比较典型的误解有四个方面：第一是被简化的产业地图；第二是被神

化的创业捷径；第三是被泛化的微笑曲线；第四是被丑化的产业链生态。下面逐一说明。

被简化的产业地图：只见参天大树，不见森林

要真正了解一个企业，我们必须了解其发展历史、其完整的价值链、其依存的产业生态。可惜的是，市面上五花八门的管理教程，很多是快餐式的投喂，而非百科全书式的完整体系。在这种快餐式课程中，企业和产业都被极度简化，其丰富的生态荡然无存。在前文中我们提到了一些MBA同学脑海中月明星稀式的硅谷企业地图，这种情况其实普遍存在。

我们访谈的专精特新企业中，大多数创始人有一个共同特点，在自己企业所属的行业中已经摸爬滚打十多年甚至几十年，对行业的发展情况、竞争格局、技术动态等如数家珍。这种真切、深入的行业知识对于企业的发展非常重要。需要指出的是，一些创业者，尤其是刚走出校门的创业者，在进入一个行业时，往往只拿着一个极度简化的行业地图，只盯着几家标杆企业，这样的创业准备不足，失败风险非常高。

被神化的创业捷径：要创业，就要向最伟大的企业学习，最终成为最伟大的企业

在国家倡导"大众创业万众创新"的大背景下，创业成为千千万万年轻人的梦想。与此同时，市场上出现了大量的创业导师和创业宝典，其中鱼龙混杂、良莠不齐，需要小心鉴别。有趣的是，很多创业导师都推崇案例教学，而他们所用的案例很多是大名鼎鼎的大企业和明星企业家。市面上充斥着"既然要创业，就要创办最伟大的企业""要学习管理，就要向最伟大的企业学习"的论调。

毫无疑问，最伟大的企业、最伟大的企业家是管理思想和管理经验的宝库，值得深入学习，但是，创业需要从小处开始，不同行业、不同环境下的创业方法差别很大，需要对症下药，而不是盲目照搬。中国人民大学公共管理学院吴春波教授就曾明确指出，要警惕"华为成功学"，他认为学华为之"术"，不如学华为之"道"。此外，有研究揭示了"对标世界一流管理提升行动"的六大典型失误。这些都提醒我们，明星企业的管理经验，并非放之四海而皆准。创业需要保持冷静、清醒的头脑，需要脚踏实地、循序渐进、步步为营，不能异想天开，不能好高骛远，不能靠灵丹妙药。

被泛化的微笑曲线：以低端代工的问题，否认高端制造的价值

大多数专精特新企业都是制造型企业。对一些信奉"微笑曲线"的人来说，"制造"位于微笑曲线的最低端，利润单薄，费力不讨好，因此，企业明智的选择是远离制造，走向微笑曲线的高端。必须指出，微笑曲线并非普适的观点，有很大的局限性，很多引用微笑曲线的主张其实经不起推敲。

微笑曲线是宏碁创始人施振荣先生1992年提出的，其核心观点是：在产业链中，附加值更多体现在两端，分别是研发和营销，而处在中间环节的制造附加值最低。因此，企业要获得更多附加值，必须向两端延伸。

施振荣的这种观点其实是有限经验的总结，具有明显的局限性——只适合于低端代工的情况，而非高端制造。具体来说，以代工为主的企业没有原创能力和产品品牌，只能赚取微薄的代工费。但是，制造企业通过技术创新、工艺改进、质量提升，制造出有竞争力的产品，同样可以获得很高的利润。事实上，对微笑曲线的误解与迷信，害苦了不少制造业工厂主。

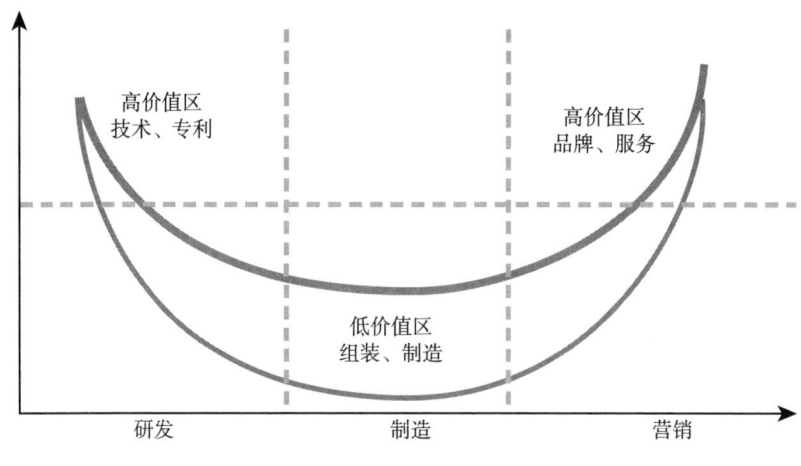

图 1-3 微笑曲线

一些人失去了做工厂的耐心，放弃制造业，为追求品牌大量投入，结果亏得一塌糊涂。从实际数据来看，纯粹的代工企业，如富士康，利润率虽然已经从 6% 下降到 2%，但仍远远高于宏碁 0.4% 的利润率。即使是从宏碁拆分出去的专门从事代工的纬创，利润率亦高于宏碁。因此，有人认为微笑曲线是"真实的谎言"。

2004 年，日本索尼中村研究所的所长中村末广提出了与微笑曲线完全相反的"武藏曲线"。该研究所对日本制造业的调查发现，制造业的业务流程中，组装、制造阶段有较高利润，而零件、材料以及销售、服务的利润反而较低。2005 年 6 月，日本《2004 年度制造业白皮书》通过对近 400 家制造业企业的调查，也验证了中村末广的判断，认同"制造＋组装"利润率较高的企业非常多。

中村提出武藏曲线的本意不是为了否定微笑曲线。两种理论都可以找到对应的案例，关键是要具体问题具体分析。更重要的是，企业利润的高低，并非由其在产业链上的位置决定。位置只是一种势能，不是动能。在

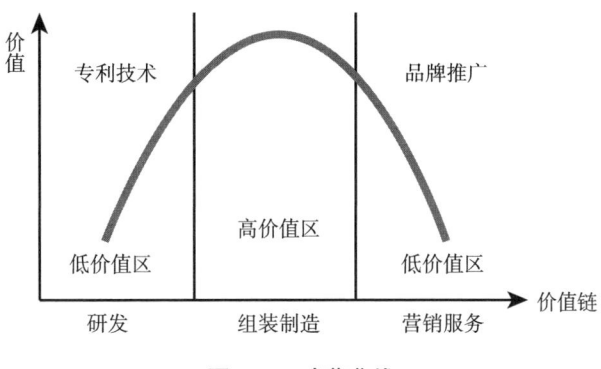

图 1-4 武藏曲线

各种位置上,都有利润高的企业,也有亏损倒闭的企业,关键是能否建立自己的竞争优势,具备持续发展的动能。

被丑化的产业链生态：以"捕食链"来看"产业链"

市面上的管理书籍、管理教程往往良莠不齐,其中的一些观点以片面的事例为基础,无限发挥,得出了荒唐的结论。其中一个观点就是以动物生态学的视角来看产业生态,以捕食链来看产业链,宣扬"大鱼吃小鱼,小鱼吃虾米""弱肉强食""赢者通吃"。受这种观点的蛊惑,一些企业以捕食心态来看产业链,"雁过拔毛"甚至"杀鸡取卵",导致产业生态恶化。

事实上,产业链完全不同于生物界的捕食链,健康的产业生态不是捕食式的生态,而是滋养式的生态。在这样的生态中,产业要素聚集,形成发展合力,各个方面相互促进、相互成就,万物生长,共同繁荣。只有在这样的生态下,才会出现成千上万的隐形冠军。

1986年,哈佛商学院教授西多尔·利维特提出了一个令人深思的问题:"为什么联邦德国的经济总量不过美国的 1/4,但是出口额却雄踞世界第一？哪些企业对此做的贡献最大？"针对这个问题，德国管理学家赫尔曼·西蒙通过对德国 400 多家卓越中小企业的研究，提出"隐形冠军"（Hidden Champion）的概念，他发现德国经济和国际贸易的真正基石不是那些声名显赫的大企业，而是数量众多的中小企业。正是这些中小企业在各个细分市场低调踏实、默默耕耘，长期专注自己的领域，依靠持续的创新成为全球行业的领袖。它们在利基（英文 niche 的音译）市场中的地位非常牢固，技术创新遥遥领先于同行，人均拥有专利数甚至超过西门子等世界 500 强公司。同时，这些各个环节上的隐形冠军与行业领军的大企业之间又建立了良好的长期合作关系，共创共生，共同推动产业的发展。另一方面，大企业对于产业链上与自己合作的中小企业也非常尊重，共享发展机会，不会利用自己的优势地位而盘剥、打压中小企业。

德国企业的这种生态特别值得我们学习。在中国的企业实践中，有一些企业经营者抱着"赢者通吃"的心态，往往在与上下游企业合作一段时间、掌握别人的关键技术之后，就往上下游延伸，扩张到合作伙伴的领域，"走别人的路，让别人无路可走"。这种霸道行径对产业生态有很大的破坏力。

开创新格局：专精特新企业如何实现高质量发展

在中国经济发展的初级阶段，出现上述各种误解和误区情有可原。但是，站在新的历史起点，肩负实现高质量发展、开创新发展格局的历史使命，中国企业和中国企业家需要以崭新的姿态来思考和行动。一方面，要从全局的观点来创造企业发展的良好环境，共建健康的企业生态，实现群星璀璨、共同繁荣；另一方面，要坚持长期主义，以健康的心态来创业创新，将企业做实做优。有了健康的创业心态和良好的企业生态，专精特新企业的成长就有了坚实的基础。

健康的企业生态：共建共创与群星璀璨

如上所述，健康的企业生态（或产业生态）是滋养的生态，是各个方面共建共创、共同繁荣的生态。对于专精特新企业来说，良好的生态尤其重要。

近年来，专精特新企业迎来高光时刻，处于新一轮风口上。专精特新企业想要健康成长、持续发展，只有这"一阵风"是不够的。当前，专精特新企业群体处在快速的上升期，但距离发展成熟期依然任重道远。对于专精特新企业来说，"跟风"投机不是"补药"，而是"毒药"。专精特新企业的成长既需要自身的"真功夫"，也需要"及时雨"，更需要"好土壤""好气候"。我们不仅要看到专精特新企业对整个产业链、产业生态补链强链的重要性，更要重视健康的产业生态对专精特新企业成长的重要性。

当前的产业生态中，还存在不少妨碍专精特新企业健康成长的问题。其中最需要重视的一个问题是，各方面的支持很多，但停留在碎片化的支持，没有整合为完整的、协同的生态土壤。具体表现为：政策层面的支持很明确，但相关配套措施不足，精准施策不够；资金等各类资源更倾向于支持大企业；市场主体企业之间协作能力较弱，各类资源要素开放程度不够；营商环境与法规制度不够完善等。只有努力解决这些问题，为专精特新企业自身的发展创造良好的生态，才有可能促进一大批专精特新企业共同成长，共同构建一个优质的产业生态。

实现专精特新企业和产业链之间的相互成就和共生共赢，需要从政策与管理两个方面推进。

在政策上，有两点特别重要。首先，不仅要"给政策"，而且要"建生态"。通过稳定、系统、配套的政策，着力打造基础设施、营商环境、新的商业文明、多方共赢的利益格局，进而来稳定企业的预期，增强企业家信心，提升企业家创新创业的热情。其次，不仅要建设产业集群，而且要建创新集群。正如北京大学王缉慈教授指出的，创新集群是培育专精特新企业的母体。她认为，专精特新企业是成群产生的，而不是孤立分散存在的。培育专精特新的意义不仅在于某产业链的补链和强链，而且在于产业创新系统和区域创新系统的构建。

在企业自身管理上，需要从四个方面下功夫。一要以专注深耕市场，敏锐捕捉行业机会，找到自己在市场中的位置；二要以精诚赢得客户信任，为客户创造价值；三要以特长超越竞争对手，形成相互尊重、相互促进的竞争合作关系；四要以创新实现持续发展，为行业及社会创造价值，从而促进生态的优化与进化。这四个方面将在第 8 章详细阐释。

健康的创业心态：长期主义与做实做优

专精特新企业的成长，特别需要长期主义的价值观来支撑。如果是短期的投机行为，无法专注一个领域，无法做精做细，就无法做实做优。

"做实"听起来很简单，但是真要落实却不容易。一些企业经营者谈到，从内心的价值观上，完全赞同踏踏实实做事，老老实实做人。但是，当看到不少投机取巧甚至弄虚作假的人更快获得成功时，就感觉到做实的成本太高，为了竞争不得不随波逐流，渐渐地放弃了自己的原则。

出现这种劣币驱逐良币的情况，与新兴市场的特点有关。改革开放四十多年来，我国的市场经济建设取得了巨大的成就，但是在整体上还属于新兴市场。新兴市场的好处是机会多、潜力大，新兴市场的问题是规则不健全，很多方面不成熟。在新兴市场，难免出现鱼龙混杂，既有脚踏实地的创业者，也有急功近利的投机者，还有铤而走险的冒险家。而且，由于市场的不健全、不成熟，有可能出现投机者和冒险家混得风生水起、风光无限，而踏实的创业者反而默默无闻的状况，这种状况难免让一些人心生"老实人吃亏""老实的企业吃亏"的感慨。上述三种人（创业者、投机者和冒险家）之间并没有绝对的界限，经历市场的大风大浪之后，一些人的心态、价值观都可能出现根本的改变。原本想踏踏实实创业的人，面对太多的"风口"与诱惑，有可能把持不住，成为投机者；原本想剑走偏锋的冒险家，经历市场的洗礼和教育，也可能安下心来，成为长期主义者。

鲁迅先生说过一句很有名的话，"捣鬼有术，也有效，然而有限。所以，以此成大事者，古来无有"。这句话用在"玩虚的"人身上，也很合适。从长远来看，"千淘万漉虽辛苦，吹尽狂沙始到金"，那些投机取巧的企业最终会被淘汰，能够持续发展、基业长青的，还是那些能够踏实做事、守正创新的企业。近年来，不少靠胆大妄为创造财富传奇的企业纷纷爆雷，也从一个侧面说明了"实打实"的重要性。

从中国经济未来的发展趋势和企业的成长规律来看，在中国市场上做到实打实越来越重要。中国经济的发展已经由高速发展进化到高质量发展。高速发展阶段鼓励敢想敢干、大干快上，对粗放经营甚至不规范经营有比较高的容忍度，客观上也给"PPT创业"较大的空间。高质量发展阶段则完全不同，倡导能干实干、质量优先，对精细化管理、综合效益和可持续发展有明确的要求。只有脚踏实地、坚持不懈的长期主义者，才能更好地适应新的政策环境和市场趋势。专精特新企业必须是长期主义者，因此，做实是做优做强的基础，是专精特新企业生存发展的基本功。

正是基于"做实"对于专精特新企业发展的重要性，我们后面的章节将结合调研中的发现，围绕做实从多个方面来阐释专精特新企业的成长之道。

参考文献

李兰,王锐,彭泗清,2023.企业家成长30年:企业家精神引领企业迈向高质量发展——中国企业家队伍成长与发展30年调查综合报告.管理世界,39（3）：113-136.

卫东，2000.中小企业有四条可行之路：专精特新.财经界（3）：27-28.

第 2 章

研究样本与分析框架

研究"专精特新"企业的管理问题,助推更多企业成为专精特新企业的想法由来已久,具体的实施与落实来自 2021 年 10 月 14 日我们组织的一次线上论坛。我们邀请了各行各业中小企业的 12 位企业家,就"高质量发展背景下的中国企业生存发展之路",共同探讨中国企业在百年未有之变局的不确定环境下的企业管理问题。在讨论的过程中,大家的一个深刻共识就是,量大面广的中小企业是中国经济发展的重要组成部分。助推这些企业的发展,不但能解决我们面临的卡脖子问题,同时也关乎中国经济的未来和可持续发展。

专精特新企业为什么重要

制造业是我国国民经济的主体，是立国之本、兴国之器、强国之基。2022年工信部"推动制造业高质量发展夯实实体经济根基"新闻发布会公布，"从2012年到2021年，制造业增加值从16.98万亿元增加到31.4万亿元，占全球比重从22.5%提高到近30%。500种主要工业产品中，我国有四成以上产品的产量位居世界第一。产业体系完整优势进一步巩固，拥有41个工业大类、207个工业中类、666个工业小类，产业链、供应链韧性和竞争力持续提升，有效增强了我国经济应对外部冲击的能力。"

截至2020年年底，中国市场中的企业总数4842万家，其中99%以上是中小企业，他们贡献了50%以上的税收，70%以上的技术创新成果，对国内生产总值和国计民生的贡献度不断上升。而在这众多的中小企业中，有一道靓丽的风景线，那就是一批批"补短板""填空白""锻长板"的专精特新企业，现在它们已成为制造企业蓬勃发展的重要支撑力量。2022年9月8日，全国专精特新中小企业发展大会在南京开幕。会上，《专精特新中小企业发展报告（2022年）》发布。截至2022年9月，工业和信息化部已培育8997家专精特新"小巨人"企业，其中2022年新培育第四批4328家，带动各地培育省级专精特新中小企业近5万家。小巨人企业总量快速上升，主导产业更加聚焦，专业化优势进一步凸显。

自2000年"专精特新"一词出现以来，专精特新企业得到飞速发展，其原因首先得益于政策环境。"二十大"报告中的第四部分"加快构建新发展格局，着力推动高质量发展"中，专门提到了"着力提升产业链供应链韧性和安全水平"，其中非常重要的举措，一是支持中小微企业的生存与发展，另外就是支持专精特新企业的培育与成长。2022 全国专精特新中小企业发展大会，由工业和信息化部等主办。大会主题为"专精特新强基固链"，中共中央总书记习近平向大会发来贺信。习总书记在贺信中指出，中小企业关系到千家万户，是推动创新、促进就业、改善民生的重要力量；希望专精特新中小企业聚焦主业，精耕细作，在提升产业链供应链稳定性、推动经济社会发展中发挥更加重要的作用。2017 年 9 月 1 日修订的《中华人民共和国中小企业促进法》指出："支持中小企业创业创新，促进中小企业健康发展。"2020 年 7 月，工业和信息化部等 17 部门联合发布的《关于健全支持中小企业发展制度的若干意见》进一步明确提出，"完善支持中小企业'专精特新'发展机制"，"健全专精特新中小企业、专精特新'小巨人'企业和制造业单项冠军企业梯度培育体系"。

专精特新企业发展的另外一个重要因素是资金的扶植和助力。为了鼓励和支持中小企业的发展，北交所于 2021 年 11 月 15 号揭牌成立。一年的时间内，上市企业已有 123 家，其中 49 家是小巨人企业，北交所支持了一批创新能力强、成长速度快、科技成色足的中小企业聚集发展，对扶持中小型高科技企业具有很大的激励作用。2022 年前三季度，北交所上市公司克服了疫情反复及复杂国际形势等诸多挑战，整体业绩保持稳步增长：实现营业总收入 732.07 亿元、净利润 69.26 亿元，同比分别增长 33.25%、19.43%，其中三季度业绩增速明显提升，展现出强劲的发展活力与发展韧性。多年来，业界一直在呼吁解决中小企业融资难、融资贵的问题，希望在金融政策方面给予更多的关注。

尽管有着宏观政策和金融资本的助力，但专精特新企业不是一下子就发展起来的。我们访谈的这些企业中，成立最早的企业是 1986 年建立的金洲精工，最年轻的是 2014 年成立的奇安信，平均成立年限是 17.75 年。

那么，这些企业是如何形成的？背后是否有特定的管理模式，该如何帮助更多的企业成为专精特新企业？基于这样的想法，我们希望研究专精特新企业的成长之路。参与这项研究的学者，即本书的作者团队，都在国内外受过良好的管理学训练，我们力图"用国际通用的研究范式，探讨中国企业的管理问题"。经过几轮的商讨，我们决定采用访谈法再加之二手数据分析，对中国的专精特新企业进行系统的研究。

我们的访谈从 2021 年开始，一直持续到 2022 年的 5 月。这些访谈研究，最初的想法是到企业深入走访和实际调研，但不断反复的疫情导致管控措施持续升级，使到外地调研变得非常艰难。因此，很多访谈不得不以线上的方式进行。尽管如此，为了对专精特新企业有更多直观的感受，对于在北京的专精特新企业，我们也寻找各种机会到企业实地调研，并进行深入的访谈和交流。除了访谈之外，我们参考了大量的二手数据，同时也组织了多次专家研讨会。

访谈过程及目的

案例企业：奇安信

第一次线下访谈定在了 2021 年 12 月 31 日，访谈的公司是奇安信科技集团。之所以选择了奇安信，一个重要原因是它号称"网安一哥"，在网络安全领域赫赫有名。奇安信科技集团股份有限公司成立于 2014 年，专注于网络空间安全市场，向政府、企业用户提供新一代企业级网络安全产品和服务。凭借持续的研发创新和以实战攻防为核心的安全能力，已发展成为基于大数据、人工智能和安全运营技术的国内领先的网络安全供应商。同时，奇安信是 2022 年冬奥会和残奥会网络安全服务与杀毒软件的官方赞助商。此外，公司已在印度尼西亚、新加坡和加拿大等国家开展网络安全业务。在北京市经信局和市工商联联合公布的北京市第一批"隐形冠军"企业名单中，奇安信入选；2021 年 6 月，奇安信位居"2021 年中国网安产业竞争力 50 强"榜首。2021 年 11 月，《中国网络安全企业 100 强》发布，奇安信位居第一。截至 2021 年年底，公司拥有网络安全领域的发明专利 563 项，计算机软件著作权 965 项，正在审核的专利申请 840 项。

由于是第一次线下访谈，又是参访久负盛名的奇安信公司，我们充满了兴奋与期待。从北京大学出发，根据车载导航，我们很快就接近了公司，"林志玲"不断地提醒我们已经在目的地附近了。尽管周边的环境看着很熟悉，但还是费了一番周折才找到奇安信公司的大楼。在门口与前来迎接我们的奇安信高管聊天后得知，原来这里就是以前的北京动物园服装批发市场，北京人称它为"动批"。

我们的线下第一次访谈，冥冥之中定在了辞旧迎新的 2021 年最后一天，来的地方又是已经搬迁的"动批"。实在是让人浮想联翩，思绪万千！

首先，2021 年是中国历史长河中非常重要的一年，我们隆重庆祝中国共产党成立 100 周年，我们实现了第一个百年奋斗目标。尽管新冠疫情已经持续了快两年，尽管中美贸易之间的摩擦时断时续，但我们能够沉着应对这种巨大变局和世纪疫情。2021 年全年国内生产总值 114 万亿元，比上年增长 8.1%，人均达到了 1.23 万美元。尤其重要的是，助推国家创新发展战略的科技力量加快壮大，产业链的韧性得到提升，高质量发展取得新成效，实现了"十四五"的良好开局。因此，在这样一个辞旧迎新、继往开来的时刻进行的访谈确实具有很好的象征意义。

其次,从访谈的地点来看,我国经济发展和疫情防控保持全球领先,改革开放向纵深推进,民生保障有力有效,生态文明建设持续推进。而奇安信所在的"动批"一带的发展,正是这一转变的典型代表。这片位于北京动物园附近的服装批发市场,形成于上世纪80年代中期,最初就是一批路边服装摊位。当年我们还是学生,为了买几件便宜的衣服,偶尔也会光顾这里。2014年以来,随着市场人流、物流、车流的不断集聚,这一地区的城市承载力处于超负荷状态。"动批"市场安全隐患凸显,给周边居民的日常生活带来了比较大的影响。2015年12月2日开始,北京西城区根据北京市的整体要求,持续推进不适宜产业的疏解调整和转型升级。2016年年底之前,"动批"30万平方米的市场全部疏解,同时疏解从业人员3万人,减少流动人口5万至10万人,服装批发业务将逐步转移出中心城区,腾出空间向服装设计、电子商务等高端业态迈进。正是在这一背景下,奇安信公司总部大楼在这片预示着北京乃至中国产业升级的大背景下拔地而起。

中国人做事情,注重的是"天时地利人和"。回想起来,对奇安信线下的第一次访谈,无论从时间还是地点来看,都弥漫着一种独特元素。辞旧迎新固然预示着众多易变性、不确定性、复杂性和模糊性(VUCA时代的特征),但斗转星移,日月更替的时代变迁是不可避免的。正如中国的企业在充满不确定性的艰难探索中会不断前行一样,中国经济的再次辉煌也必将随着时间的推移如约而至。同样,具有标志意义的"动批",也预示着城市的变迁、产业的调整,社会的发展是不可抗拒的,社会经济发展进程迟早会随着时间的推移,悄然间在我们身边发生。最后的"人和",更是需要隆重介绍一下。我们这六位老师,尽管各自的研究背景不同,但对专精特新企业感兴趣的"初心"却是一致的,大家不约而同地希望从自己的研究领域视角探讨专精特新企业的成长过程和管理经验。另外，我们这六位老师相识少则十几年，多的已经三十余年，大家在一起，不但经常以"茶话会"的形式分享自己的研究体会和生活感悟，同时也以不同的形式进行了各种各样的合作。这样的"天时地利人和"不但预示了我们的研究顺利进行，某种程度也说明专精特新企业管理的研究恰逢其时。

这样的"天时地利人和"同样也适用于专精特新企业的成长与发展。中国经济已经从高速发展向高质量发展转变，这是专精特新企业发展难得的机遇。同时，只有中国才能支撑起从制造大国向制造强国的转变，我们有足够的政策优势、基础设施优势和人口优势。"人和"则体现在从事专精特新企业生产与管理的这些创业者身上。我们访谈的这些企业的员工都对制造业抱有独特的情感，深信通过提升制造业水平可以使中国经济变得更加扎实。同样，这样的天时地利人和也预示着中国专精特新企业必然是蓬勃发展，蒸蒸日上，硕果累累！

对奇安信的访谈，从受访人数来看，是我们所有访谈企业中最多的，从董事长齐向东到基层的班组长共10位。对奇安信的访谈也是访谈持续时间最长的，断断续续持续了5个月。一个重要原因是奇安信承担了2022年北京奥运会和残奥会的网络安全工作，为了确保网络安全万无一失，他们全力以赴投入到紧张与繁忙的工作之中。在此期间，我们也从媒体上多次看到他们取得优异成绩的报道，为他们取得的良好成绩而欢欣鼓舞。4月21日，在奇安信冬奥"零事故"终端安全经验分享会上，奇安信集团董事长齐向东表示："奇安信的终端安全一直领跑行业，在这次冬奥安全保障过程中，我们成功解决了国内外黑客对各类冬奥终端发起的6641次攻击，以"零事故"的佳绩通过了冬奥的实战检验，再度证明了奇安信终端安全能力的先进性和全面性。"冬奥网络安全"零事故"的成绩也大幅提升了奇安信品牌的国际影响力。可以预期，对于奇安信确立的每年 40% 的增长,其国际化业务会起到越来越多的助推作用。

所有这些成绩的取得,背后一个最为重要的原因是奇安信的管理能力。我们在访谈过程中经常问的一个问题是:"你们为什么有这样的自信,能万无一失确保冬奥会零事故?"他们的一致回答是:奇安信的组织能力!这样的回答坚定了我们做专精特新企业研究的信心。专精特新企业的形成与发展,固然有中国经济发展的大势驱动、各级政府的推动与引导,以5G、人工智能、云技术为代表的高新科学技术的引领,以及以北交所成立为代表的资本助力,但归根结底,这些都是外在的因素与影响。之所以每家专精特新企业能够在激烈的市场竞争中克服众多困难脱颖而出,其背后的力量应该是他们实实在在管理能力的打造和提升!托尔斯泰说,"幸福的家庭千篇一律,不幸的家庭各有各的不幸。"尽管我们访谈的企业在行业、规模、产品和技术等方面都有很大的差异,但在这些背后,"做实"的管理确实是他们的共同特点。他们依靠坚实的领导、务实的战略及脚踏实地的企业文化,打造出一套扎实的企业运营管理体系,并在此基础上,通过"实用的创新"和"以实应变的市场营销"的共演发展,成为了一个又一个专精特新企业。这些管理经验的总结与分享,尤其是提炼背后的 know-how,帮助了更多企业成为专精特新,这也正是我们的研究,即本书的宗旨与目的!

访谈样本的筛选

专精特新通常指专业化、精细化、特色化和新颖化。其中专业化是指企业专注核心业务,提高专业化生产、服务和协作配套的能力,为大企业、大项目和产业链提供零部件、元器件、配套产品和配套服务；精细化指企业精细化生产、精细化管理、精细化服务，以美誉度高、性价比好、品质精良的产品和服务在细分市场中占据优势。兼具这两个特点的企业在我们的访谈中非常多。

"专"与"精"的良好体现

最早接受我们线上访谈的两位企业家都来自深圳。一位是深圳市金洲精工科技股份有限公司的总经理罗春峰，另外一位是广东瑞德智能科技股份有限公司的董事长汪军。他们都参加了我们在 2021 年 10 月 14 日举行的线上研讨会，给我们留下了深刻印象。

案例企业：金洲精工

深圳市金洲精工科技股份有限公司是全球领先的设计和生产硬质合金微型钻头、铣刀及 IT 行业精密刀具和精密模具的高科技企业；是中国 PCB 用硬质合金钻头行业和中国汽车空调翅片级进模制造的领先企业，也是国际 PCB 用硬质合金钻头行业的先进企业。金洲精工三十多年专心微钻研制，其规模在行业领先。2017 年进入工信部制造业单项冠军示范企业（第一批）名单，2019 年荣获国家科学技术进步二等奖。目前拥有三百多项发明和实用新型专利，具有先进的微钻自动化生产和质检设备，其产品和服务远销东南亚和欧美国家。

在访谈过程中，金洲精工总经理罗春峰给我们印象最深的是这句话：金洲的优势和竞争力总结为三点，第一个是科技创新，第二个是精细化管理,第三个是班组文化建设。在后续的访谈中,我们对这三点有了更加清晰和具体的认识。如果一家企业能够坚持做好这三点,那么成为一个专精特新企业就是迟早的事情。

案例企业:瑞德智能

与此有类似经验的企业是瑞德智能。广东瑞德智能科技股份有限公司,1997年2月成立于佛山市顺德区,注册资本7646.4万元。公司主营业务为智能控制器的研发、生产和销售,以及少量终端产品的生产和销售。公司的主要产品包括厨房电器、生活电器、环境电器等各类小家电智能控制器,现在正逐步向大家电、医疗健康、电动工具、智能家居等领域渗透和拓展。公司依托系统的研发设计平台、高效的柔性化生产体系、完善的质量管理体系及良好的客户服务体系,深度扎根于珠三角和长三角两大核心经济圈二十余年,在智能家居领域成为让更多企业认同的系统方案厂家。

在上述研讨会上,瑞德智能董事长汪军说的一段话逐渐演化成了我们这本书的书名。他说,"用一句话来概括,大概我们在充分竞争的红海当中,摸爬滚打了二十几年,我们比较'皮实'。我们企业基本面比较扎实,行业适应性还是比较高的。我们是国内小家电智能控制器的龙头企业,经营积极稳健,应该说没有生存危机,只有发展的困惑。"我们认为,"皮实"一词不但很好地刻画了瑞德智能,某种程度上它也是专精特新企业的共同特点。

有人说"皮实"一词来源于契丹语,意为"金刚"。早在辽国时期就有"皮实军"的称谓,后来被引入汉语之中。皮实既可指人也可指物,指物时是指器物耐用而不易破损。正是有了这样皮实的管理,瑞德智能取得了一个又一个成功。用在专精特新企业管理上,我们认为,只有通过做实,专精特新企业才能不断地发展壮大，才能基业长青，才能助推中国的专精特新企业走向世界！

2022年4月初的一天，瑞德智能董事长汪军给本书作者之一的王辉老师发来邀请信，信中说，"瑞德智能科技股份有限公司首次公开发行股票并在创业板上市工作即将完成，衷心感谢您一直以来对瑞德智能的发展和上市给予的热忱关怀和大力支持。经与深圳证券交易所确认，瑞德智能拟于2022年4月12日上午8:50—9:30，以'云敲钟'的形式举行上市仪式，并向全球现场直播。"非常高兴见证瑞德智能上市成功，在我们持续关注瑞德智能的同时，他们取得了又一个佳绩！

案例企业：冀凯股份

在欣喜地见证瑞德智能成功上市的同时，我们线上访谈了河北石家庄的一家企业——冀凯装备制造股份有限公司。4月11日下午4点，按照预约的时间，我们与冀凯股份的董事长兼总经理冯帆进行了电话沟通，短短16分钟的交流非常高效，不但确定了具体的访谈时间和联络人员，更重要的是留下了两个深刻印象。其一，冀凯股份的信息化管理是非常严密的，也是非常具有特色的。冯董介绍说，他们是制造型企业，非常重视生产管理，因此，很早就要求中层以上的管理人员，必须去日本丰田学习1—2个月。后来发现，人家的经验可能不适合自己，因此，就开始研发自己的管理体系。一开始，他们聘请了一家国内特别知名的企业帮助他们开发管理信息系统，但在合作的过程中，发现该公司不能很好地理解其理念，同时，速度也有些慢，因此，他们就开始自己做。冀凯股份在北京买了一层楼，成立了自己的软件公司，专门研发适合冀凯股份的管理信息系统。第二个深刻印象是公司管理过程中的充分授权。我们希望冯董帮我们预约负责研发的副总，我们很想了解一下冀凯股份如何通过研发，维系如此高效率的发展。但冯董说，我们 6 个研发中心，每个中心都有主管，但没有负责研发的副总。我们问，没有副总，谁来协调研发工作呢？冯董说，这 6 个研发主管上面有一个技术委员会，但也很少开会，基本让他们自己来做决定，给予充分的授权，只是考核最后的结果就可以了。初步接触后，冀凯股份就给我们留下了扎实管控，同时又通过授权赋能助推创新发展的良好印象，难怪他们取得了如此多的荣誉。

冀凯装备制造股份有限公司（简称"冀凯股份"）于 2012 年在深交所上市，是集研发、制造、销售及服务于一体的国家重点高新技术企业。公司通过了质量、环境、职业健康安全管理体系认证、两化融合管理体系认证、知识产权管理体系认证，产品通过了 IECEx 认证、欧洲共同体 CE 认证；是国家级国际科技合作基地、国家级制造业信息化科技工程应用示范企业、全国企事业知识产权试点单位、国家级创新型试点企业、国家知识产权优势企业、国家级"守合同重信用"企业、中国煤炭工业协会煤矿支护专业委员会副主任单位、中国软岩工程学会常务理事单位、中国矿业科学协同创新联盟理事单位、中国煤炭行业 AAA 级信用企业；是河北省高新技术企业、省科技型中小企业、省"专精特新"示范企业、科技小巨人；先后被评为中国最具发展潜力的百强民营企业、全国煤炭工业先进集体、省质量效益型企业、省智能制造标杆企业、省工业企业知识产权运用试点企业、省科技企业、省信息化与工业化融合示范企业等；2020 年获得"河北省制造业单项冠军产品"称号。

案例企业：宇视科技

最早我们与宇视科技结缘是在 2020 年。本书作者彭泗清老师和王锐老师为了撰写宇视科技的案例,赴杭州参观并访谈了企业的高管。当时,案例是针对宇视科技国际化营销的。这次为了研究宇视科技成功背后的管理问题,我们又访谈了公司总裁张鹏国先生及负责研发、人力资源管理和品牌建设等部门的副总。在与张总3个多小时的访谈过程中,他给我们留下两个深刻印象。第一,工科出身,在华为有过多年历练的张总对宇视科技的定位和发展有着非常清醒的认识。他说:"宇视成立时,面对着全世界第一和第二的公司在我们前面,我内心也在思考,靠什么突围?当时确定了一个主线,不能靠低价突围,因为当时低价公司很多,不缺我们这一个。第二点,我们作为一个后发公司应该做什么,大家经过认真讨论后,觉得质量和创新这两点很重要。所以我们说'品质为本,创新为魂'。这两点确定后,我们从国内几千家设备制造商中就脱颖而出了。在此之前,中国所有公司突围都是用低价突围。而我们这家公司突然出现,价格比竞争对手高,品质比竞争对手要好,创新比他们还要多,我们一出来就有明确的定位。"第二个深刻印象是张总多次提到的,在他的管理过程中,毛泽东思想,尤其是毛泽东军事思想对他有很大影响。"里面很多观点深刻影响了宇视的操作和一步一步的决策,无论是战略方面还是战术方面,都是非常大的影响。"在访谈过程中,张总多次提到"组织建设,文化建设,人事调整""边打仗边建军""自力更生,艰苦奋斗"等内容。

浙江宇视科技有限公司是全球AIoT产品解决方案与全栈式能力提供商,是以物联网、人工智能、大数据和云计算技术为核心的引领者。自2011年独立运营,到2021年营收已经达到20倍的增长(从3亿元增加到60.7亿元)。研发技术人员占公司总人数50%,在中国的杭州、深圳、西安、济南、天津、武汉设有研发机构,在桐乡建有全球智能制造基地。截至2021年底,宇视科技申请专利3000余项,其中发明专利占比81%,平均每天新增1项发明专利申请,专利涵盖了光机电、图像处理、机器视觉、大数据、云存储等各个维度。宇视科技每年将超过 10% 的营收投入研发，为可持续发展提供有力支撑。截至 2021 年底，宇视科技参与建设智慧城市 470 余个、平安工程 930 余个、智能交通项目 480 余个、平安高校 700 余所，43 个城市的 180 多条地铁线路、80 多个机场、500 余家大型企业、240 余家三甲医院、330 余条高速公路、300 多个地标性商业综合体建筑。在中国几乎所有的重大峰会（APEC、G20、上合、金砖）、历史时刻（人大、两会）、国际体育赛事（北京冬奥会、杭州亚运会、俄罗斯世界杯）的场景都有宇视科技的守护。交付的产品方案遍及全球 200 个国家和地区。

"特"与"新"的共同演绎

专精特新中的"特"即特色化，指产品或服务采用独特的工艺、技术和配方来研制生产。这不仅指企业的产品或服务与众不同，也指企业要选择独特的发展战略。国外巨头在这些方面具有明显的先发优势。想实现弯道超车，沿用人家走过的道路肯定不行，且时不时会陷入知识产权纠纷，因此必须摸索出独特的道路。专精特新中的"新"，即新颖化，产品具有较高的技术含量。这个"新"是相对的，在不同行业有不同表现。这些专注新技术和新产品的专精特新企业，不但能改变现有的企业链，起到补链的作用，同时也能培育一些具有特色的企业，借助这些企业的发展，实现弯道超车。

在我们访谈的企业中，兼具"特"和"新"的企业很多，而给我们印象非常深刻的两家企业，一家是北京天智航医疗科技股份有限公司（简称天智航），另外一家是北京亿华通科技股份有限公司（简称亿华通）。这两家企业都坐落于北京北部的东升科技园。北京东升科技园是中关村区域引进先进科技园区创办理念建立的，位于北京海淀学府区。以前我们听说过东升乡，距离北大很近，没想到东升乡比我们想象的要大得多，聚集的产业也非常高大上。东升乡（东升地区）位于海淀区中东部，南起西直门，北至西三旗与昌平区相连，东至八达岭高速，西以白颐路为界直至上地开发区，乡域内有二十多所高等院校和三十多个科研院所。而东升科技园南接五环，西临八达岭高速，东靠林萃路，北依西三旗南路，总规划建筑面积约 120 万平方米，是海淀区东北部迅速崛起的高科技产业聚集区，也是中关村又一个核心区，与中关村西区、上地信息产业基地构成"黄金三角"组合。天智航和亿华通两家企业在这里办公，充分体现了他们的科技含量及与海淀高校的密切联系。

案例企业：天智航

北京天智航医疗科技股份有限公司成立于 2010 年，是中国机器人 TOP10 成员企业、北京市 G20 成员企业，医疗机器人国家、地方联合工程研究中心依托单位，国内第一家、全球第五家获得医疗机器人注册许可证的企业，中关村医疗器械产业技术创新联盟理事长单位。2020 年 7 月 7 日，公司在上海证券交易所科创板上市，成为我国首家上市的医疗机器人企业。

天智航公司核心产品"天玑"是国际上唯一能够开展四肢、骨盆及脊柱全节段手术的骨科手术机器人系统，临床精度达到 0.8 毫米，术中辐射减少 70% 以上，手术效率提高 20% 以上，其技术处于国际领先水平。该产品荣获 2015 年度中关村十大创新成果奖、2015 年度国家科学技术进步奖二等奖，2014 年、2018 年两次荣获北京市科学技术奖一等奖。在国家"十二五"科技创新成就展上，"天玑"作为生物技术与人口健康领域的重要成果进行了汇报演示。2018年11月在首届进博会上与高铁、大飞机、超级计算机等7个展品一起入选中国馆，代表中国向全世界进行展示。目前已在全国一百五十多家医院实现常规临床应用，开展机器人辅助手术两万余例，国内市场占有率达90%。

1995年8月至2001年4月，天智航的创始人兼董事长张送根先生在中国科学院电子学研究所从事载人航天工程、风云二号03星空间行波管放大器等研制工作；2001年5月，创办北京天惠华数字技术有限公司，专业从事数字超声诊断系统的研制和产业化；2005年10月，创办北京天智航医疗技术有限公司，专门从事骨科手术机器人的研制和产业化。在庆祝天智航成立10周年的讲话中，张董说道："当年从做B超设备毅然转到完全处于产业空白的医疗机器人，我就凭借极大的兴趣和对科研成果转化应用的痴迷，现在想来，我们能坚持10年并且还在继续发展，说明我们当初做对了选择，是非常幸运的。"张董和他的天智航何止是做对了选择，而是沿着这条充满艰难，同时又满载希望之路，一步一个脚印，取得了一个又一个的辉煌，走出了中国企业自己的创新之路。在2019年公司15周年的讲话中，张董谈道："这是一个剧烈变革的时代，中国必将从制造大国转变为创新大国，一批引领行业的'华为'们也必将在中国产生。让我们把握伟大的时代机遇，打造世界性的伟大产品和伟大企业，无愧于这样的伟大时代！"中国如果有更多的、具有自主知识产权的、像华为一样的专精特新企业，我们就会真正从制造大国变为制造强国，甚至成为创新大国！

案例企业：亿华通

在我们访谈的过程中，与瑞德智能公司一样忙于上市的另外一家企业就是亿华通。2016年亿华通在新三版挂牌上市，现在为了在海外扩大影响，准备在香港上市。作为中国氢能产业先行者，北京亿华通科技股份有限公司始终专注于氢燃料电池发动机系统技术的研发与产业化，致力于打造更好的氢能解决方案。目前，亿华通已形成以自主氢燃料电池发动机为核心，包括双极板、电堆、整车控制器、智能DC/DC、氢系统、测试设备、燃料电池实验室全套解决方案等在内的纵向一体化产品与服务体系。建立在自主知识产权基础上的全新一代氢燃料电池发动机，提前完成了国家燃料电池系统技术目标，并达到国际先进水平。自主研发的全系列测试服务体系为众多主流商用车企燃料电池实验室提供了全套解决方案。

4月1日下午，我们如约来到了亿华通东升科技园总部。一进门，公司的常务副总经理于民就充满激情地给我们介绍他们各种型号的氢燃料发动机产品，特别是在刚刚结束的冬奥会上，亿华通氢能汽车大放异彩。本次冬奥会是迄今为止全球最大规模投入氢燃料电池汽车示范运营的奥运会。在这场具有全球影响力的体育盛会上，氢燃料电池汽车大规模示范运行，让绿色奥运的理念深入人心，为碳达峰、碳中和做出了表率，这预示着氢燃料电池汽车将迎来更广阔的发展空间。

通过于总的介绍我们了解到，氢能汽车的减排效果是非常可观的。以公交车为例，其百公里油耗为35升，百公里碳排放约为105千克。如使用燃料电池公交车进行替换，每车每百公里减少二氧化碳的排放为94.8千克，这对推进"双碳"目标和推广氢燃料电池汽车应用都有重要的示范意义。于总认为，氢燃料电池汽车在冬奥会后将迎来更广阔的市场空间。一是氢燃料电池发动机反应过程中的产物仅为电、水和热量，这被称为新能源汽车的终极方案；二是氢燃料电池汽车能量转化效率、比功率、低温性能参数优异，作为新型交通工具，有诸多优点，与传统汽车相比，氢燃料电池车能量转化效率可达到65%以上，为内燃机的2—3倍；氢燃料电池发动机工作温度在 85℃以下，相比传统燃油发动机工作温度更低，可减少发动机损耗；三是氢燃料电池汽车功率大，适合中长途、中重载运行场景，在商用车领域能够充分发挥自身优势，可与纯电动汽车形成有效互补，共同推进我国新能源汽车健康快速发展。

与天智航一样，亿华通坚持自主研发为主，并通过承接国家重大科技课题，与高校开展产学研合作，以及与行业技术优势企业、主要客户和供应商合作研发的模式，致力于提高氢燃料电池发动机系统的功率密度、耐久性以及降低产品成本。截止到 2021 年 11 月，亿华通累计申请专利 539 项，其中发明专利 269 项、实用新型 257 项、外观 13 项、软著 72 项；已获得授权专利 191 项，其中发明专利 32 项、实用新型 149 项、外观 10 项。

通过与董事长张国强的交流，我们不只欣喜于亿华通持续进行的技术开发和产品升级，我们似乎还与他们有一种同呼吸、共命运的感觉。因为双碳目标的确立不只是国家的承诺，更重要的是社会、企业，包括每个人都应该努力践行，落实到我们每天的行动中。亿华通人所从事的事业无疑会对中国的减排进程起到很好的助推作用。在访谈的过程中，我们注意到会议室中贴了"亿华通五条铁律"，其中的第二条写道，"吃苦在前，享受在前"。是的，确实是享受在前！这是亿华通特有的企业文化，反映出他们注重公平的"家和"文化。董事长张国强在谈到他们的家和文化时，特别强调了日本的企业文化对他们的影响。他非常崇拜稻盛和夫，也希望亿华通的每位员工都能够认同亿华通的文化，大家为了相同的目标和美好的事业共同努力。

案例企业：大清生物

我们访谈的最后一家企业是北京大清生物技术有限公司（简称大清生物）。公司成立于2001年，是由归国留学人员创立的国家重点高新技术企业，是最早从事生物医学材料研究的企业之一。公司专注于伤口管理、微创手术、口腔医学及再生医学领域，是集产品研发、生产、销售和服务为一体的生物医疗企业。大清生物先后承担北京市科委重大培育项目、科技部中小企业创新基金项目、海淀区重大科技成果转化与产业化项目，牵头国内顶尖科研院所，承担国家科技部高技术研究发展计划（863）项目、十三五重点研发专项、科技部政府间国际合作项目等多项课题攻关。大清生物在国内外专业学术杂志和会议上发表论文300余篇。公司目前拥有59项知识产权，其中多项是国际领先的专有技术。作为世界领先的生物技术公司，大清生物使命在心、矢志不渝，未来仍将以"激情投入，坚韧不拔，持续创新，合作共赢"的企业精神，为人类生命健康提供更好的解决方案。2022年大清生物入选国家级专精特新"小巨人"企业。

在访谈时，创始人兼董事长李次会简单介绍了他的经历，"我在清华毕业后就留校了，主要做一些助教和科研工作，但我比较早就离开了学校，1990年来到深圳。特别庆幸的有两点：第一是从大学毕业直到今天没有离开过生物医药这个行业。当然也换过工作，但是在这个领域里待了很长时间，我觉得专业化对这个行业非常重要。第二个感觉特别幸运的是我1990年下半年去了深圳，1992年赶上邓小平同志南方谈话，所以我是整个改革开放的见证者，也是亲历者。当然，更多的还是一个受益者，所以，我觉得整个公司经营运营的方方面面，非常重要的就是开放。然后是市场经济，市场经济带来了充分竞争，只有充分竞争，才能使企业发展得更快。"

董事长说的这两点幸运，也应该是专精特新企业的成因和条件。一方面，专精特新企业之所以能够生存与发展，非常重要的一个因素就是专注！李董三十多年深耕生物医药领域，成就了现在的大清生物。瑞德智能在庆祝其上市的宣传片中，认为他们成功的最重要原因之一就是"专业与专注"，我们访谈的很多企业都是如此。另外，专精特新企业的发展，依赖于中国改革开放的大经济环境。改革开放形成的市场经济环境使企业开始真正摆脱了政府机构附属物的地位，向着自主经营、自负盈亏、自我发展、自我约束的商品生产经营者转变。这些企业的详细情况请参考表 2-1。

除了这些我们实际访谈的企业，在研究的过程中，我们还参考了很多过去研究的案例，如早期的华为、方太、贝壳、乐歌、极飞科技、小狗电器、万位数字、九号公司、宜花科技等企业，这些企业为我们理解和思考专精特新企业提供了思路和借鉴。除此之外，我们还通过二手数据找到了更多的专精特新企业，其中参考最多的是"寻找中国制造隐形冠军"这套丛书（魏志强和王玲玲，2020）。书中介绍了众多专精特新或隐形冠军企业，尽管每家企业的介绍并不都是从管理的角度切入的，但我们从中也看到了管理的作用，包括他们企业发展的历程、组织结构的变迁、企业文化的特点，以及创始人或高层管理者的领导等。在后续的章节中我们会做详细介绍。

专精特新企业成长的博雅塔模型

为了更好地分析专精特新企业的管理问题，通过对访谈内容的整理和研究团队的多次研讨和复盘，我们共同构建了专精特新企业成长发展的分析框架。该框架凝聚了研究团队成员的专业背景、多年研究经验和对企业

表 2-1 访谈样本

企业名称	股票代码	成立年份	人数	所属行业	注册地	总资产（单位：亿元）	2021年销售额（单位：亿元）	2021年利润（单位：亿元）	2021年市值（单位：亿元）
奇安信	688561	2014	10 000	信息传输、软件和信息技术服务业	北京市	127.68（2022Q3）	58.09	-5.55	454.27
瑞德智能	301135	1997	3000	计算机、通信和其他电子设备制造业	佛山市	17.93（2022Q3）	13.24	8.39	25.53
金洲精工	未上市	1986	900	金属制造业	深圳市	12.70（2021Q）	11.60	2.45	
宇视科技	未上市	2011	1800	信息传输、软件和信息技术服务业	杭州市	54.73（2022Q2）	60.74	5.72	
大清生物	未上市	2001	100	科技推广和应用服务业	北京市				
天智航	688277	2010	300	科技推广和应用服务业	北京市	12.10（2022Q3）	1.56	-1.05	57.31
亿华通	688339	2012	900	科技推广和应用服务业	北京市	36.95（2022Q3）	6.29	-2.42	87.64
冀凯股份	002691	2003	800	专用设备制造业	石家庄市	11.68（2022Q3）	3.56	1.73	19.11

资料来源：2021年以上公司的公司年报。

的洞察，从组织行为与人力资源管理、营销与客户管理、战略管理、知识管理与创新、生产运营与管理等专业背景，分别从领导行为与领导模式、价值共创与客户关系管理、中国传统文化与组织文化建设、数字化与企业创新管理、转型发展经济下业务领先模型、管理创新与营销国际化等方面对这些案例企业进行深度挖掘。这些专业的训练和研究经验，为我们深入研究专精特新企业的管理问题提供了坚实的基础和扎实的保障。在大量深入、细致访谈的基础上形成的分析框架，不但很好地总结了专精特新企业的管理特色，提供了分析这些成功企业管理经验的框架，还为更多企业成为专精特新企业提供了努力的方向和管理的抓手。在这一分析框架的指引下，正如《追求卓越：美国企业成功的秘诀》一书总结了美国成功企业的8大特征，我们得到了专精特新企业在领导、战略、企业文化、运营管理、创新和营销管理方面的特点（彼得斯和沃特曼，2012）。这些特点会在本书的后续章节中详细介绍。

这个分析框架之所以命名为"博雅塔模型"，一个原因是博雅塔是北京大学的标志性建筑。我们都在北京大学的校园里或学习，或教书，或研究，已经有了几十年时间，我们深深地喜欢这个校园，并为其"一塔湖图"而骄傲。尤其在博雅塔下，我们进行了很多的"思考和求索"，因此，很自然地就想到用这个标志性建筑物来命名我们的分析框架。其次，在构建这个模型时，我们有过不同的思考和选择。最后，出于这几个因素之间的联系和在专精特新企业管理过程中的不同作用，将其整合之后，感觉这些元素的作用非常接近建筑物的横梁、立柱、地基和屋顶等部分，尤其是将这些部分画成图之后，我们赫然发现，其形状非常类似我们办公室窗外的那座博雅塔。因此，"博雅塔模型"就顺理成章地成为了我们都认同的名字。

本研究非常重要的参考资料是《追求卓越》一书。两位作者汤姆·彼得斯和罗伯特·沃特曼访问了美国62家大公司，探讨这些公司成功的原

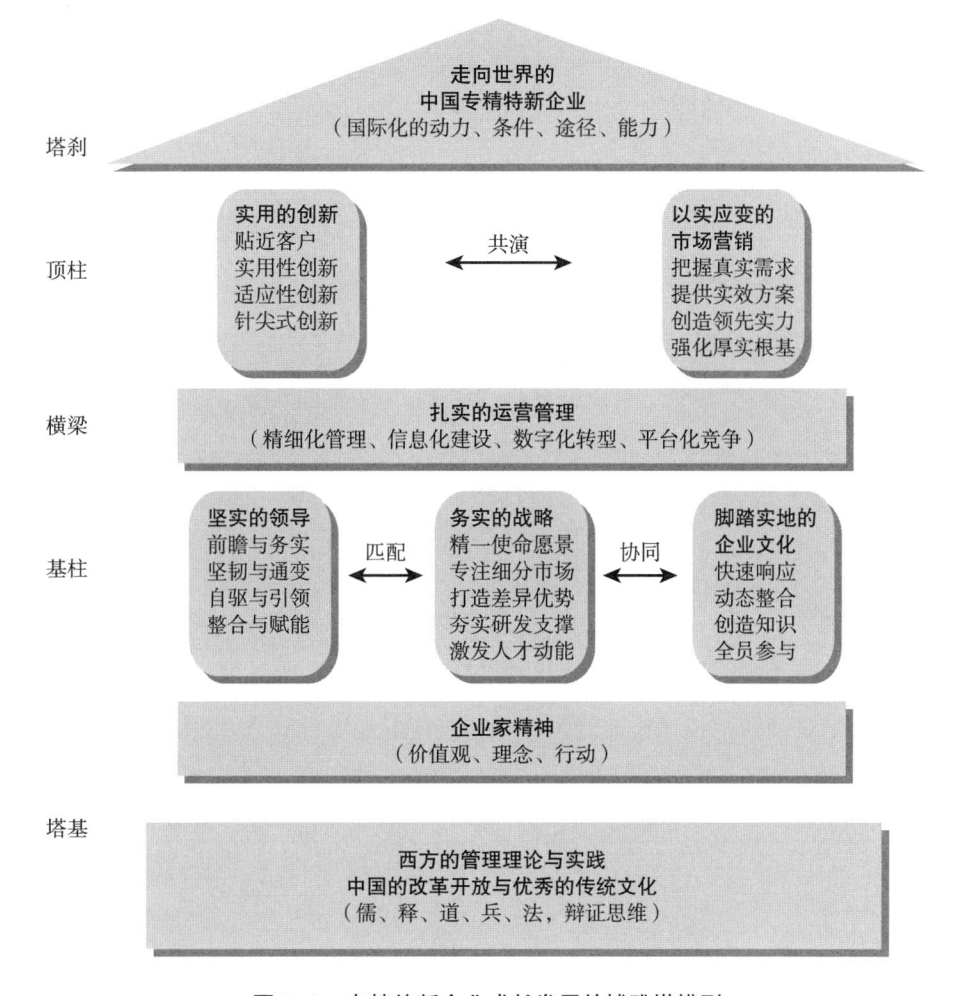

图 2-1 专精特新企业成长发展的博雅塔模型

塔刹：走向世界的中国专精特新企业（国际化的动力、条件、途径、能力）

顶柱：
- 实用的创新：贴近客户、实用性创新、适应性创新、针尖式创新
- 共演
- 以实应变的市场营销：把握真实需求、提供实效方案、创造领先实力、强化厚实根基

横梁：扎实的运营管理（精细化管理、信息化建设、数字化转型、平台化竞争）

基柱：
- 坚实的领导：前瞻与务实、坚韧与通变、自驱与引领、整合与赋能
- 匹配
- 务实的战略：精一使命愿景、专注细分市场、打造差异优势、夯实研发支撑、激发人才动能
- 协同
- 脚踏实地的企业文化：快速响应、动态整合、创造知识、全员参与

企业家精神（价值观、理念、行动）

塔基：西方的管理理论与实践、中国的改革开放与优秀的传统文化（儒、释、道、兵、法，辩证思维）

因，最后从这 62 家公司中，以获利能力和快速成长为准则，挑出了 43 家杰出模范公司。这本书写作的背景是上世纪 70 和 80 年代，美国经济不景气，饱受高失业率的困扰，同时也面临日本企业的激烈竞争，在半导体、电子甚至汽车行业被日本企业不断赶超。因此，美国学者试图从管理的角度研究成功企业的特点，从而为更多企业提供成功的模板，重振美国经济。

这两位毕业于斯坦福大学管理学专业，长期服务于著名管理咨询公司麦肯锡的学者采用麦肯锡的 7S 模型，从结构、系统、风格、员工、技术、战略、共同价值观等方面，总结了卓越公司的 8 大特征：崇尚行动，贴近客户，自主创新，注重人才培养，重视价值观，做内行的事，简化工作和简化人事，以及提倡宽严并济的企业文化等。从成功企业的这 8 个特征来看，中国专精特新企业也有很多类似之处，其中最为鲜明的两个特征就是自主创新和贴近客户。在后续的章节中，我们会详细地加以介绍。也就是说，这 8 大特征不但对美国企业有指导作用，对中国企业也有借鉴意义。

与 7S 模型相比，我们的分析框架更具结构性。这一结构性我们是通过中国古塔的组成部分和相互联系加以体现的。西方的管理模型多是基于管理要素或元素搭建上的矩阵模型或多角模型，是用乐高式组合来说明各个管理要素之间的关系；而我们的模型更加系统化、形象化，各个管理要素之间是联动的、相互影响的，体现了一定的能动性和系统性。这和中国古代建筑中卯榫的结构特点比较相像。中国古建筑以木材、砖瓦为主要建筑材料，以木构架为主要的结构方式，由立柱、横梁、顺檩等主要构件建

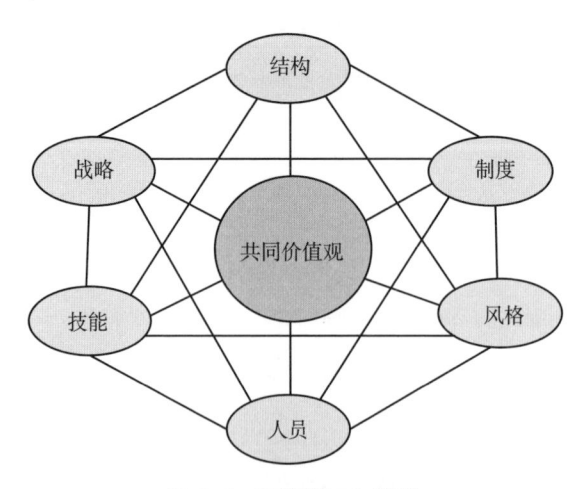

图 2-2　麦肯锡 7S 模型

造而成，各个构件之间的结点以榫卯相吻合，构成富有弹性的框架。榫卯这种构件连接方式，使中国传统的木结构成为特殊柔性结构体，它不但可以承受较大的荷载，而且允许产生一定的形变。在大的变化，如地震带来的荷载下，通过变形抵消一定的能量，减小结构的变形响应。本质上这也是一种"皮实"，也就是专精特新企业的管理特点。除此之外，基于卯榫结构的中国塔多层造型又能体现中小企业在一层一层地向上发展。

博雅塔模型不仅仅体现了这些特点。北大的博雅塔最早是作为供水的水塔在使用，这又体现了专精特新非常实用的一面。当然最重要的是，博雅塔从功能性水塔变成燕园学者学子的精神象征，又说明博雅塔模型最终能体现一种中国特色的企业管理模式和精神文化，而这正是专精特新企业能持续发展的根本。

总之，通过博雅塔模型我们发现，中国的专精特新企业在管理方面有一些独特特点，比如这些企业和中国的大企业相比，它们更加扎实，追求实用，一直注重企业的客户和市场的需求，追求企业可实现的增长；同时，与其他国家的中小企业相比，它们更加灵活和思变，因时因地制宜去改变企业的生产模式、创新模式和商业模式。对外它们会对不同客户的需求及时响应，根据需求不停调整自己的产品和服务；对内它们会根据企业发展的方向，实时尝试和变化企业的管理制度，以更加务实和脚踏实地的企业文化达成最大限度的共识。总而言之，这种"实"和"活"的特点又体现了专精特新企业在不确定环境中的一种弹性成长方式，以及面对压力时体现出的一种企业韧性。

塔基：企业家精神与制度环境

一座塔之所以能够屹立不倒，一个非常重要的部分就是塔基。我们从两个方面来构建专精特新企业成长发展的基础：一个是从专精特新企业的创始人或高层管理者的角度，另外一个则是这些企业成长、发展的中国宏观经济环境（PEST）。前者我们从企业家的精神和理念来解读，后者我们从中国改革开放以来形成的良好政治经济环境，改革开放之后引进的西方管理理念和实践，以及生生不息、源远流长的中国传统文化和价值观体系等方面进行解读。

铸造神奇的企业家精神

企业家（entrepreneur）是指经营、管理企业的一个群体，而企业家精神（entrepreneurship）是指这个群体所具有的品格特征。尽管二者各有侧重，但常常可以互换。著名经济学家熊彼特认为，企业家是经济发展的发动机，是社会发展的力量源泉。"现代管理学之父"德鲁克认为，企业家是革新者，是勇于承担风险、有目的地寻找革新源泉、善于捕捉变化，并把变化作为机会加以利用的人。世界著名的管理咨询公司埃森哲，曾在26个国家和地区对几十万名企业家进行访谈。其中79%的企业领导认为，企业家精神对于企业的成功非常重要。在这些领导人的心目中，企业家精神是企业健康长寿的基因和关键。正是企业家精神造就了二战后日本经济的奇迹，引发了美国新经济兴起二十余年。同样，中国经济四十多年的高速发展也得益于企业家群体的逐渐形成和不断发展壮大，而专精特新企业之所以能成长、发展，非常重要的原因就是经营管理这些企业的企业家们，以及这些企业家在经营管理企业的过程中处处体现的企业家精神。在此我们只举一个例子，后续的章节会对此加以展开。

我们访谈奇安信董事长齐向东时，第一个问题就是请教他，当时为什么创立这家公司。他的回答是："当初为什么成立奇安信？是因为我看到国家发展战略发生了变化，国家开启了新的战略，新的战略就是数字化。当时的一个重要节点就是习总书记在 2014 年 2 月 27 日，中央网络安全和信息化工作领导小组成立暨第一次全体会议上的一个讲话，他第一次提出要大力发展互联网+。当时我就意识到，互联网这么一个非常不安全的东西，如果全面应用到政府的管理、国家的治理，还有企业的运行，有可能带来巨大的安全问题。要解决这些安全问题，就一定会形成一个巨大的网络安全新产业的风口。所以在这次会之后，我立刻就着手组织成立奇安信，而且给奇安信定的方向就是做政府和企业网络安全，按照市场区分来讲，就叫 2B 的业务。"听了这番话，我们惊诧于齐董的表现与德鲁克对企业家的定义竟如此契合！齐董真正是"善于捕捉变化，并将变化作为机会加以利用的人"！后来，我们专门查找并学习了习总书记在中央网络安全和信息化领导小组第一次会议上的讲话，其中最核心的地方就是信息技术的发展和网络安全的构建。习总书记强调，"网络信息是跨国界流动的，信息流引领技术流、资金流、人才流，信息资源日益成为重要生产要素和社会财富。"习总书记指出，"没有网络安全就没有国家安全，没有信息化就没有现代化。建设网络强国要有自己的技术，有过硬的技术；要有丰富全面的信息服务，繁荣发展的网络文化；要有良好的信息基础设施，形成实力雄厚的信息经济；要有高素质的网络安全和信息化人才队伍；要积极开展双边、多边的互联网国际交流合作。"我们相信，当年有很多人注意到了这个讲话，也意识到信息技术是"社会财富"，"没有网络安全就没有信息化和现代化"，但很少有人像齐董这样快地捕捉到这个机会，并成就了奇安信现在的辉煌。

正如习总书记在这篇讲话中提到的，我们应该"因势而谋，应势而动，顺势而为"。很多像齐向东董事长这样的企业家对环境的变化非常敏锐，能准确判断国家战略和行业发展趋势，"应势而动，顺势而为"；他们愿意承担风险，果断决策，"因势而谋"，迅速将机会转化为财富；他们坚韧执着，克服困难，引领企业员工，共同成就一番事业。因此，企业家群体以及他们身上所体现出的企业家精神是专精特新企业的重要基础，也成为我们博雅塔模型塔基的重要组成部分。

改革中孕育，开放中成长

本书的作者都是在改革开放之后进入大学读书的，正是因为有了改革开放才有了我们现在热爱的学术生涯。中国的改革开放不但给中国经济带来了翻天覆地的变化，同时也改变了中国人的生活与命运。正是这样的背景，孕育了中国一大批企业家群体，而这些群体中的一些企业家打造了我们现在研究的专精特新企业。因此，专精特新企业成长和发展的另外一个重要基础就是它们所依赖的制度环境。在访谈中，我们问到了企业的发展与其所处环境的关系问题，即"是时势造英雄，还是英雄造时势"。天智航的董事长张送根说得好，"绝大部分不会是英雄创造历史，全球也没几个这样的人，大部分还是时代造就英雄，所以第一重要的是政策环境"。

制度环境是一系列用来建立生产、交换与分配原则的基本的政治、社会和法律规则。例如，改革开放改变了我们的分配原则，以前是大锅饭、平均主义，干多干少都一样，现在则是多劳多得，少劳少得，不劳不得。作为解释诸多社会现象的重要理论基础，制度理论关注集体与组织通过何种方式遵循制度环境的规则与规范，更好地维持合法性，以及组织的生存与合法性的规制、社会与文化差异。具体来讲，著名的制度学者理查德·斯科特将制度界定为能给社会带来稳定的、具有认知性、规范性和规制性的结构与活动。基于此，他提出了规制、规范和认知三种合法性约束，而规制、规范和认知则构成了企业的外部制度环境。

经济学和组织学都对制度环境有过非常多的论述，过多的理论探讨不免枯燥。在此我们认为，改革开放后形成的制度环境使企业（当然包括专精特新企业），以及这些企业背后的企业家群体具有了合法性。同时，改革开放引入了很多国外的企业管理理论与实践，使中国企业的管理水平大幅度提升。最后，改革开放也使我们重新审视以儒家为代表的中国传统价值观，我们更愿意从文化自信的角度，将传统文化中优秀的元素应用到现代企业的管理实践中来。

首先，以深圳为窗口的改革开放使人们深刻认识到，市场经济环境能够让我们追求财富，我们追求美好生活的愿望被认可和保护起来，市场经济也使充分的自由竞争得以形成，人们愿意通过自己的努力使自己的生活变得更美好。因此，很多企业家群体的先行者正是在深圳这个地方受到了洗礼，进而爆发出创业的强烈愿望。正如大清生物的董事长李次会所言："我觉得非常重要的就是开放，然后是市场经济，市场经济带来了充分竞争，只有充分竞争，才能使企业发展得更快。"

其次，改革开放不但使大量企业涌现出来，形成了企业家群体，同时也引入了西方的管理理论与实践。18世纪，西方各国相继出现了工业革命。工业革命不但带来了翻天覆地的技术变化，也使研究如何经营管理企业逐渐成为一门科学。19世纪三四十年代工厂制度在英、德等国家普遍建立。工厂制的主要特性是：实行大规模的集中劳动；采用大机器提高生产效率；实行雇佣工人制度；劳动分工深化，生产走向社会化。后来，随着技术的进步和经济的发展，工厂自身发生了复杂而又深刻的变化；不断采用新技术，使生产迅速发展；生产规模不断扩大，竞争加剧，产生了大规模的垄断企业；经营权与所有权分离，形成职业化的管理阶层；普遍建立了科学的管理制度，形成了一系列科学管理理论，从而使企业走向成熟，成为现代企业。然而，工业革命带来的技术更新和企业制度并没有很快传到中国，尽管我们经历了漫长而复杂的社会变迁，但大规模的工业化始终没有在中国出现，直到改革开放后。所以我们说，改革开放的40年，使我们经历了西方几百年的变化。因此，伴随着工业化的发展，经营管理企业的理论和实践也传入了中国，被企业家应用在他们经营管理的方方面面。我们访谈的企业，几乎所有的企业家都谈到了国外的管理经验对他们的影响，因此，我们认为，西方的管理理论和实践是专精特新企业成长的另外一个基础。

最后，专精特新企业成长和发展的根基是中国传统文化，以及在传统文化中形成的优秀领导人的管理实践。例如，宇视科技的总裁张鹏国在管理过程中多次强调中国的文史知识对企业经营的影响。他不但自己注重传统文化的学习和积累，同时也要求管理团队的成员注重传统文化知识的学习。"我有一个比较深的认知，纯粹理工科管理者还是需要补很多课的。人文社科方面的课需要补一补，因为对于人的理解，我们的能力是比较差的，所以我从一开始就不停地在给管理团队补课，还给他们推荐各种书籍。"

中学明道，西学优术

中国传统文化是中国文化的主体部分，是祖祖辈辈传承下来的丰厚的历史遗产。它不仅记录了中华民族和中国文化发生、演化的历史，而且作为世代相传的思维方式、道德情操、价值观念、行为准则、风俗习惯，具有强大的遗传性，渗透在每一个中国人的血脉中，制约着今日中国人的行为方式和思维模式，当然也会影响包括专精特新企业在内的企业管理实践。

本书的作者潘垚天老师，他的研究兴趣就是中国的传统文化价值观及其在现代企业中的应用。他在学术上做的重要贡献就是对中国传统文化价值观，包括儒家、佛家、道家、兵家和法家的理念进行量化测量（Pan et al., 2011），将这些传统文化，甚至哲学层面的思想能够具体地加以量化评估，同时，将这些传统文化的价值观与现代企业管理的实践结合起来。武亚军老师以华为领导人任正非为研究案例，探讨了企业领导人的认知模式和价值观对企业的发展作用，认为任正非的"战略框架式思考""悖论整合（灰度思维）"及"超越性价值观"对华为的战略、创新和管理都有很大的促进作用。王辉老师从中国文化的辩证思维视角出发，分析了多变的环境、矛盾的情境对中国企业高层管理者产生的影响，在此基础上，提出并发展了一种更具理论生命力和现实解释力的中国企业高层管理者独特的领导行为理论——辩证领导行为。他通过一系列的研究证明了辩证领导行为对企业的创新能力和经营绩效的影响作用。

基柱：领导、战略、企业文化的匹配与协同

在塔基之上，非常重要的组成部分是塔的基柱，它们承担了塔的所有重量，支撑起整个塔身。通过访谈和研讨，我们认为，以下三个方面，即坚实的领导、务实的战略和脚踏实地的企业文化是专精特新企业管理的重要基础。

坚实的领导

本书作者之一的王辉老师，一直在光华管理学院从事领导行为的研

究，特别是中国企业环境下的领导行为与领导模式的研究与教学。在他的《组织中的领导行为》一书中，对领导定义如下："领导是影响他人的过程，是促使下属以一种有效的方式去努力工作，以便实现组织共享目标的过程"（王辉，2018）。每一个专精特新企业都有清晰的使命、愿景和目标。例如，金洲精工的愿景是"成为客户信赖、员工热爱的创新智造企业"；瑞德智能的愿景是"协同共生，价值共享，共建智慧新生态"；奇安信的愿景是"成为全球第一的网络安全公司"。而在实现这些愿景和目标的过程中，领导起到了重要作用。那么领导到底起到什么作用呢？用毛泽东的话来讲，"领导者的责任，归结起来，主要地是出主意、用干部两件事。一切计划、决议、命令、指示等等，都属于'出主意'一类。使这一切主意见之实行，必须团结干部，推动他们去做，属于'用干部'一类"。

因此，作为企业的领导，首先就需要有一个清晰的"主意"或理念。在我们访谈的这些企业中，企业的高层领导，无论他们是创始人还是企业的高层管理者，从企业创立之初到后续的发展，不论企业发展顺利还是深处逆境，他们都有明确而清晰的经营理念。最重要的是，他们都能够坚持这些理念，尤其是在企业发展艰难的阶段，或是企业存在众多诱惑的时候，对这些"初心"的坚持更显得尤为重要。

天智航的副总邢玉柱在介绍该企业的特点时说道："（企业）原来规模比较小，唯一的好处是从来没有变过，当初成立时就确定了做这个事（骨科医疗手术机器人），一直没有偏过，所有的资源都压在机器人上。"后来，我们访谈张董时，他更加明确地说："我们现在规模很小，总共两三百人，但我们走了一条与中国其他企业不一样的路子，走了创新的路，这是比较难的，但对未来是比较珍贵的。如果走仿制的路，很快规模就上去了，但创新不是这样的，创新是很难的，你要打通很多东西，外部边界很不清晰。"不管生存多么艰难，还是面对不同的诱惑，天智航都能够沿着初创时的路坚定地走下去，董事长张送根的清晰理念和坚韧领导是非常重要的基础，其他的专精特新企业莫不如此！

如何做到坚实的领导？我们认为，这与企业的创始人和高层管理者的认知水平、理念、价值观和管理能力密切相关。我们访谈的这些企业家在认知上都有前瞻的视野，善于识别环境中的变化，捕捉关键信息；在理念方面，他们既有顽强的韧性，朝着既定的方向砥砺前行，也能随着环境的改变而不断地调整自己，适应环境；在价值观方面，他们都有很强的自我驱动力，不断学习，不断超越自我，同时也能够引领团队和全体员工，形成强有力的组织能力；在管理能力方面，他们既能吸引优秀人才，整合各种资源，又善于授权，通过制度和激励机制赋能管理者和全体员工。在后续的章节中我们会进行详细介绍。

战略要务实

本书作者武亚军老师，在他的著作《走向繁荣的战略选择：博雅塔下的思考与求索》（武亚军，2020）中，从一个未名湖学者的视角探讨了近20年来中国宏微观领域中改革与发展过程中若干重要问题及对策，对中国改革发展及企业的经营管理进行了深刻反思，希望重唤人们的改革热情与共识。武老师认为，"战略选择是走向繁荣的关键，不论是对国家还是个人、企业或者大学，莫不如此。"同样的道理，每一家专精特新企业都有自己明确的战略选择与发展方向，他们能够锚定自己的使命，聚焦细分市场，紧扣关键任务，配置核心资源，形成自己独特的竞争力。

我们访谈了天智航的董事长张送根。尽管他是工科出身，但提到天智航的发展过程时，他的战略思维是非常清晰的。第一步要把产品做好，因为公司最重要的是产品，产品体现了公司的江湖地位，要让企业的产品有足够大的影响力，或者说足够赚钱。对他们来说挑战还是挺大的。第二是人均销售额，人均销售额决定了公司用的是什么样的人，如果人都是高水平的、有效率的人，那行业竞争力就强。第三就是规模，这几个方面肯定有相关性的，如果销售能够达到一定的规模，比如医生有1/3用他们的设备，那么他们基本上在国内骨科就达到了一定的地位，第二步和第三步是并着走的。光靠机器人不行，应该是与机器人相关的东西都由他们提供，这样可以通过整合，同时国际化，在达到国内第一时，全球也渗透了，然后再跨科。

企业战略（corporate strategy）是指企业根据环境变化，依据自身资源和实力选择适合的经营领域和产品，形成自己的独特竞争力，并通过差异化在竞争中取胜。人们往往认为只有大企业才制定战略，实际上，像专精特新这些中小企业更需要企业战略。因为企业的规模小，资源有限，更需要确定如彼得·德鲁克说的"我们的企业是什么？它应该是什么？"这样的战略问题。只不过，它们需要的是更加务实的战略。作为《追求卓越》一书的姊妹篇，《基业长青》同样是一部卓越的商业书。该书作者选取了18家卓越非凡、长盛不衰的公司做了深入研究——研究这些企业处于初创时期的状况，处于中型企业、大型公司时的情形，研究它们如何在世界发生急剧变化时而依然保持基业长青（柯林斯和波拉斯，2009）。作者的一个结论是：这些基业长青的企业在初创时期就都是具有远见、具有清晰的发展战略的。我们访谈的这些企业，与这本书中的企业，如通用电气、3M、默克、沃尔玛、惠普、迪士尼等相比显然是不够知名，但多年之后，人们在总结这些公司成功的经验时，清晰、务实的战略无疑是重要的成功秘诀之一。

作为新兴的氢能汽车发动机创新企业，亿华通的董事长张国强在总结其公司的战略时，清晰地提出了他们应该做什么，不应该做什么，以及他们的关键任务是什么。"我们提出点、线、面的发展战略，提出星星之火可以燎原的发展战略，现在都得到了很好的应用，也得到了国家发改委的认可，所以大家可以看中国氢能产业发展的中长期规划，也专门提到市场拓展战略这一章，其实就是我们一直倡导点、线、面的发展战略。过去5年，我们选定6个重点城市，没有到处开花，其实每周都有各地政府来找亿华通，希望我们去合作。很多城市就具备一条，市场支持。我说你光有市场（政策）支持，我们不能合作。所以我们还是比较坚持这一点。我们在国内6个推广城市，包括北京、上海、张家口、郑州、淄博和成都，都有坚实的市场需求和区位优势。现在看我们都推广得非常好，这6个城市基本搭建了我们氢能产业发展的生态要素。"从这段访谈中，我们可以清晰地体会到，亿华通不但能经得起来自环境的各种诱惑，更重要的是，它能始终坚持自己既定的发展方向和细分市场，围绕重点地域配置有限的核心资源，逐步取得由点及线、由线及面的务实拓展，这为企业的持续发展奠定了基础。

领导与战略的匹配

在领导与战略之间，我们认为非常重要的机制是匹配。我们这里讲的匹配，是指领导者所具有的认知、理念、价值观和能力等，能够支撑企业进行战略思维和战略选择。高层管理者及高管团队能够根据自身特点和经营需要，分析应对政治、经济、社会和技术这四类影响企业生存与发展的外部环境因素。同时，明确企业自身的优势、劣势、机会和威胁，即SWOT分析，进而制定适合企业发展的战略。就像《基业长青》里介绍的，"伟大公司的创办人通常是制造时钟的人，而不是报时的人，他们主要致力于建立一个时钟，而不是只是找对一个时机。"在建造时钟的过程中，如何选择发展方向，如何匹配资源，如何布局企业的轻重缓急，都是企业领导者必须要考虑的因素。在我们的模型中，企业要想锚定专精的战略，高层领导者就必须具有相应的前瞻认知能力；要想紧扣关键任务，就应该有必要的专注与坚韧理念。

我们访谈的这些专精特新企业，绝大多数的高层领导者或称一把手都是企业的创始人，即使不是创始人，也在企业工作多年，并与创始人有过多年的交往和密切合作的经历。这些企业创始人或高层管理者，无论是科研出身（像大清生物的董事长李次会；天智航的董事长张送根），还是一直专注于技术的开发与应用（如宇视科技的总裁张鹏国；瑞德智能的董事长汪军），或者一开始就是学习管理的（如亿华通的董事长张国强；冀凯股份的董事长冯帆），他们共同的特点就是清晰地了解企业发展的不同阶段所应发展的重点。更为重要的是，他们都有很好的市场洞察力、适合企业自身特质的发展理念、不断自我完善的内驱力；同时，又有良好的组织能力，能整合人、财、物等不同资源，团结带动高层管理团队以及全体员工，在共同愿景的感召下，聚焦细分市场，紧扣关键任务；既能利用企业的现有资源，也能不断进行产品创新、技术创新、系统创新和管理创新，还能不断开发新的资源和能力，从而成就专精特新的伟大使命。

企业文化必须脚踏实地

横梁下面的第三个支柱是"脚踏实地的企业文化"。上文提到的《追求卓越》这本书，是企业文化成为企业管理重要手段的标志性书籍。这本书1982年在美国出版，1984年就翻译成中文传到中国，而且不同的出版社一版再版，足以证明这本书在中国也深受欢迎。同时，管理者也将企业文化不断地应用到企业管理实际，希望它能助推企业的管理。但是，也有管理者对企业文化有不同程度的歪曲理解，还有很多企业没有认清自己企业文化的本质，更没有将企业文化真正服务于企业的经营管理。

根据企业文化研究的权威学者埃德加·沙因的定义，企业文化（corporate culture）是一个团体在适应外部环境与内部整合的过程中习得的一套价值观、行为模式和基本信念，团体的新成员以此作为了解、感知和思考相关问题的基础。因此，企业文化最为重要的是价值观，一个团体通常是指企业的创始人或高层管理者，他们在经营企业时，通过外部适应与内部整合，形成了企业的最基本理念。企业文化更为重要的是团体的新成员，也就是所有员工都能够认同这些理念与价值观，组织上上下下形成真正的共识，即"上下共欲"。

《基业长青》中提到，"伟大的公司都是务实的理想主义者""利润是生存的必要条件，而且是达成更重要目的的手段，但对于很多高瞻远瞩的公司而言，利润不是目的，利润就像人体需要的氧气、食物、水和血液一样，这些东西不是生命的目的，但是，没有它们，就没有生命，而利润之上的追求就是共享的价值观。"与利润之上的追求同等重要的是企业的核心价值观，甚至后者比前者更重要。

我们欣喜地看到，我们接触的这些专精特新企业都有自己的企业文化体系，尤其令我们印象深刻的是，有些企业的企业文化不但很有特色，而且非常脚踏实地，因此很能深入人心，使员工知行合一，如金洲精工的"班组文化"和亿华通的"家和"文化。

旅游打工与班组文化

首先是金洲精工的班组文化。在 2021 年 10 月的线上研讨时，我们就对金洲精工总经理罗春峰提到的班组文化产生了浓厚的兴趣。在后续的访谈中，我们对此进行了深入了解。罗总在谈到企业文化建设的初衷时说道："让很多员工在班组，尤其在公司中会有比较强的主人翁意识，还有他们在深圳、在金洲工作的过程中比较开心。员工开心，对产品质量，对革新、创造来讲，都有很大的帮助。"简单的几句话，很好地道出了企业文化的真谛，企业文化建立的目的就是使企业的目标更好地实现。企业的目标无疑包括员工都愿意将产品的质量提高，更希望融入到企业的创新之中。

  金洲精工的公司理念是"以人为本，诚信经营，立足高科技，创造高品质"。班组文化很好地将这些理念融入到员工日常的工作和生活之中。例如，班组文化的一个内容是"微笑问候"。这项工作已经开展两三年时间了，每个部门轮流值班，早上在门口等候，员工过来时给予亲切的问候。希望大家从进入公司的第一刻开始，就能感受到扑面而来的热情，体验到面对面的阳光心态。同时，在晨会时组织大家做一些活动，发放一些小奖品，把大家刚进入工作的状态调动起来。我们后来请教罗总，为什么班组文化融入了这些内容，罗总解释说："因为现在一线员工的工作情况跟更早时已经不一样了，原来大家是要能够养活自己，解决吃饭的问题。但是现在的一线员工，尤其是00后，挣不挣钱对他们来讲可能并不重要，家里面一定给他饭吃，他过得开不开心是最重要的。"由此可见，金洲精工已经将员工，尤其是新生代的员工琢磨透了，并根据新生代员工的特点进行管理，开展企业文化建设活动。当然，开展企业文化不只是让员工开心，很重要的一个目的是使员工更好地融入班组之中，更快地成长，更愿意"创造高品质"。罗总进一步介绍说："对于年轻的学生来讲，他来到深圳，很多人有一种旅游打工的心理。他的目标是在这里工作一两年，平常赚点钱，休息时去深圳及周边玩一玩。我们针对这个情况在更早时由生产部门形成了一个叫作'21天上岗法'的办法。原来试用期是三个月，如果招聘一个员工要试用三个月，最后不合适，或工作很短的时间人就走了，那么对我们来讲，时间成本和培训成本是巨大的。我们自己摸索建立了这套"21天上岗法"的办法，按照21天上岗方式，争取在一个月的时间从技能操作要求方面评价新招聘的员工是不是能够适应这个岗位。"

人人都是主人翁的"家和"文化

我们在介绍亿华通公司时简单提了一下该公司的"家和"文化。后来我们访谈该公司的副总李飞强时，他给我们做了进一步的解释："五条铁律都是董事长亲自定的，访客们说你们的字（'吃苦在前，享受在前'）是不是写错了，其实就是这么写的。目的是重在利益分配，让大家流血流汗有成果，不能流血流汗又流泪。我们的员工，特别是核心骨干员工非常稳定。行业没有发展起来，产品并不赚钱，年年亏损，所以工资不是很高，但大家干劲还是很足的，稳定性很好，主要是公司，特别是董事长在这方面（企业文化）下了很多功夫。"董事长张国强所下的这些功夫对亿华通的全体员工形成共识、增加凝聚力起到了非常好的推动作用。在谈到家和文化的形成过程及对企业经营管理的影响时，张董提到，"我们的家和文化是我2012年当总经理时一直在推行的理念，可能也是我们后面能跟丰田合资的原因。作为东方人，我们比较欣赏日本企业的经营理念和经营哲学，所以我对日本京瓷的稻盛和夫比较崇拜，我要求将他的书作为我们员工的必读书。员工来公司第一件事就是先发两本书，读了之后写心得。我会看每位员工读完这两本书后写的心得。通过这个过程，首先让他认同，认同之后要将理念转变成行为。我们有一整套企业文化的管理规定。我们员工笔记本的前十几页就是与我们企业文化相关的一些条例。把这个落到实处，根本上还是希望亿华通扎扎实实地做成百年老店。"张董的最后一句话很好地呼应了《基业长青》的研究结论，也就是像通用电气、3M、默克、沃尔玛、惠普、迪士尼这些知名企业（其中很多是百年老号），一定是高瞻远瞩的企业。

在我们的模型中，企业战略与企业文化之间既是相互影响的关系，又是相互促进的关系，同时也是相互协调的关系。在制定企业战略时，要考虑企业文化的特色或特殊性，应该基于企业文化的特征；在实施企业战略时，要考虑企业文化的实际影响力，即企业文化对员工行为的影响，是否能够确保企业战略顺利实施；最后，企业制定战略后，需要全体员工积极有效地执行，通过企业文化统一员工们的思想和行为，不但可以"上下共欲"，也能够"知行合一"。

横梁：运营管理是关键

在基柱之上，"实用的创新"与"以实应变的市场营销"两个顶柱的下面则是横梁。在建筑物中，如果说基柱起到支撑作用，那么横梁则承托着建筑物的上部构架及屋面的全部重量，是建筑物的上部构架中最为重要的部分。俗话说"房之梁，人之骨"。人要是没有骨头也就是一张皮囊而已；房子也是，要是没有房梁的支持，你放的材料就不会那么结实，很容易坍塌。所以，能够支撑起一个企业的创新与客户管理的部分，就是专精特新企业的运营管理部分，因此，运营管理是关键。

"颜值高，体贴人，能干活"

早在 2021 年底，我们刚刚开始讨论专精特新企业如何练成的这一问题时，彭泗清老师就引用了特里西和威尔斯马所写的 *The Discipline of*

Market Leaders: Choose Your Customers, Narrow Your Focus, Dominate Your Market（Treacy & Wiersema, 1996）。两位作者认为，在竞争激烈的市场中想要获取领先地位，必须遵循三个价值信条和四个使用规则。三个价值信条，即产品领先、亲近顾客、运营卓越。四个使用规则包括：(1)在三个价值信条（运营卓越、产品领先、亲近顾客）中寻找一个，努力成为最好。市场领袖首先要形成具有竞争力的、难以模仿的价值主张；(2)其他两个信条获得好的绩效水平，绝不能让另外两个价值信条的绩效水平滑坡，从而导致公司价值和吸引力的削弱；(3)在某一已选择的信条上持续改进，占领市场，当公司将其所有的资产、能源和精力投入到某一类型的价值信条上时，它的绩效表现往往要比那些投入分散的企业高得多；(4)构建协调良好的运营模型，实现价值传递。在一个竞争激烈的市场上，顾客期望不断提升，顾客价值也必须不断提高，这是市场领袖所必须面对的挑战。良好的运营管理是把握顾客期望、提升顾客价值的关键。这三个价值信条用彭老师的比喻来讲就是：颜值高（产品领先），体贴人（亲近顾客），能干活（运营卓越）。尽管特里西和威尔斯马认为，一个企业一定要在这三个方面中的某一方面成为最好，同时，在其他两个方面不能太差。实际上，正如第四个使用规则中提到的，要想产品领先或能亲近顾客，卓越的运营无疑是一个基础和保障。

  本书作者之一的董小英老师，其专业是企业运营管理，现在她从事的研究是企业的数字化转型。在访谈及后续的研讨过程中，针对专精特新企业如何通过数字化转型提升企业的运营能力，董老师通过她的"洞察"，总结出了专精特新企业运营管理的特点。董老师认为，卓越的运营管理是专精特新的共同特点，而卓越的运营管理则集中表现在"规范化的生产、精细化的管理、数字化的运营、平台化的整合"这四个方面。我们访谈的这些企业绝大多数都是制造型企业，他们在这些方面已经深耕多年，积累了丰富的经验。

宇视科技的张总在总结他们的产品品质时，不无自豪地说道："我们的产品品质是如何做出来的？我们有基于华为和华三的 ITD 和 IC 流程。这个流程是华为和华三通过多年的打磨和锤炼，已经从端到端维度确保了质量。其次，我们做了一个明确红线，即投入研发占比。宇视早年规模比较小的时候这个占比是 20%。现在我们一直维持在 12%，每年销售收入的 12% 用于研发投入，这个投入还是比较高的。确保研发投入一直是比较高的状态，事实上我们研发人员占比一直超过 50%。"

类似的例子还有很多，如金洲精工、瑞德智能等企业都构建了扎实的运营管理体系，在规范化生产的同时进行精细化管理。尤其在智能制造、大数据、云计算等高新科技发展的大背景下，企业数字化转型成为企业提升运营管理能力的重要手段。正如前面介绍的冀凯股份，很早就开发了适合自己企业特点的信息系统和数字化运营平台，助推企业的高质量发展。

顶柱：创新与客户管理的共演

博雅塔模型中，在运营管理之上，支撑塔刹的是两个顶柱。一个是实用的创新，另外一个是以适应变的市场营销。这两个元素是支撑一个企业能否成为专精特新的最重要的两个元素。理论上，无论如何强调这两个方面都没有问题；实践上，无论花多少人、财、物去完善它们都不过分！创新的目的是不断提升产品的品质，市场营销和客户管理是为了更好地亲近顾客，确保产品适销对路。彼得斯和沃特曼（2012）认为，对于成功的企业来讲，"品质和客户是永恒的标志"。在《隐形冠军：未来全球化的先锋》这本书中，赫尔曼·西蒙多次提到"只关注客户关注的东西"，隐形冠军企业在"产品质量、企业贴近客户的程度和服务上都有极佳表现"(西蒙，2015)。

怎样强调创新和客户管理都不过分

在我们访谈的这些企业中，多数企业都对这二者表现出了极大的关注和不懈的努力。例如，大清生物的董事长李次会认为，"就目前来说，大清生物非常重要的就是两块核心工作，一块我觉得是研发……一块我觉得是我们的营销"。在我们访谈的过程中，李董给我们介绍了大清生物研发能力不断发展完善的过程，以及营销体系的与众不同。李董说："我们早期的技术是来自医院，以及后来收购的公司所带来的技术，但在随后的发展过程中，我们逐步组建了自己的研发队伍……我们每年投入销售收入的10%用于研发。"

大清生物在持续增强研发能力的同时，也构建了非常具有特色的营销体系。"我们和别的公司不一样，别的公司都是去找各个地方的省级代表，我们没有，我们的营销结构比较简单，就是直接去医院。"李董强调的大清生物简单的营销结构，实际上是最大程度满足客户需要的营销管理体系。"我们到医院只有一级代理商，所以我们现在在国内大概覆盖两千多家医院，但是我们有一千多家代理商，就是很简单，我们最大的代理商也才做十四五家医院，我们没有将一个省的市场，比如说河南省市场或者上海市市场全部给一家代理商。"李董进一步跟我们分享了这种营销代理模式的好处："原来总代理的模式，后来发现都不行，第一覆盖面不好，第二很难做到精细化管理，所以后来索性全部打掉，一个经销商最多授权两三家医院。"在多年不断探索之后，市场营销和客户管理模式成为大清生物的核心竞争力。

正如彼得斯和沃特曼及西蒙所总结的，注重研发和客户管理是成功企业的共同特点，那么专精特新企业的创新有什么特点呢？专精特新企业的规模相对比较小，多数处在成长期。例如，根据北京上奇数字科技有限公司的统计，在四千多家专精特新小巨人企业中，从注册资本来看，国家级专精特新企业平均注册资本 10 261.33 万元，注册资本小于 1 亿元的企业有 3356 家，大于 1 亿元的企业有 1495 家，69.18% 的企业注册资本低于 1 个亿。同时，从成立时间来看，成为专精特新平均需要 16 年的专业积累，尽管这一平均年限比我国小微企业的平均仅 3 年的寿命要高一些，但与很多中型、特别是大型企业相比，它们还是处在一个相对比较短的发展阶段。

组织管理领域的制度理论很好地解释了为什么这些专精特新企业都有着类似的创新模式和客户管理方法。制度理论探究了制度对组织的约束效应，它使用组织场域、合法性、同形机制等概念说明组织服从制度的过程以及制度的稳定性。在同领域的所有组织常常会看起来和行动起来都一样。在组织生命周期的初期，组织形态存在很大差异。但随着时间的推移，组织的结构和实践会表现出惊人的同质性。制度理论假定，制度是环境中的一个关键组成部分，制度包括经济发展阶段、法律、规定、习俗、社会和职业规范、文化、伦理等。制度会对组织施加约束性影响，迫使位于同一制度域、受到相同外部制度因素影响的组织趋于一致。制度理论认为，环境中的组织趋于同构的一个原因是组织倾向于遵循那些已经被其他组织确立合法性的管理结构和实践。他们可能会有意或无意地因为规范、习惯、风俗及传统等继续去做同样的事。

"幸福的家庭千篇一律"

因此，专精特新企业在创新与客户管理方面存在很多类似的表现。

首先，从创新来看，我们访谈的这些企业，绝大多数创新都是1—100的创新，或者是在原有技术和产品的基础上不断改进、不断完善的实用性创新。例如，天智航的"天玑 II 骨科手术机器人"在2021年全国医疗机器人企业排行榜中位列第一名，它的前身是863计划的一个专项。我们在访谈天智航的董事长张送根时，他介绍说："2005年遇到了骨科机器人的项目，它本来是科技部的863项目，由于我们做B超项目做出了名气，后面很多项目找上门了。"有了这样一个项目后，"最大的改变是如何商业化，这也是创新公司未来很难的事情，怎么样把东西批量卖出去，维护好客户，获得非常好的客户反馈，然后形成闭环，促进研发迭代开发"。张董在访谈中多次强调："本质上讲，开始是科学，后面是工程，再到后面是管理。"

在访谈宇视科技公司总裁张鹏国先生时，他明确地提到："我们现在还没有走到无人区，我们还是中小企业发展模式，这个我们必须有清晰的认知。我们现在更多寻找产业和技术的结合点，为某种新技术寻找一个场景，把它场景化、产品化，肯定没有原创技术突破。"随后，张总举了一个非常生动的例子来说明这个问题。"比如说雷达，其技术原来在军用场景做了很多应用。雷达在民用场景落地刚刚开始时，我们就在其技术方面有很大的、很快速的先决投入。我们寻找雷达在民用场景落地，比方说交通领域、安防领域、家居领域、康养领域、自然灾害妨害领域和应急领域。我们发现一个技术的原形和原理已经成型很多年，但是工程化落地方面还是要解决很多问题。比如雷达落地有个大问题就是成本，雷达成本太高了，那得换器件，换器件的方案得换防护，得换装备，所以一个技术的落地过程，其实也不是一件很容易的事情，也有很多要解决的问题。技术落地本身也非常艰难。"

其次，在客户管理方面，这些专精特新企业也有很多类似的地方。它们都将客户管理、产品的市场化作为企业的生存之本、立命之源。我们在访谈天智航的副总邢玉柱时,他说:"我们的口号是'帮助医生成功'。成就别人,未来商业才有可能。骨科手术机器人的发展用一句简单的话来说,就是帮助解决'医生看不见、拿不稳、打不准'的一些问题。我们现在比较清晰的是,把医生作为坚定的合作伙伴,这个事情说起来是大白话,做起来也不容易,容易偏颇……不管怎么样,把全面服务医生作为立身之本,只有这样才有机会。我们有很大规模的临床服务团队,其实成本是很高的。这个临床服务团队的目标是让每一台手术、每一家医院装机后,有导入期、成熟期、爬坡期。我们把医生教好教会,让他们体会新术式的优势,同时通过他们传递给更多的医生,成为我们共同努力的目标。"

最后,在研发与客户管理之间,天智航给出了一条线,称之为"共演"。其原因是,无论研发与应用,技术与产品,二者之间一定要做到相辅相成,共同发展。"研发工程师、研发团队要跟客户走得很近,他们要从医生那里吸收营养,这样,产品从上市第一天就是好用的产品",天智航的总经理徐进先生在接受我们的访谈时就这样说过。

西蒙也探讨了类似的问题。将注重技术与贴近客户相结合,隐形冠军既不完全奉行客户至上原则,也不一味地追求技术。它们将市场和技术视为两个同等重要的驱动力(西蒙,2015)。因此,倘若技术主宰一切,工程师们就会疏远客户,客户将蒙受损失。但若让一门心思扑在客户身上的营销人员独揽大权,又会不利于技术的发展。理想状态是,让懂技术的人与客户进行密切、频繁的接触和交流。

宇视科技的总裁张鹏国先生更是将满足客户的产品品质与创新作为宇视发展的口号:"首先我确立两条主线,宇视的口号叫'品质为本,创新为魂',左翼是品质,右翼是创新。我们说质量是我们的良心,创新是我们的信心。"

创新与客户管理的完美结合，或者说贴近客户的创新，其理论依据之一就是价值共创。价值共创是核心竞争力理论的创始人之一、密歇根大学商学院教授普拉哈拉德等人于2004年首次提出的，被认为是一种全新的价值创造模式，即以"客户体验"为核心，由客户和企业共同创造价值。我们访谈的这些企业已经将价值共创演绎得炉火纯青。

塔刹：走向世界的中国"专精特新"

在博雅塔模型的最上面是塔刹。博雅塔模型中的这个塔刹，既表明是我们模型的收尾部分，也是对整个专精特新企业管理研究的整体描述。

在这里，我们将对研究做一个总结，同时，也提出对中国专精特新企业未来发展的期望。中国专精特新企业，特别是隐形冠军企业在国际上的影响力还有待提升。据西蒙2015年的调研统计，全球有三千多家隐形冠军企业，仅德国就有一千三百多家，其次是日本，而中国只有68家。我们希望中国的专精特新企业能够更多地走出国门，参与到世界范围内的制造业产业链中，成为能够影响世界的中国企业。在访谈的这些企业中，我们已经看到了端倪。例如，由于奇安信公司在冬奥会和冬残奥会中的优异表现，2022年3月，来自阿联酋、突尼斯、埃及、科威特、摩洛哥、赞比亚等中东及非洲国家的20位驻华武官访问奇安信，就奇安信冬奥网络安全保障成果等内容进行交流与讨论，相信他们的国际化业务会随着冬奥会的完美举办而逐渐走向世界。

在我们访谈的企业中，另外一家企业也是借助冬奥会而走向国际的，这家企业就是亿华通。北京冬奥会以"节能减排低碳环保"为主题，亿华通与丰田及北汽福田开发的客车被指定为北京冬奥会的赛事交通服务用车。本次服务于冬奥会的氢能汽车车型覆盖公交车、团体车等车型，公交车单次加氢续航里程约为 300 公里，团体车单次加氢续航里程约为 500 公里，可保障车辆正常行驶一天。借助在冬奥会上的良好表现，亿华通加速了其在香港上市的进程。

全球化的专精特新

随着中国的改革开放会越来越深入，全球化的发展是不可阻挡的，专精特新企业迟早会融入国际发展与竞争的大格局中，因此，应尽早制定必要的国际化战略。

本书作者之一的王锐老师，专业是营销战略。最近这些年，她的研究重点是企业的国际化营销战略。她与本书另外一位作者彭泗清老师通过宇视科技的案例，总结了宇视科技国际化的"三步走＋两条腿（双元）"路径模型。他们认为，企业在资源和能力有限的条件下，可以发现、壮大自己的优势，敢于从国内单一市场向国内国际双元市场拓展；企业在国际化能力成长时期，会面临缺乏海外经营管理经验、缺少国际市场知识的阶段，可以逐步培养技术创新与组织设计等多维的双元能力；在国际化成熟阶段，企业可以通过驱动国内外市场双循环来提升自己在全球的核心竞争力，海外收益保证研发投入，技术革新提高内外市场的服务能力，最终形成双元生态来成就企业的长期高质量发展。两位教授基于宇视科技总结的这一路径模型，对于其他专精特新企业的国际化也有借鉴意义。

专精特新企业要有韧性

另一方面，我们也希望中国的专精特新企业具有足够的韧性。按照瑞德智能董事长汪军先生的说法就是"皮实"。在2021年10月的线上研讨会上，他不无自豪地坦言，"我们瑞德发展到今天，一个重要的特点就是皮实。"韧性（resilience）一词，最初只是物理学的概念，表示材料在塑性变形和破裂过程中吸收能量的能力。后来，韧性进入心理学领域，美国心理学协会（APA）将"心理韧性"定义为个人面对生活逆境、创伤、悲剧、威胁及其他重大生活压力时的良好适应能力。著名组织行为学大师弗雷德·鲁森斯教授将韧性纳入组织行为学领域，提出了心理资本（psychological capital）概念，认为具有韧性的人能更好地应对生活和工作中遇到的挫折，成为各行各业的英雄。而组织韧性（organizational resilience）指一个组织为了生存和持续发展乃至繁荣而不断预测、准备、应对和适应日益加剧的变化和突发破坏性干扰的能力。正如在写作此书的过程中，我们的访谈，尤其是到企业实地考察的计划，一再更改，之所以如此，一个非常重要的原因就是不断反复甚至加剧的疫情带来的影响。从2020年疫情开始到2022年底，全国已经有众多企业没有撑过这些"突发破坏性干扰"而不复存在。英国标准协会（BSI）发布的《组织韧性报告》提到了组织韧性持续改进的模型，模型包括六个重要部分，三个核心要素：产品、服务的卓越性；工艺、流程的可靠性；人才、行为的可塑性。实际上，这三个核心要素，尤其是产品和服务的卓越性以及工艺和流程的可靠性，正是专精特性企业的显著特点。因此，我们希望中国专精特新企业在不断参与国际竞争与发展的同时，也能够应对我们不断遇到的环境变化，以及突发的破坏性因素，从而能够持续发展，基业长青！

一座塔，由塔刹、顶柱、横梁、基柱和塔基等部分组成，因而成就了一座坚固的建筑。一家专精特新企业的管理，也离不开创新、营销与客户管理、运营管理、领导、战略、企业文化，以及这些企业赖以成长的企业家精神和制度环境。尽管任何企业管理都需要这些管理的职能，但就像不同的塔，如西安的大雁塔、杭州的六和塔、北京大学的博雅塔，每个塔都有自己的特色和风格。同样，专精特新企业在这些管理职能方面也有自己的特点，也就是模型中方框里面的内容。这些专精特新企业的管理特点正是我们研究的重点，也是后续章节中着重介绍的内容。

参考文献

Pan, Y., Rowney, J. A., & Peterson, M. (2011). The structure of Chinese cultural traditions: An empirical study of business employees. *Management and Organization Review*, 8:77-95.

Treacy, M. & Wiersma, F. (1996). *The Discipline of Market Leaders: Choose Your Customers, Narrow Your Focus, Dominate Your Market*. UK: HarperCollins.

彼得斯，沃特曼，2012. 追求卓越：美国企业成功的秘诀. 胡玮珊译. 北京：中信出版社.

柯林斯，波拉斯，2009. 基业长青. 真如译. 北京：中信出版社.

王辉，2018. 组织中的领导行为. 北京：北京大学出版社.

魏志强，王玲玲，2020. 寻找中国的隐形冠军. 北京：人民出版社.

武亚军，2020. 走向繁荣的战略选择：博雅塔下的思考与求索. 北京：北京大学出版社.

西蒙，2015. 隐形冠军：未来全球化的先锋. 张帆等译. 北京：机械工业出版社.

第 3 章

坚实的领导

"火车跑得快,全靠车头带"。访谈过程中,我们多次感受到,这些"专精特新"企业的成长发展,与它们的创始人或者现任主要领导者的决策、经营、管理等行为密切相关。战略领导领域有一个著名的高阶梯队理论(Hambrick & Mason, 1984),认为企业的绩效是由企业 CEO 或高层管理者的心理与行为特征决定的。这个理论提出后,大量的实证研究证明,企业的 CEO 或董事长的人格特征(如责任心、自大、自恋、谦卑等)、动机因素(如成就动机、风险偏好等)、价值观(如自我超越等)、行为因素(如变革型领导行为、辩证领导行为等）等，都与企业的绩效或企业的创新能力密切相关。而作为专精特新企业的创始人或主要领导者，他们的哪些特质或行为助推了专精特新企业的坚实发展？为什么这些特点在专精特新企业生存与发展的过程中起到了重要作用？对于那些想引领企业成为专精特新企业的领导者，如何开发或培养这些能力或行为？

企业家与胜任特征

管理学之所以能成为一门科学，其中一个非常重要的原因是：一百多年来积累起来的大量研究能够证明很多因果关系的存在，同时可以预测未来行为发生的可能性。例如，变革型领导可以显著地提升员工的绩效和满意度，领导者的魅力在不确定环境下可以更好地预测组织的绩效等。这些研究最早可以追溯到"科学管理之父"弗雷德里克·温斯洛·泰勒的搬运铁块研究。1898年，泰勒从伯利恒钢铁厂开始他的实验。这个工厂的原材料，即生铁块，是由工人手工搬运的，工人每天挣1.15美元，这在当时是标准工资。一开始，工人的动作和时间分配是自由的，工人想怎么搬就怎么搬，每天搬运的铁块重量为12—13吨。泰勒观察了一段时间后，认为搬运铁块的工作虽然很简单，但应该有规律可循。泰勒找到一个叫施密特的工人，要求他按照新的动作和工序来搬运。例如，首先动作标准化——工人将铁块拿起来，放在腰部，然后搬运；同时，工作流程也改变了，原先上午搬4个小时，下午搬4个小时，现在则是集中搬40分钟，然后休息20分钟，给他一个恢复体力的时间；再集中搬40分钟，休息20分钟。由于动作标准化了，流程改变了，工人每天的工作量提高到了47吨，同时并不会感到太疲劳。工资也提升到了 3.85 美元。后来，所有工人都按照这种方法来搬运，劳动生产率提高了很多。

泰勒及其他学者一系列的先驱性研究告诉我们，管理是有规律可循的，管理者可以应用规律性的结论提升管理效率。泰勒之后的各种科学管理研究很多，与企业家相关的研究可以追溯到 20 世纪 70 年代哈佛大学心理学家戴维·麦克利兰的研究。他的系列研究发现，企业管理者的成就动机可以预测管理者的管理效率。随后，他通过对美国外交情报人员的研究发现，有高绩效表现的情报人员具备类似的特征：对不同文化的高人际敏感度，快速融入当地政治网络的能力，以及对他人有正面期待（包括尊重别人并接纳价值观的差异等）。在此基础上，麦克利兰首先提出了"胜任特征"这一概念。他将胜任特征定义为"能够预测一系列生活中的成果（例如工作绩效、领导力、人际能力等）的认知指标（如智力和技能）和人格指标"，当然也包括行为倾向和行为模式。从管理学的历史来看，这一概念的提出标志着从传统胜任特征的研究向多视角胜任特征研究的跨越。麦克利兰认为，胜任特征不应当是智力或者技能，而是与工作发展、工作绩效或生活中其他重要指标直接相关或者相联系的知识、技能、素质、特质或心理学因素。那么作为一名成功的企业家，需要具备什么样的胜任特征呢？

沿着麦克利兰等先驱的做法，国内外的学者们进行了大量研究，探讨哪些因素会影响企业家及创业者的绩效。例如，钱德勒和詹森（Chandler & Jansen, 1992）通过对美国犹他州 431 位企业家长期的问卷调查发现，创业者的管理效能感（即自信，相信自己的能力）能够正向预测绩效。冯华和杜红（2005）探索了多特征维度结构模型以及与创业绩效的关系模型，发现影响企业家创业绩效的特征既包括领导者的能力（如运用机会的能力、概念能力、战略能力和学习能力），也包括社会资本（如关系能力、组织资源能力），并认为这些能力将通过具体行为表现影响创业绩效。林子祥（2020）的博士论文对创业者的胜任特征进行了比较系统的研究。通过大量定性和定量分析，他发现与绩平组相比，绩优组的创业者表现出具有更高水平的坚韧性、创新性、战略推进行为及辩证领导行为。

辩证领导行为（dialectical leadership behavior）是指企业高层管理者能够基于企业内外环境的变化，对企业战略、目标和行动方针做出适时调整；对待下属的管理方式会因时、因地、因人而异，并采用看似矛盾的领导风格如恩威并施来领导和激励下属；以及能够从企业的全局出发，综合考虑和分析问题，注重企业内各个部门、环节之间的关联和协同合作。本书作者之一的王辉老师和他的合作者进行的系列研究表明，具有高水平辩证领导行为的企业高层管理者可以引领企业具有高水平的绩效和创新能力（王辉，2021；王辉等人，2023）。辩证领导行为由六个维度组成，包括适时调整、因人而异、权衡矛盾、恩威并施、注重协调和整体管理。辩证领导行为，这一基于东方传统思维模式和哲学思想提出的领导行为，对于理解专精特新企业的成长与发展也有独特的效果。这些企业的创始人往往表现出如下行为：前瞻与务实，坚韧与通变，自驱与引领，整合与赋能。

前瞻与务实

前瞻是指向前看，预见未来，看到环境的变化，并以此来调整企业的发展方向，变革企业的经营管理。学界很早就从理论层面洞察到，创业者识别和利用机会的能力对于企业经营管理至关重要。例如，德鲁克认为，真正的企业家应该是"善于捕捉变化，并将变化作为机会加以利用的人"。

有学者在这一理论的指导下直接进行了实证检验，迪莫夫（Dimov, 2010）在美国一项广泛的人口电话调查中发现，830位早期创业者的经历显示，无论是之前的创业经验还是相关的业界经验，都能够通过"把握机会的信心"来影响最终的创业绩效。曼和劳（Man & Lau, 2000）认为，对机会的把握、愿景的阐述都可以看作一种重要的战略能力，而战略能力对创业绩效的正向影响在中国香港得到了验证。欧洲学者卢埃和巴罗奈特（Loué & Baronet, 2012）用定性方法探索了创业技能的理论框架，并运用定量方法进行了验证。他们首先访谈了法国、加拿大和阿尔及利亚的创业家，了解创业的相关技能。然后使用定量研究方法验证了44项管理行为和能力，并使用主成分分析的方法将其分为8个关键类别：机会识别和开发能力、财务管理能力、人力资源管理能力、营销和商业活动能力、领导力、自我约束能力、营销和监控能力、富有直觉和远见。所有这些研究都充分说明了前瞻对于企业家的重要意义。

前瞻固然重要，但能否将这些可预见的变化以及相应的战略规划落实，即人们通常所说的务实能力，则更为重要。美国著名企业家杰克·韦尔奇认为，很多著名企业能够誉满全球，高层管理者的执行力是其成功的关键要素，因为管理者的个人执行力在很大程度上决定了一个企业的执行力。他的论述引起理论界的高度关注，围绕着务实及执行力的研究也层出不穷。美国学者拉姆·查兰认为，体现务实精神的执行力对一个企业组织来讲就是生命力，失去执行力就如同失去生命力一般。中国学者彭志强等人在《卓越执行：中国企业如何提升执行力》一书中深入分析了战略和执行两者之间的辩证关系。他们认为，目前我国的现实情况是执行弱于战略，就两个维度相比较而言，执行要比战略更为重要。韩朝等人（2012）认为，所谓企业高层的执行力，简单说来就是贯彻落实决策的力度，把领导力传递下去的渠道，它也是企业战略能够落地的基础。刘士红（2021）

认为，领导者和员工的执行力是企业成败的关键，一个企业高层领导者的管理风格、处事态度等因素都会对员工执行力造成影响。执行力的提升很重要的体现就是企业要有务实的精神，要打造坚实的生产流程和相应的制度规范。

既要前瞻，又要务实。这二者似乎有矛盾，实际上它们却相辅相成，缺一不可。一名优秀的企业家既要对环境敏感，善于捕捉变化，并适时调整企业的战略和经营管理，同时，也要采取务实的手段和措施，提升企业的执行力，落实战略，将捕捉到的变化转化为企业的机会。这样，企业才能真正地做实！

在我们的访谈中，前瞻和务实也多次被受访者同时提到。例如，瑞德智能的人力资源总监李凤娟在谈到她对董事长汪军的印象时说道："第一个是汪董对行业前瞻性的把握。汪董经常跟我们分析行业的发展态势，通过这个态势分析，我们自己内部进行诊断。每个业务部门都要根据态势诊断自己的工作，所以，前瞻这一块汪董把握得非常到位，包括一些大的趋势，上下游的发展潜力等。还有最重要的一点，汪董对这个行业的洞察力很强。无论是当下还是未来的两到三年整个行业的发展。趋势把握清楚了，我们内部的业务体系，包括人力资源管理、销研产供等的管理，都会制定相应的措施，然后来应对行业发展的变化。"李总监在讲完对董事长汪军的这个印象后，马上又补充道："第二个，其实从他的风格来看，他是非常严谨的。汪董给我们非常严谨同时也非常务实的印象。汪董的性格比较要强，他希望我们，尤其在管理方面要建立比较全面且相对严格的制度。"

因此，一位优秀的企业家不但能够预判环境，抓住机遇，捕捉机会，同时，也能通过务实的管理将机会转变为创新的产品、完善的销售渠道，把企业打造成一家专精特新企业。通过访谈和二手数据整理，我们认为，做到前瞻需要"抓机遇，转战略"，而务实则体现在"精打细算，执行力"等方面。

研判形势，抓住机遇

孙子兵法曰："激水之疾，至于漂石者，势也。"也就是说，湍急的流水飞快地奔流，以致能冲走巨石，这就是势的力量。俗话说"台风来了猪都会飞"，抓住了机遇，企业就能顺势而为，借力发展。那么"台风"或"风口"在哪里？如何才能找到机遇？实际上，机会无处不在，时时都有，很多时候就看一个人是否能够发现机会，抓住别人没有发现的机遇，进而成就一番事业。正如我们第2章中介绍的，奇安信的董事长齐向东敏锐地觉察到国家发展战略发生了变化，国家开启了数字化新战略。随着"互联网+"时代的到来，网络安全必然会成为一个新兴行业。齐向东正是抓住了这样的机遇，立刻就着手组织成立了奇安信。所以机遇总是留给那些有准备的人、有心的人。

无独有偶，很多专精特新企业的发展都与国家或当地的政治与经济政策转变密不可分。以深圳为例，深圳经济发展经历了四次转型。第一个转型阶段，从1985年开始的以"全城做贸易"为主转向以"三来一补"、出口外销为主。第二个转型阶段，从1995年开始由"三来一补"转向模仿型生产制造（出现了"山寨"经济现象），深圳开始初步具备供应链生产能力。第三次转型发生在21世纪初，深圳开始重视自主创新，举办高交会招商引资。当时，华为、中兴以及具有核心技术、位居产业链关键环节的中小企业群体崛起，专业化分工和协同创新体系初步形成。深圳第四次转型发生在2010年以后，在新一代无线通信技术、基因测序分析与装备制造、新材料、新能源汽车、显示技术等多个领域开始拥有较强的自主创新能力和产业协同能力。实际上，1985年、1995年、21世纪初、2010年左右都是深圳市专精特新企业明显增加的时期。2021年深圳市工业和信息局公示了2928家专精特新入选企业，它们勾勒出了深圳曾经的创业黄金时代。由此说明，经济环境的改变使那些抓住机遇的企业应运而生。

在我们访谈的企业中，另外一家抓住机遇，随着国家大势的发展成就自己辉煌的企业就是冀凯股份。

冀凯股份的发展与2005年12月21日温家宝总理主持召开国务院第116次常务会议，确定了安全生产12项治本之策密切相关。这12项政策包括：制定安全生产发展规划，建立和完善安全生产指标及控制体系；加强行业管理，修订行业安全标准和规程；增加安全投入，扶持重点煤矿治理瓦斯等重大隐患，等等。正是抓住了这一政策机遇，冀凯股份成功转型。

冀凯股份是1992年通过合资的方式成立的，董事长冯帆的父亲是最大的股东。在河北石家庄，这样一家股份制企业应该是成立比较早的。当时的冀凯股份以生产金刚石工具为主。金刚石工具与百姓的日常生活离得稍微远一点，它主要是用来打磨和切割石材的，如现在装修常用的大理石地板，它的切割、打磨都需要用金刚石工具，如锯片或者磨轮等。公司不断努力攻克技术难关，通过不断创新和成本控制，打破了这个行业的欧美垄断，在该领域中稳步发展。21世纪初，由于美国开始打反倾销官司，国内市场竞争也日趋激烈。他们就将工厂搬到了泰国，国内的业务则面临着转型问题。后来冀凯股份将企业卖给了国外一家公司，获取资金后为企业未来的发展做准备。

但是，朝哪个方向转型，如何转成了非常重要的考验！冯董介绍说："我们第二个发展阶段是在2002年正式成立了矿山设备公司。2000年左右的时候，我国一年的煤矿安全事故造成的死亡人数非常多，存在着严重的安全隐患问题。但是，这种局面对于我们来说是一个契机，这个问题应该是政府随着国家发展一定要解决的。"正是抓住了当时的机遇，冀凯股份通过学习澳大利亚的先进技术，在煤矿设备领域不断发展壮大起来。

读者可能还记得，21世纪初，中国的矿难是非常普遍的。以2000年为例，2000年1—11月，全国煤矿企业矿难死亡5317人；1—10月，矿山企业矿难死亡2655人；2000年发生一次性死亡10人以上的重、特大事故93起，在此重、特大事故中共死亡2018人（黄平等，2001）。

之所以有这么多的矿难，原因有很多。归结起来主要原因有两个。一个是利益驱动，安全意识淡薄，很多企业还处于野蛮开采阶段，不重视煤矿安全问题，也不愿意为生产安全投资。另外一个就是我们的采煤技术落后，与国外的先进技术相比存在较大的差距。企业或行业存在危机，但"危中有机"，危机与机遇并存。冀凯股份正是抓住了国家强制煤矿落实安全生产政策的机遇，同时引进了国外先进的开采技术，迅速发展起来的。

冀凯股份从2002年左右开始研发新产品，主要是煤矿和矿山开采时使用的锚杆机。锚杆技术最开始是欧洲的原创技术。1912年，德国谢列兹矿最先采用锚杆支护井下巷道，锚杆支护有结构简单、施工方便、成本低和工程适应性强等特点。锚杆是当代煤矿当中巷道支护最基本的组成部分，它将巷道的围岩加固在一起，使围岩自身支护自身。锚杆作为深入地层的受拉构件，它一端与工程构筑物连接，另一端深入地层中。整根锚杆分为自由段和锚固段。自由段是指将锚杆头处的拉力传至锚固体的区域，其功能是对锚杆施加预应力。

我国自1997年开始引进澳大利亚锚杆支护技术，高强度的锚杆支护技术受到广泛称赞，使我国的煤巷锚杆支护技术有了较大提高。后来，包括冀凯股份在内的中国企业连续研制中国自己的锚杆技术，开发出了高预应力、强力锚杆与锚索支护技术，使锚杆的及时主动支护真正实现，煤矿巷道围岩破坏以及变形大幅度减少，进而使支护状况有了本质变化。到了2009年，国家安全生产监督管理总局发布了煤矿行业标准"煤巷锚杆支护技术规范"，这象征着煤矿巷道锚杆支护技术正在迈向成熟。目前，我国很多矿区煤巷锚杆支护率达到60%，有些矿区超过了90%，甚至达到100%。我国煤矿已经形成了有中国特色的煤巷锚杆支护成套技术体系，锚杆支护已经成为煤矿巷道首选的、安全高效的主要支护方式。

不仅如此，冀凯股份还在很多别的矿山机械设备上投入大量的时间和资本，开发自己的机械设备。例如，在2007年，他们研发的整体铸造输送机取得了非常大的成功，成为冀凯股份的核心技术。该技术的开发是从冀凯股份收购了一家铸造厂开始的。当时他们想怎么把铸造技术和煤炭技术结合起来。铸管技术在2000年年初的时候已经很多了，铸管本身价值并不大，利润小。因此，他们的想法是避免在红海中竞争，而应在熟悉的煤矿开采领域应用铸造技术。有了这样的想法之后，冀凯股份投入比较大，做了整体铸造刮板输送机。这项技术从研发到成熟大概用了近十年的时间。从2007年到2015年成熟上市，将整体铸造这项技术打造成为他们的主打产品。这项技术具体表现在刮板输送机整铸中部槽采用了独创的整体精密铸造工艺，彻底解决了传统铸焊结构中部槽各部位耐磨性不一致等问题，是刮板机中部槽生产上的一次技术革命。该产品被国家科学技术部、生态环境部、商务部、国家质量监督检验检疫总局授予"国家重点新产品"称号，同时还被中国工程院陈蕴博院士组成的鉴定专家组评定为国际首创和国际领先，被中国煤炭工业协会认定为替代进口的产品。目前公司3D成型整铸装备系列产品主要包含整铸刮板输送机、整铸转载机、破碎机和整铸齿轨。

因此，对环境有了准确的预判之后，就应该抓住机遇、超前准备。机会总是留给有准备的人。我们在访谈天智航的创始人张送根先生时问到

"创新型企业成功的最重要原因",他给了我们更加明确且具体的说明:"第一重要的是政策环境,一个国家让什么样的人发展,就意味着这个国家未来会成为什么样的主导国家。人是社会中的人,绝大部分不是英雄创造历史,而是时代造就英雄,所以第一是政策环境。第二是你恰好选择了对的时机,创新太早是不行的,太晚了又一堆问题。第三是形成了相适应的团队,不管是同时具备还是分阶段具备,这几个要素组合在一起有可能成就一个伟大的企业。"

提前布局,超前谋划

抓住机遇固然重要,但如何将机遇转化成所用的资源还需要很多细致的工作。首先就是要把握机遇,提前布局,超前谋划!

以瑞德智能公司为例,这家企业是以设计和生产家用电器的控制器起家的。随着互联网技术的快速更迭,智能电子产品不断推陈出新,智能家居行业产品种类不断增加,如智能马桶盖、电动窗帘、智能灯具、智能洗地机、扫地机器人、智能电饭煲等逐步进入大众生活,促使智能控制器行业快速增长。依托国内电子产业链的优势及其竞争力的不断提升,我国正逐步成为全球智能控制器产品的主要研发和制造基地。根据 Forst & Sullivan 公司的数据显示,近 5 年全球智能控制器市场复合增速为 4.05%,而中国的智能控制器市场复合增速达到 15.22%,增速明显快于全球,并有望持续提速。预计 2024 年全球智能控制器总需求将达到 2 万亿美元,2024 年国内控制器总需求将突破 4 万亿人民币。

面对这种局面,董事长汪军清晰地看到了行业的变化,及时地进行战略规划,提前布局,细致谋划。"我们在本期战略,即 2019 到 2021 年这三年的战略规划已经不再局限于家电智能控制器,而是延伸至家电战略里面的核心工作。我们的家电控制器是传统主营业务,这方面需要做大做强,同时,从小家电向大家电延伸,从国内向国际延伸,从珠三角向长三角延伸,这是家电控制器战略的核心规划。家电之外,我们还要延伸其他领域,因为智能家居我们已经做了很多年,我们不会丢掉,哪怕亏损我们也做,亏就亏,但是我们限制一年不超过 500 万,能盈利最好,不盈利我们也认了。与此同时,我们在 PCBL 相关领域或者是类机电控制器领域、电动工具控制器领域都有布局,这些产品的技术其实很接近。"从这段介绍中,我们可以看到,瑞德智能对家电控制器的发展规划是非常清晰的,他们提前布局,提前谋划,为后续的发展奠定了良好基础。

战略要清晰

抓住了机遇,超前地准备。但能否将机遇转换成实实在在的企业绩效,从企业层面来讲,就需要有具体而清晰的战略。清晰的战略不但给企业提供了具体明确的行动方向,也是坚实的领导实施影响力的有力保障。

天智航的张董在内部的一次讲话中说道:"我们的战略一直非常清晰。骨科手术机器人与传统手术设备的区别会像智能手机与传统手机的区别一样巨大。传统手机只是通讯工具,而智能手机已经是生活和工作平台。我们现在出门时落下什么都可以,就是离不开手机。骨科手术机器人也会成为骨科医生离不开的手术平台,会深刻改变手术环境、手术流程、手术工具、手术材料。医学影像、骨科内镜、超声骨刀、动力工具、能量系统必将与骨科手术机器人整合为一体,不断涌现的新术式、新工具、新耗材也将彻底颠覆现有的技术、产业和临床格局。"

我们在访谈张董时问道："如果要往世界领先的骨科领域发展，您觉得天智航要过哪些关呢？有哪些需要突破的？"张董毫不迟疑地说道："第一步要把产品做好，因为公司最重要的是产品，产品体现了公司的江湖地位。如果我们想挑战不同的高峰，第一步就是要让我们的产品有足够大的影响力，或者足够赚钱，这对我们来说挑战还是挺大的。如果能够达到第一个目标，比如 500 人 10 个亿，我觉得我们基本上在中国医疗器械领域里就有话语权了，因为医疗器械领域不像其他领域，比较小。衡量一家公司是否成功也很简单，产品的毛利率证明了你的话语权、定价权，毛利率高说明你有定价权，毛利率低那就没辙了。我们没问题，我们有非常高的毛利率。第二是人均销售额，人均销售额决定了公司用的是什么吨位的人，人都是高素质的人和有效率的人，那么在行业中的竞争力就强。第三是规模，如果能够在销售上达到一定的销售额或者人均效率，那么我们基本上在国内骨科界就拥有了一定的地位。第二步和第三步是并着走的。一个是国际化，一个是沿着骨科做产品组合，让未来骨科在客户那里有足够高的份额。我们很希望有一天，骨科专家有 1/3 的工具是用我们的，那我们就很厉害了。到第三步时达到了国内第一，全球也就渗透了，我们再跨科，跨科的时候我们就可以整合了，我们总的路线是清晰的。"

从这段描述中，我们可以明确地看到，天智航对于自己的定位、自己的战略和自己未来的发展都有清晰的描画，正是有了这些清晰的战略，天智航在骨科机器人辅助手术领域才取得了一个又一个的成就。在 2021 年手术机器人市场排行榜中，天智航排名第二。而在骨科领域，他们无疑是第一的。

组织能力要跟上

抓住机遇很重要，提前布局很关键。但能否落实机遇，实施战略，非常重要的一个因素是企业自身是否有足够的实力支撑企业的发展。对于专精特新企业，我们一直倡导的理念就是"做实"。做实反映在坚实领导上就是要强化组织的能力，在组织充满活力应对环境变化的同时提升组织的能力建设，确保组织的理念、价值观、组织结构和员工完美地配合组织的战略规划与落实。在这方面，我们访谈的奇安信公司是一个非常好的典范。

成立仅 8 年、上市仅 2 年的奇安信已成功打下属于自己的一片天地，成为国内网络安全产业第一梯队的龙头企业。2021 年 12 月 24 日，北京市经济和信息化局联合北京市工商业联合会，公布了北京市首批 20 家"隐形冠军"企业认定名单，名单主要集中于芯片、网络安全、大数据和卫星导航等科技创新领域，奇安信榜上有名。同时，奇安信作为 2022 年北京冬季奥运会的网络安全服务提供商，助力冬奥会成功举办。回顾奇安信的成长过程，其成功的重要原因就是在把握了机遇的前提下，通过组织能力的提升，将网络安全这一业务做实做优。他们务实的管理主要体现在以下三个方面。

核心价值观引领。2016 年，奇安信通过开展全公司、全阵地、全员的价值观研讨，总结并提出了"客户优先、协同优先、创新优先、正直诚信、当责奋斗、拥抱变化"的核心价值观。奇安信还通过新员工价值观演练和全公司价值观评估等方式，帮助员工理解公司的价值观。他们认为，价值观评估没有满分，它是所有人对齐的过程。通过强化核心价值观共识，奇安信打造了一支素质过硬、执行能力强的团队。

"五五制"创新团队管理。奇安信借鉴中国文化传统中的"行伍制",创造性地提出"五五制",使组织架构向扁平化调整。"五五制",顾名思义,即五人一组,一个组长管理五个人,六人组成为一处,两个处组成一个最小的标准部,多个部组成一个群,群之上则有委员会。在此之前,奇安信存在组织内"串糖葫芦"的问题,组织上面有二级组织和三级组织,导致组织内部存在不作为、效率低和权力无序扩张的问题。为了解决组织壮大过程中的管理问题,奇安信在 2019 年施行"五五制"。通过在基层实践"五五制",将集团的组织架构标准化,从而进一步实现了能力的标准化。由此,奇安信打通了上升通道,权责明晰,充分激发了组织活力;同时,网格化管理提升了组织的适应性,让组织能够迅速适应外部变化,应对问题和挑战。

"干部五条"明确了干部标准。奇安信非常注重管理人员的引领和带头作用。公司广泛吸收高层、中层和基层管理人员进行开放式讨论,总结领导力评估体系。2020 年,奇安信推出"干部五条",其内涵为:"智",拥抱变化;"信",正直诚信;"仁",人才培养;"勇",勇于担当,当责奋斗;"严",严于律己。2021 年,奇安信对"干部五条"进行升级,将任职资格融入其中,提出了具体到方方面面的"应该"和"不应该"的要求,为管理人员开展工作提供指引。2022 年,奇安信进一步将"干部五条"扩充到能力要求,通过广泛吸收各层管理人员的实践反馈,总结出干部胜任能力体系。在"干部五条"的指引下,干部在关注结果和业绩的同时更加注重自己的能力素质。"智信仁勇严"不仅是行为要求,更融入了干部的思维方式。

管理要精打细算

我们这一章的题目是"坚实的领导",坚实不只体现在企业高层管理者能够应对环境的变化,进而打造出坚强的组织能力,同时,坚实的领导也体现在企业运营的过程中,管理者能够本着务实的精神,严格的管理,精打细算,斤斤计较,进而使一家中小企业得以生存和发展。尤其在精打细算方面,这些企业的很多做法让人颇感震惊。这不仅让我们感叹中小企业生存发展的不易,也衬托出专精特新企业"做实"的本质。

在访谈瑞德智能的创始人汪军时,他说道:"生产这块,现在每一条产线,平均人力20人,我给他们提出一个要求,我们现在不投新的生产线,但每条线需要提升产能,因为我们计划销售15亿到30亿。以前常规方式是买新的产线,产线做加法。现在我要做乘法,不在短期内买新产线,现在的产线要改造升级,两年内必须做到老产线的产能全面提高。我将钱投在老产线上,让老产线变成10人产线,变成10个人以后就有机会开夜班了。我现在只做一个白班,人员减一半相当于开夜班,开了夜班设备利用率就翻倍了,贵一点的设备就可以买得起了,设备分摊本来5年变成了2.5年。这样其实就更划算了,我是用这种方式提升我们的效率。"

在如何提升产能方面,董事长汪军不但算得特别清,同时也算得特别细。汪董接着说道:"我们已经形成了明年的主要工作,已经在试点了。明年的创新就是在每个工艺上制定节约方案。我现在在做车间级试点,把这些汇总起来,再上另一个车间。因为车间这个单位要面对很多复杂问题,有的这样做,有的那样做,有很大不同。我先做一个车间级试点,明年至少先做到从20人变成14人,先减6人,后面再减4人。通过两年时间,我从20人产线变成10人产线,从一个白班变成一个白班加一个夜班。我投的所有设备折旧,就是制费这块减少了。人力是一个增项,设备是一个减项，这两头一增一减之间，魔术就变出来了。我预计在生产环节大概会形成 5 个点以上的毛利空间。这 5 个点拿来干什么？我们现在已经很有竞争力了，如果我再让一两个点给客户，竞争就更强了；再拿一两个点给员工加工资，员工会更满意。这是我正在变的魔术。"

从这段描述中，我们可以看出，专精特新企业的发展就是一个一个点抠出来的。没有这样的精打细算，就不可能在激烈的竞争中脱颖而出，就不可能不断提升客户和员工的满意度，当然也就不可能成就一家专精特新企业！

在进一步访谈的过程中，汪董给我们举了一个很好的例子，充分体现了他如何精打细算。"我们小家电控制器，如电饭煲上用的，很便宜，假如 15 块钱一套，一块板就是一套。客户原来的需求是两块板，两块板中间可能有连接线，这个连接线的成本可能三毛钱，连接线加端子。我们通过跟客户联合研发，给客户提建议，能不能把它改成一块板。其实电路没变，然后板子的尺寸也没有变，一块板子等于两块加起来，就是省了连接线的成本三毛五毛。我们假设三毛，这个产品总共才卖 15 块钱，3 毛钱对应 15 块钱就两个点。这两个点，我们跟客户说，反正我们有机会省钱，大家摊开就是三毛钱，你一个点我一个点，我就多赚一个点，客户就省一个点。客户省一个点会把订单给我，我又多赚一个点给工程师发工资，他们的工作积极性就更高。"在三个多小时的访谈过程中，汪董给我们举了很多这样的例子。他的大脑就像一部计算机，公司的整体发展目标，落实到具体的产品，每个产品的成本，他都能如数家珍地给我们介绍出来。同时，又能精准地核算出各种产品的利润率，公司的整体利润等指标。汪董又像一位成本核算员，对于瑞德智能产品部件的组成，以及每个部件的成本了如指掌。实际上，汪董是一个拥有 3000 名雇员、年销售额 10 亿多元企业的创始人、董事长兼总裁，每天处理的事务成千上万，但他对成本这么熟悉和精通，对利润如此精打细算，充分反映出他务实的精神。他曾经不无骄傲地说："我们这个企业就是皮实！"正因为皮实，瑞德智能才得以生存，并不断发展壮大（2022年4月在深交所成功上市）；正因为皮实，才能禁得住新冠疫情、中美脱钩等环境重大变化的冲击，在逆势中飞扬！

瑞德智能这样的斤斤计较和精打细算是制造业精细化管理的一个缩影。在我们访谈的其他企业中也时有发生。例如，金洲精工的总经理罗春峰在谈到金洲精工的精细化管理时说道："金洲精工的成本管控，我们会精确到每一支钻头按照厘来计算成本，我们生产运行的时间是按照秒、零点几秒来进行管控的。我们把公司全年生产经营成本管控目标分解到各班组、党委和职能部门，大家一起共同努力。"正是为严格的成本管控，精打细算地进行管理使金洲精工在微钻领域超过了日本的佑能公司，在中国的市场销售量第一，在韩国市场、东南亚市场也是第一，在北美市场销售量第二。

在访谈天智航的创始人张总时，他认为："管理最重要的是什么呢？管理本质上是能算清楚账，很多公司是算不清楚账的，到底哪个业务是赚钱的，哪个业务不赚钱，哪个产品是赚钱的，哪个产品不赚钱。"因此，要想成为专精特新企业，作为高层领导必须会算账，能算账，算好账。通过精打细算，一厘一毫地计算，才能使这些中小企业更好地生存与发展。

既要抬头看路，也要埋头拉车

这一节我们探讨的是专精特新企业的领导问题，在实施坚实的领导时，高层管理者既要前瞻，又要务实。这二者似乎有些矛盾。实际上，二者相辅相成，缺一不可。近年来，学者们开始关注作为一个组织或者组织的高层领导者，一定要具备双元性，用我们的话来讲就是"既要抬头看路，也要埋头拉车"，这样才能使专精特新企业既能适应环境的变化，也能形成"皮实"的组织能力，使企业扎实地发展壮大。

组织的双元性理论（ambidexterity theory）由邓肯于1976年提出，是指一个组织在满足自身业务发展需求的同时，还要拥有能够适应外部环境变化的能力。该理论受到越来越多的关注，也为我国各类组织提升领导力和治理效能提供了相应的理论依据。同样地，作为组织的高层领导者在引领企业发展时，既要满足企业自身业务需求，也要适应环境的变化。

早期的研究通常认为构建这种均衡关系是遥不可及的，而最近的研究提出了一系列的解决方案来支持组织双元性理论。例如，领导者可以通过组织学习活动来实现对现有优势的开发利用和探索创新。有研究人员将"利用"定义为对现有知识的简单再应用，并将所有学习活动划归今后的探索创新。也有学者通过关注学习的类型或程度而不是学习的存在与否来区分"利用"与"探索"。例如，鲍姆等人（Baum et al., 2000）认为，利用（exploitation）是指通过局部搜索、经验提炼、选择和重用现有案例获得知识；探索（exploration）是指通过协调一致的变化、有计划的试验和实施过程获得知识。

实际上，这种貌似矛盾的双元性领导行为不只体现在前瞻与务实上。2015年北京大学心理与认知学院的张燕教授在国际顶级期刊《管理学会杂志》发表了一篇文章，探讨了矛盾型领导的行为表现。矛盾型领导行为指的是看似具有竞争性实则相互关联的领导行为，能够同时或长期满足工作场所的竞争性需求。通过大量的实证研究，张燕教授发现，矛盾型领导行为包含五个维度：既自我中心又他人中心；既保持距离又拉近距离；既同等对待下属又允许个人化；既强制执行工作要求又允许灵活性；既维持决策控制又允许自主性等。

矛盾型领导行为的表现不只这些，下面我们介绍的这些行为也是坚实领导的表现，也具有鲜明的矛盾性或双元性特点。

坚韧与通变

坚韧的英文原意为坚硬耐磨的沙砾，因此，坚韧品质意味着个体会在面临挑战、失败和逆境中刻苦奋进，而自身努力和兴趣并不会随着时间的推移而削弱。早在一百多年前，英国著名人口统计学家高尔顿（Galton, 1892）收集了当时杰出法官、政治家、科学家、诗人、音乐家、画家、摔跤手和其他优秀人士的传记。经过研究后他总结说，成功必须是能力与热情和艰苦努力的结合。一个多世纪后，研究天才的心理学家豪（Howe, 1999）在通过对天才传记的质性研究发现，毅力至少扮演了和智力同等重要的角色。西尔维亚等人（Silvia et al., 2013）研究发现，具有坚韧品质的个体，他们树立了明确的目标后，会付出比常人更高水平的努力。坚韧的品格会影响个体的一生，在人生的各个阶段，坚韧都发挥着重要作用，而且能够预测多个行业的绩效。我们通过对专精特新企业的访谈也发现，能否克服重重困难，使企业得以生存与发展，创始人或高层管理者的坚韧品格非常重要。

坚韧的创业者对自己的事业有持续的热情与承诺，有恒心，长期坚持，不会轻易中断自己的努力。"锲而舍之，朽木不折；锲而不舍，金石可镂"，坚韧的创业者对创业目标有着持续的热情与承诺，这让他们保持持续经营的热情和能力（冯华和杜红，2005）。他们积极投入，不轻言放弃，以学习的态度看待失败，所以他们有着更好的创业绩效。坚韧的创业者往往有更强的忍耐力和韧性，"唯坚韧者始能遂其志"。专精特新企业的外部环境往往变化多端，行业政策与消费者的需求都在快速变化，同行业之间的竞争非常激烈。创业过程中难免遇到挫折与困境，在这种情况下，忍耐力和韧性强的创业者能够经受挫折带来的打击，并勉励自己和合作者共同熬过困境，克服阻碍。他们亦能在面对失败时保持积极心态，东山再起，不轻言放弃。

坚韧的品质反映在专精特新企业的管理方面，有如下表现。

聚焦主业

企业在初创时期，会遇到各种机会选择，在成熟发展阶段，会有各种诱惑的出现，但专精特新企业始终能够、也愿意聚焦自己的主业发展，即使遇到各种困难与挫折，也能够锲而不舍，持之以恒。

董事长冯帆在总结冀凯股份的发展历程时说："我全面接管（冀凯股份）应该有7年了，我觉得冀凯的核心竞争力从宏观上说主要有两点。第一点，我们的目标还是非常明确的，我们能够踏实地朝着目标坚持走下去。没有盲目地去做跨界的多样化经营，其实我们有很多次好机会。当时煤矿非常挣钱，所以有人让我们接煤矿。虽然我们规模小，但在行业内的影响力比较大。如果做煤矿，应该是一个很好的挣钱计划。但我们明确地拒绝了，没有盲目去做矿山生意，因为觉得离我们的主业太远了。"

冀凯股份不但在初创时遇到诱惑没有动摇，在蓬勃发展获得认可时也依然坚持主业，聚焦制造业，从而成就了冀凯股份的辉煌。

"后期我们成为了河北省石家庄标杆企业，是石家庄十强民营企业。

当时做地产的机会比较多，是地产行业的黄金期。但我们还是明确地拒绝了，还是想坚决做制造业。在制造业上有一个长远的发展，坚守住了底线，我觉得这一点是比较重要的。"

坚守主业需要摈弃一些诱惑，更重要的是克服困难，坚持下去。经营企业不会一帆风顺，经常会遇到各种各样的困难和挑战。难怪中国的中小企业平均寿命只有2—3年。能够杀出重围，几十年后依然活着的企业，必然是经历了各种苦难，看到了风雨之后的彩虹。

董事长汪军在回忆瑞德智能创业期的艰辛时，不无动情地说道："2008年到2015年，我把这段时间归为一个阶段，在这个阶段，公司整体业绩停留在五六个亿规模，然后就卡在这个地方了，内外交困。基本上天天折腾，我甚至在这时都想退休了。我是1968年出生的，到2008年刚好40岁。2008年到2012年这黄金五年就这样丢失了。那个时候，我实在搞不定企业了，我说怎么这么难，我想不通这些问题，为什么很多人不按逻辑出牌。想不通这些问题，我苦恼到甚至想退休，更甚至找了接班人。遗憾的是，这个接班人进来工作两年，做了很多不好的事情，导致了企业面临更大的困难。这个人工作不到三年就走了，我们损失了很多资金，更重要的是失去了机会。"

同样的道理，天智航的总经理徐进说道："国内包括国际有很多先行者，大家觉得骨科手术机器人产品化或者产业化离他们的期待很远，从速度和时间上不一定匹配，很多人进来又退出、退出又进来，有一个反反复复的过程。这块我们没有动摇，我们一直坚持一代一代去做。我们第五代产品今年立的项，已经开始做了，这么一个持续迭代的过程，虽然有教训，但更多还是迭代过程中建立的一些能力。无论是研发能力、对市场的理解能力，还是供应链、质量保证、售后支持服务，系列能力建立起来后就慢慢形成了一些优势。"

家家都有一本难念的经。幸福的企业千篇一律，不幸的企业各有各的不同。无论遇到什么诱惑，无论遭遇多少困难，专精特新企业都能聚焦主业，也必须聚焦主业，这是专精特新企业的性质决定的。这些企业规模都比较小，资源短缺，发展时间短，不可能进行多元化的发展，不可能兼顾不同的业务，尽管有些副业短期看起来有利可图，但从长远来看，只有聚焦主业，才能整合资源，"集中兵力打歼灭战"，才能使企业脱颖而出，形成优势，屹立不倒！

长期主义

除了聚焦主业之外，要想做到坚韧，需要有长期主义的理念和胸怀。2022年4月24日，泰康保险举办了一个题为"不确定时代下企业的可持续发展战略——'长期主义'沙龙研讨会"，邀请彭泗清和王辉老师作为嘉宾参加座谈。《长期主义：泰康的25年》一书是为了纪念泰康保险成立25周年而写的，它系统介绍了泰康保险从成立之初，创始人陈东升及高层管理者坚守长期主义，不忘初心，创新永续，成就了民营保险企业的辉煌（王安，2021）。长期主义的理念对于专精特新企业的生存与发展同样重要。

在访谈金洲精工的总经理罗春峰时，他说道："湖南人的普遍特点是吃得苦、霸得蛮、耐得烦。一旦确定目标，心里面就下决心一定要干成，有再多的困难都会想办法把这个事情干成。"在具体谈到金洲精工长期聚焦自己的主业，一直坚守时，罗总强调："金洲精工的成功因素应该是长期坚持主业。我们金洲精工从确定进入电子信息这个产业开始，就一直朝这个方向努力，同时也看到了电子信息产业蓬勃发展的前景，所以金洲精工坚持做好主业，到目前为止，金洲精工的主营业务 PCB 工具这一块大概占公司营业收入的 82%。我们坚持把主业做好，确定下来这个框架后，这些年也许我们的规模不大，也没有像别的大企业搞别的东西，比如房地产。我们觉得这个行业机会还不错，也看到自己有很多不足，所以就埋头苦干，一直干这个行业。"

在前面提到的座谈会上，泰康保险的总裁助理应惟伟先生在谈到长期主义时说道："我理解长期主义是一种价值观，也是一种方法论。所谓价值观是跟机会主义相对立的，机会主义就是打一枪换个地方，哪里有利可图就往哪个地方走，走了半天没有自己的根据地，没有稳定的战略。长期主义则是坚守，一旦选定了方向就在这个方向上干下去，像农夫的一亩三分地，每天浇水、施肥、深耕细作，干着干着你就变成产粮大户了，你就丰收了，在这片土地上就研发出了新的农产品。"在说明长期主义是一种方法论时，应总助总结了三个层次的方法，可以使企业能够长期发展。一是有清晰稳定的战略做指引，行为不会动摇也不能摇摆；二是有稳定的高层管理队伍，泰康的高层管理队伍二十多年没有大的变化；三是将有限的资源都用在既定的战略方向上，像任正非在华为经常讲的，华为一直往一个城墙打炮弹，城墙一定会被打穿的。

尽管应总助是以泰康为例，说的是保险企业的长期主义，但对于专精特新企业来讲，长期主义同样是一种价值观，甚至可以说，制造业中的专精特新中小企业更需要长期主义的价值观和战略指引。而应总助总结的坚持长期主义的方法论，同样也适用于其他企业，即长期坚持稳定、清晰的战略指引，有稳定的高层管理团队，将有限的资源用在主业的发展上。

既要变通，更要通变

在聚焦主业、坚持主业的同时也需要灵活变通。正如任正非在谈到企业管理时说到，管理需要灰度，需要宽容，需要妥协。大家问，做企业不是要坚持目标吗，怎么还要妥协？任正非说，目标是不变的，正是在实现目标的过程中，需要不断妥协，我们才能实现目标。

我们认为，专精特新企业在坚持自己目标的同时，不但需要变通，也需要通变。变通是指在实现目标的过程中，原来的手段和方法行不通，但是方法或手段改变后，就可以了，所以由"变"导致"通"。而通变指通晓了某领域的方法或手段，就可以将这一方法或手段用在别的地方，导致处理类似事情的效率提高了。因此，变通指一事之中，通变则指一事之外。

金洲精工的罗总在带领企业创新发展时，很好地应用了通变的原则。罗总说："我们也开始扩展相关的多元业务。比如精密刀具，还是做工具，但是着眼点不一样。我们希望依托自己在微、小、精产品加工沉淀下来的经验，如从材料控制、产品结构设计、工艺制造、模具制备等扩展到金属加工领域的一些产品开发。例如，2019年疫情暴发之后，跟口罩有关的熔喷布生产需求加大。做熔喷布就需要喷丝板，金洲精工在2021年4月到5月，一下抓住这个市场机会。实际上我们原来并不了解这个行业，没有进入，后来了解到做熔喷布使用的喷丝板上面都有很小的孔。最近看到，最新的喷丝板上面的孔都是0.75毫米，跟头发丝直径大小基本一致。原来加工这些产品的工具都是从欧洲或者日本进口，2021年金洲精工在这个领域实现了突破，获得了很好的社会效应和经济效应。另外，金洲精工依托在精密工具制造上的基础和经验，正在向牙科领域工具扩展，这一块今年的进展情况还不错，我们正在调整设备进一步扩大生产能力。"

专精特新企业往往是在某一领域或某一产品方面具有专业的技术或能力，那么，如果在更多领域利用这些专有的知识和技能，就需要具有通变的思维模式。我们在访谈大清生物时，董事长李次会也很好地介绍了他们通变的做法："现在整个公司有三大块业务。首先，每一个事业部的产品线和技术都比较接近，比如骨科，就是围绕着硬组织，无论是肌腱还是跟腱，包括关节、颈椎、腰椎的这些修复，它都是围绕骨产品做的，所以都是骨科用的东西。其次，外科就是伤口管理和软组织修复，包括疝补片、硬脑膜等相关东西。口腔事业部是围绕种植牙、植骨口腔的产品（如脱敏剂）、数字化口腔技术等。"

从罗总和李董介绍的这些做法中，我们深刻地体会到"专"的作用。"专"是专精特新企业的鲜明特点之一，正是因为这些企业在某一技术或某一产品方面做得专业，做得精湛，才成就了他们的辉煌。俗话说，"一招鲜，吃遍天"，一通百通，融会贯通。只要在某一领域积累了足够的自信、坚实的基础、强大的实力，就能够将这些专业知识、专长技术和专家经验应用到其他相关领域，获得更多的回报。

自驱与引领

自驱与引领是我们对这些专精特新企业高层领导者的另外一个印象。在与他们的接触和交流过程中，我们认为他们都是具有自我驱动力的人，目标设定后，好像身上有使不完的劲儿，持续自我推动前行。这些人精力旺盛，侃侃而谈；不断学习，不断完善，不断超越；他们能率先垂范，以身作则，用自己的行动引领下属，带领团队，连创佳绩。

活到老，学到老

这些专精特新企业的创始人大多是60后、70后，而且大多数功成名就，但他们依然保持着旺盛的精力和开放的心态，不断学习新知识，不断汲取新智慧，真的是活到老，学到老。

瑞德智能的董事长汪军是1968年出生的，现在还在光华管理学院攻读EMBA学位，而且面对环境的变化，在不断获取新知识，并用这些更新的知识服务于企业的经营管理。汪董说："我去年10月份开始意识到这个问题之后，就认认真真看了几本书，学习了创新理论，因为我看兄弟企业，人家把五类创新分得很清楚。既然国际上人家是这么分的，我们也重新归归类，聚焦在一些创新领域，重新调整一下方向。"在学习的基础上，汪董以常态化创新体系的规划与建设为题目，撰写了毕业论文。在论文中，汪董不但很好地总结了创新管理、组织管理和战略管理等相关知识，同时结合瑞德智能的实践，提出了常态化创新的体系建设方案。他在论文中总结飞轮效应时写道："'飞轮效应'理论是一种运行模式，指的是当我们想要推动一个静止的飞轮时，最初需要花费很大的力气，但付出的努力不会白费，伴随着一圈又一圈的推力，飞轮会转动得越来越快，想要迫使它停下来的阻力也会越来越大，其停下来的难度就会很大，这样就能保证飞轮的持续高速运转。"可以想象，汪董就像一个飞轮，推动着瑞德智能持续创新和发展，而推动飞轮不断旋转的动力可能就是他不断学习、不断充电的积极心态。

我们处在一个不断变化的时代，新的知识层出不穷，新的理论不断涌现，新的技术持续迭代，因此，作为专精特新企业的高层管理者需要有持续吸收新知识的心态和能力。《终身成长》一书的作者卡罗尔·德韦克把一个人的思维模式分为成长型和固定型。固定心态的人认为我们的智力水平在出生时就定型了，很难通过后天改变，遭遇失败的时候他们会自我怀疑；而成长心态的人相信自己的智力可以通过后天改变，所以他们愿意更主动地学习，面对失败的时候也会重新调整心态，尝试不同的策略。正如乔布斯所说，"Stay hungry, Stay foolish"（求知若饥，虚心若愚）。

榜样的力量是无穷的

汪董不但自己"活到老，学到老"，而且还将这种开放学习的氛围贯穿在整个企业中。瑞德智能负责人力资源管理的副总李凤娟在谈到汪董的领导风格时说："汪董非常包容宽厚，在人力资源管理的过程中，有一些人跟不上队伍，我们给的意见是做一些调整或者优化，但是汪董觉得在这个过程中，应该给大家更多的学习机会，将发展平台给大家。另外，他是一个非常爱学习的领导，从他去北大读EMBA的过程中，我们就可以感受到。最近两年我们都在读MBA，因为汪董给我们灌输一个理念，在企业发展过程当中，我们要不断学习才能跟得上企业的发展，才能够满足岗位的需求。"

俗话说，榜样的力量是无穷的。人们通过观察别人的行为来改变自己的过程称为社会学习。心理学在社会学习领域积累了大量的研究和成果。例如，心理学界文章引用率很高的学者、社会学习理论的创始人阿尔伯特·班杜拉先生认为，观察学习是人们改变行为的一个很重要的渠道，而观察学习是班杜拉社会学习理论的一个重要组成部分。

班杜拉曾经做过一个很有名的实验——波波玩偶实验。在实验中，班杜拉让斯坦福大学幼儿园年龄在3—6岁的36名男孩和36名女孩观看一位成人模特殴打一个波波玩偶。第一组孩子被分配在攻击组，房间里有一个波波玩偶，成人模特把玩偶放在地上，对它实施各种攻击行为。比如，用脚去踩它，用手捶打它的脸部，把它举起来之后重重摔在地上，用锤子敲打它的头部，把它放在地上踢来踢去，等等。在攻击的过程中还夹杂着侮辱性的语言，如"踢死你""你这个讨厌的家伙"等等。第二组孩子则是对照组，成人模特在房间里不会对波波玩偶实施任何攻击行为，而是与它和平相处。观察结束后，这两组孩子被带到同一个房间。房间里有波波玩偶，有锤子、标枪、球等攻击性工具，也有蜡笔、纸张、洋娃娃、小汽车等非攻击性工具。孩子们被告知可以在这个房间里玩20分钟，然后实验人员可以通过一面镜子观察每个孩子的行为。通过观察发现，攻击组的孩子看到波波玩偶之后，会对它进行摔打，表现出明显的攻击性行为。而对照组的孩子则不太在意玩偶的存在，他们更多地会把注意力放在那些非攻击性的工具上。由此，班杜拉和他的同事得出结论，孩子的一些特定行为有时是通过观察和模仿形成的。

尽管社会学习理论是研究儿童的表现发现的，但后续大量的研究是在成人身上进行的，得到的结论也很类似。因此，对于企业的高层领导者来说，你提倡什么固然重要，但你如何表现则更重要，你的一举一动可能变成了企业员工的榜样，被模仿、放大。你的所作所为起到了非常重要的引领作用。

在访谈中，金洲精工的罗总在讲到公司的创始人时，也提到了学习的重要作用。"黄总（金洲精工的创始人）也是个学习能力比较强的人，黄总虽然因为历史条件，原来读书比较少，受教育的机会少一些，但是，他后来持续学习，自我提高还是很多的。同时，我认为我们黄总（包括我自己），在自我认知、自我管理和自我驱动，或者说自我激励方面应该算可以。我们会不断地给自己设立目标，带领团队，自我驱动。"

榜样的作用之所以在专精特新企业非常重要，一个非常重要的原因是专精特新的小或微。在这样的企业中，高层领导的行为时刻被员工关注和模仿，因为组织的结构没那么复杂，等级没那么森严，制度还有待完善。这也成就了专精特新企业高层领导的示范引领作用。

制度是引领的保障

企业高层管理者不但是企业经营理念的倡导者，也是实施的保障者。要想让理念落地，除了榜样的引领作用之外，很重要的一个措施就是要用机制作保障。

班杜拉认为，行为的改变需要强化的过程，而强化可以分成三类。第一类叫直接强化，是指观察者因表现出观察行为而受到强化。例如，你非常希望员工有更多的创新行为，那么，如果有员工表现出创新行为，你就应该给予强化，如表扬、奖励、晋升等。第二类是替代性强化，是指观察者因看到榜样的行为被强化而受到强化。例如，员工看到周围的同事因为表现出创新行为而受到奖励或晋升，该员工也会表现出更多的创新行为。第三类叫自我强化，指人能观察自己的行为，并根据自己的标准进行判断，由此强化或处罚自己。例如，员工给自己设立了一个每年开发三个产品的创新目标，如果达到了，自己就奖励自己去旅游；如果未达到，就惩罚自己春节也加班。

在这些方面，我们访谈的很多专精特新企业也做得很好。例如，我们问瑞德智能的董事长汪军"如何将他的创新理念落实到每个人的行为上"时，他回答说："其实，存在必然有它对应的支撑。我们一直在鼓励创新，从企业创立开始我们就重视创新，基因里面就具备创新。在这个基因基础上，我们注重如何传、带，尽管人员流动变化大，但风格一直没有变。我们一路传承，这个是一定要做的。同时，在体制机制上一定要保证做到，要不断鼓励，政策上要有体现。员工为什么要给你写这些创新提案，因为他可以因此得到激励积分，这些积分是可以兑换奖品的。你的激励积分累积到一定程度，就可以兑换奖品。你想兑换什么东西就可以攒积分，可以换饮料、玩具、电器等，奖品就摆在那儿。这种激励效果很好。"因此，制度是确保理念落地的保障。你鼓励什么，员工就会表现什么；你有奖励，员工就会努力去实施。在后续的访谈中，汪董还给我们介绍了他们的红牛文化，李凤娟副总介绍了他们严格的KPI管理，这些也都是高层管理者持续引领的良好保障。

整合与赋能

我们认为，专精特新企业"坚实的领导"最后一个方面是整合与赋能。整合是指在企业目标的指引下，将一些零散的资源，如人才、技术和资本等，通过某种方式彼此衔接关联，从而实现资源的共享和协同，形成有价值、有效率的整体。而赋能，则是在资源整合的前提下，调动员工的积极性，让成员具有内在的驱动力、个体的自主性，从而使成员和组织具备一种能力获得感和自我效能感，让员工更有做事的可能空间和意愿。

人才培养是前提，留住人才是关键

"发展是第一要务，人才是第一资源，创新是第一动力"，这样的发展战略用在专精特新企业上也是非常贴切的。专精特新企业通常具有自己的创新技术或产品，而这些技术和产品的研发、改进和持续迭代，非常重要的一个来源就是不断获取或培养具有专门技术的人才。同时，营销、管理等方面的人才也受到这些专精特新企业的重视。在我们访谈的过程中，"人才培养""人才发展""抢人""挖人"等说法常常被提及。

首先，作为高层管理者，应该对企业的人力资源规划有一个清醒的认识，即根据企业的发展，对于企业应该培养什么样的人，引进什么样的人，激励什么样的人，高层管理者不但有很好的规划，同时也能够落实。例如，天智航的总经理徐进，在分析天智航发展所需人才时，明确地说："我们非常需要两类人。一类是系统化管理的人才，因为我们的系统越来越复杂，一个越来越复杂的大平台、大系统一定要有团队。能够井井有条管理起来，才能使系统变成可行的东西。如何把复杂问题分解、分工，把它实现，这种系统化的管理人才是我们非常重视的。第二类是能够破局的人，尤其是年轻人。年轻人不服管，想要做不一样的东西。这种人有时候会让他放手去做，但我们要有试错的成本，能够试错也是优势。"

在后续的介绍中，徐总具体地介绍了专业人员的评估和晋升路线。"我们公司有 P1 到 P7 的专业晋升线。P1 是初级工程师，P7 是首席科学家，跟产品线是对应的。到资深专家以上时就相当于部门经理以上的收入，到首席科学家可能比总裁收入还要高。我们鼓励员工成为专家。一个月前我们刚刚进行了今年晋升的考试。公司内部的晋升有点像高校，首先有固定的表格，明确你做到什么标准才能答辩。另外你要准备完整的想法去讲，行为能力、专业能力要相互匹配。我们有很高的淘汰率，越往高淘汰率越高。今年有四五个人要报资深工程师，只过了一个，是清华的博士，在这儿干了四五年的时间，他在精度这个方向上很专业，全球做到这个深度的人一个巴掌能数过来。我们现在也在招聘顶级专家加盟。"

有了人力资源规划后，就应该进行针对性的培养或招聘。瑞德智能负责人力资源的副总李凤娟在提到公司人力资源培养与发展时说道："我认为近几年我们公司发展最快的是两类人，一类是研发人员，另一类是营销人员，当然晋升也更快一些，尤其是研发人员。其实以公司现在的发展状况来看，我们更重视研发人员的培养。"

在访谈宇视科技时，张鹏国总裁多次提到人才开发与培养的问题。例如，在被问及宇视科技国际化发展的过程中海外人才的开发与培养时，张总说道："国际化的精髓就是本地化，你想在任何一个国家发展，你肯定要用本国人，本国人肯定会成为绝对主力。文化的沟通和理解实在太困难、太复杂了，我们在国内不同省份做市场，很多人都会出现这样那样的适应问题，更何况在不同的国家。所以，关于国际化就是本地化，毫无疑问，我们已经达成共识了。"

最后，吸引和留住人才也非常重要。企业投入很多进行人才培养，如果很容易被竞争对手挖走了，不但延误研发的时机，同时可能会使企业陷入困境。我们向天智航的徐总请教："怎样保障友军挖不走我们的人呢？"徐总回答道："友军挖人到什么程度呢？我们门口有一个星巴克，有一次一家企业的 CEO、HR、CTO 三个人坐在咖啡馆里，一个一个约我们的人谈。我们的员工离职之后薪酬基本都能够翻倍，每一个岗位都是被挖的对象。我们的应对也比较简单。我们跟员工讲，手术机器人是需要大量投入的，需要大平台支撑才能有持续发展。你得相信只有这个平台才能把事做成，其他公司是出于获取关键知识的目的，把你们当成工具人来用，用完就弃，是不是值得你们去做，这个事情要想清楚。再者，我们从 2010 年开始股份制改革，把员工持股当成很重要的事情，整个员工持股平台是第二大股东，第一大股东是创始人。最后是工作氛围，我理解杰出的人喜欢跟杰出的人在一起工作，因为大家在一个频道上，不会被谁拖后腿，有共同语言。换句话说,我们的人才密度不错,出去之后后悔的居多,他们的收入是有增长,但氛围和成长空间就没有了。"

徐总的这番话说明企业留人不但需要提供良好的物质回报,同时也要有事业发展的平台,更重要的要有志同道合的工作氛围。简单来讲,就是制度留人,事业留人,感情留人。

对内系统管理,对外生态整合

企业高层管理者在经营企业时,除了人才整合,还应该对各个部门做整体管理。所谓整体管理,是将企业作为一个整体、一个系统来管理,以实现管理优化的目的。与大型企业或国有企业相比,专精特新企业的特点是规模小、资源少、抗风险能力低,因此更需要将企业作为一个"牵一发而动全身"的整体来管理。整体管理则需要高层管理者具有系统思考的能力。上世纪90年代有一本畅销书叫《第五项修炼》。作者彼得·圣吉认为,只有成为学习型组织,企业才能更好地适应环境的变化。而学习型组织的建立需要管理者自我超越,改善心智模式,建立共同愿景,团体学习和系统思考。系统思考是指用一种新的思考方式让人们重新认识周围的世界。系统思考的观点可以概括为:由"将自己与世界分开"转变为"与世界连接";从"将问题看作是由'外面'某些人或事引起的"转变为"看到自己的行动如何造成问题"。系统思考需要看到,系统中各个局部都应该受到重视,因为它们不是孤立存在的,而是相互联系、相互依存的。

系统化的管理以前是一种理念、一种管理方式,需要管理者协调各个部门、各个环节。现在,系统化管理已经有了工具。计算机、网络和人工智能等先进科学技术的发展,为企业进行系统化、数字化管理提供了可能。瑞德智能的副总李凤娟介绍说："我们的销研产供可以做到一体化，一体化的实现是靠信息化系统落地的。其实，我们最重视系统性工作，最重视落实，最后都集中到我们的信息化系统上。2017年我们做了一年的系统性整合，当时只是一个概念性的东西；2018年开始我们上了很多系统，像SCM、供应链管理、WMAS、售后管理和APS；2019年我们就上了PM。我们的研发、生产过程和生产追溯管理，这些流程与流程之间有更多的依赖，因此要依靠我们信息化作部门之间的配合和协作。"在我们访谈的过程中，像大清生物、冀凯股份等许多企业都非常重视信息化、数字化建设。

系统思考用在企业的内部管理，就需要将企业内部的各个部门、流程和各种人看作相互联系的单元，需要建立信息系统，进行动态的、整体的管理，使企业成为一个整体。而系统思考的观点用在企业外部，就应该有生态的观念。

新技术的不断演进在改变产业价值链的同时，也在不断打破产业边界：互联网彻底打破了原来的空间局限；"定制化"对企业的用户思维要求越来越高，顾客参与价值共创应运而生；云计算和物联网的价值不断凸显，企业之间的竞争模式从企业之间的竞争、产业链之间的竞争，升级为商业系统之间的竞争。这种态势下，新的体系和发展领域迅速涌现，单一企业想要凭借一己之力不断覆盖所有新兴领域，保持领先的商业模式已不再可能。随着竞争的加剧和市场的不断开放，有越来越多的企业重视自身对于资源、产业链和跨界业务整合能力的培养。海尔创始人张瑞敏据此提出"未来的企业只有两种命运：要么生态化，要么被生态化"。与大型生态企业（如海尔、阿里巴巴、亚马逊等）相比，专精特新企业往往是在某一行业领域拥有技术优势和创新能力。面对生态化的浪潮，是成为一个生态的组织者，还是加入某个生态成为生态的参与者，这也是所有企业面临的重大抉择。

奇安信从单纯的产品供应商向规划和咨询转型，带领其他公司共同将行业"蛋糕"做大，不断引领网络安全新生态。从2020年开始，奇安信秉持生态理念，通过打造共享平台（"大禹"平台）集聚生态伙伴。奇安信选择将自己的位置"下沉"，成为行业的"养分"和基础，解决核心客户和核心技术标准化问题；通过开放核心的底层体系，赋能其他企业服务于更广大的客户需求，从而共同助力网络安全行业的蓬勃发展。此外，奇安信推动网络安全行业与保险业的跨界整合，以及国内网络安全保险业务的优化和发展。由于网络安全服务本身有极高的技术壁垒，单靠保险公司很难做好保险服务，而与顶级网络安全公司合作则可有效降低理赔率。通过担任保险代理，奇安信实现了跨界整合，为未来发展提供了重要增长源。与此同时，奇安信也在帮助行业培养更多的网络安全代理，力图合力打开新市场。

让大家发自内心地动起来

心理学家杨国枢先生在总结中国人的传统价值观时认为，中国人都有一种"泛家族化"的观念，就是将工作的组织看作一个大的家庭。其原因是中国几千年的农耕文化。农耕文化以家族的存在与活动为基础，以家族的认同与强化为特征，注重家族延续与和谐，并强调个人服从整体的文化系统。这种家族工作方式的特点是土地共有，生产资料共享，共同工作。因此，大家都能发自内心，"面朝黄土背朝天"地努力工作。

专精特新企业通过股权分享的方法很好地延续了这种家族文化，使大家都能发自内心地动起来。因为资产共有、生产资料共享，从而使大家有家的感觉。有了家的感觉就会产生责任感和感恩的心态，就会发自内心努力工作，使自己工作的这个"家"变得更好。这是大型企业很难做到的一点，也是专精特新企业所具有的独特优势。

天智航的董事长张送根认为，持股平台在发展过程中起了很大作用，早期的员工都受益了，希望一直做下去。副总经理邢玉柱在后续的访谈中也多次提到员工持股的激励作用，"科创板改革有一条允许你带着期权计划上市，我们说这个制度非常好，我们就发了一批期权，发的非常多，员工也非常高兴按照很低的价格购买，即使到今天股价跌了很多，但一股还是赚了10块钱，他们已经非常开心了"。

我们访谈的这些企业都有不同形式的股权激励计划。例如，持股的比例不同，有的全员持股，有的高管持股，有的核心员工持股；持股的时间不同，有的创业初期持股，后来不再蒸发，有的不断稀释，不断用股权进行激励。不管是哪种方法，哪种形式，其目的和起到的激励作用是一样的。通过培养一种"共有和共享"的心态，使大家都能发自内心地动起来。

避免"一抓就死，一放就乱"

赋能，完全是一个西方的概念。英文是empowering，是指领导通过授权行为让下属体验到一种"使能够"（enable）的过程。通过提高下属的内在工作动机，使下属感到有能力、有能量做事的心态和意愿，进而提升工作绩效。我们上文提到的组织结构扁平化、股权激励等方法，都是很好的赋能行为。

应该注意的是，西方在提倡赋能时，强调的是权利的让渡（股权分享），员工的自主性提升（组织结构的扁平化），领导的指导作用（榜样的力量是无穷的)。但在中国使用这一概念时，在赋能的同时，要强调控制，这样可以避免"一抓就死，一放就乱"的现象发生。

之所以会"一抓就死，一放就乱"，是因为我们还处在转型时期。尽管我国改革开放四十多年了，但经济的飞速发展并不代表着与之配套的法律、制度、规范的成熟与完善。西方几百年的工业化过程，我们用四十多年初步实现，可想而知，与工业化相适应的文化因素，如人们的习惯、价值观不可能会迅速改变和形成。因此，过度的赋能可能使员工不知所措，或者失去目标或标准，加之外在环境缺乏适当的监管，员工就可能出现错误行为，甚至违法行为。所以领导在注重给下属赋能时，不但要适当授予权力，同时也要注意对下属的工作过程及结果进行适时监控，这样可以很好地避免"一抓就死，一放就乱"的现象发生。

本书作者之一的王辉教授经过系列研究发现，中国企业环境下的领导者如果想让自己的员工工作表现更好，就应该恰当地运用"授权""赋能"，同时辅之合理的监控，进而让下属的工作满意度更高，创造力更强。

大清生物的副总陈影在谈到李次会董事长的领导风格时说："其实我觉得很多时候董事长在我这一块还是挺给我放权的，因为我是负责公共关系的，我接触的人比较多，可能很多时候我也要处理公司一些比较棘手的事情，所以需要比较灵活。当然，公司还是有很多精细化管理的制度，还是很正规化的。企业发展到一定程度，情感是要讲的，但是更要有规则、规范。"

专精特新高层管理者的坚实领导有很多表现，上述四个方面，即"前瞻与务实""坚韧与通变""自驱与引领"以及"整合与赋能"是其中的集中表现。这四个方面的内容似乎两两矛盾，但实际上它们却相辅相成，相互依存。这正是中国人特有的思维模式，即辩证思维的完美体现。王辉教授借鉴中国传统文化，同时结合企业管理的现实提出了辩证领导行为的概念。辩证领导行为是指企业高层管理者以动态的眼光看待环境中的变化和下属的差异，以全局观念领导企业的协调、运作和发展，以矛盾整合的方式调整企业战略和管理员工的领导行为。系列的研究表明，辩证领导行为可以提升企业的绩效和创新能力，尤其企业在不确定性环境下，以及企业在发展阶段，这一提升作用更明显，而这两个特点正是专精特新企业所处的环境特点和企业自身的特性。因此，有理由相信，很好地体现了辩证领导行为的这四个方面，无疑会助力专精特新企业的更好发展。

参考文献

Baum et al. (2000). Making the next move：How experiential and vicarious learning shape the locations of chains'acquisitions. *Administrative Science Quarterly*, 45(4): 766-801.

Chandler, G. N., & Jansen, E. (1992). The founder's self-assessed competence and venture performance, *Journal of Business Venturing*, 7: 223-236.

Dimov, D. (2010). Nascent entrepreneurs and venture emergence: Opportunity confidence, human capital, and early planning. *Journal of Management Studies*, 47: 1123-1153.

Galton, F. (1892). *Hereditary Genius: An Lnquiry into Its Laws and Consequences*. London: Macmillan.

Hambrick, D. C., & Mason, P. A. (1984). Upper echelons: The organization as a reflection of its top managers. *Academy of Management Annual Meeting Proceedings*, 9: 193-206.

Howe, M. J. A. (1999). *Genius Explained*. New York: Cambridge University Press.

Loué, C., & Baronet, J. (2012). Toward a new entrepreneurial skills and competencies framework: A qualitative and quantitative study. *International Journal of Entrepreneurship and Small Business*, 17: 455-477.

Man, T. W. Y., & Lau, T. (2000). Entrepreneurial competencies of SME owner/managers in the Hong Kong services sector: A qualitative analysis. *Journal of Enterprising Culture*, 8: 235-254.

Silvia, P. J., Eddington, K. M., Beaty, R. E., Nusbaum, E. C. & Kwapil, T. R. (2013). Gritty people try harder: Grit and effort-related cardiac autonomic activity during an active coping challenge. *International Journal Psychophysiology*, 88: 200-205.

冯华，杜红，2005. 创业胜任特征与创业绩效的关系分析. 技术经济与管理研究（6）：18-19.

韩朝，陈建成，陈凯等，2012. 企业执行力研究及案例分析. 北京：中国林业出版社.

黄平，王亚军，刘强，2001. 2000年国内重特大事故数据. 安全与环境学报（1）：44-47.

林子祥，2020. 创业者的胜任特征及对创业绩效影响的研究. 北京：北京大学出版社.

刘士红，2021. 包容型领导提升员工执行力策略研究. 安徽电视大学学报（1）：12-15.

彭志强，刘燕，王湘云，2005. 卓越执行：中国企业如何提升执行力. 北京：机械工业出版社.

王安，2021. 长期主义：泰康的25年. 北京：中信出版社.

王辉，2021. 辩证领导行为：一种基于中国传统文化的领导理论和实践. 北京：北京大学出版社.

王辉，王颖，季晓得等，2023. 辩证领导行为及其对企业创新能力和绩效的影响：一项基于中国传统文化的领导行为探究. 心理学报（3）：374-389.

第 4 章

务实创新的战略

中国的专精特新企业群体分布呈现出一个"金字塔"型的结构。从国家及地方行政管理角度看,它大致由"创新型中小企业→省级'专精特新'企业→专精特新小巨人→单项冠军→全球隐形冠军/全球领航企业"五个层次构成。实际上,这也正是这些企业在实践中的常见成长路径。从管理的学术角度看,它可以简化为"创新型中小企业→专精特新小巨人/单项冠军→全球隐形冠军/全球领航企业"三个基本层次。而从创新型中小企业跻身小巨人/单项冠军乃至全球(隐形)冠军或全球领航企业,要求企业能力"上台阶式"的全面提升，亦即要求这些专精特新企业的战略发展实现从"初中级"向"高星级"的跃迁。

本章在梳理现代企业战略概念核心内涵的基础上，考察中国工业化和信息化发展中，数十家创新型中小企业发展成为专精特新"小巨人"/单项冠军企业，乃至全球隐形冠军的特点与经验，总结提炼其战略发展模式与一般法则，并将总结的经验凝练为一个"五角型"的战略架构，发展其"五星级"评价标准与提升方向，进而供其他创新型中小企业战略发展参照与借鉴。

中小创新型企业要有战略思维

一个创新型中小企业的领导者，在创业期就应具备良好的战略思维与组织领导能力，这对企业创业成功大有裨益。这里的问题是何谓战略思维？何谓企业战略思维？对于中小型企业的领导者来说，它们又意味着什么？

毛泽东认为，具有战略思维能力就是拥有全局性的眼光和敏锐的预见性，能根据复杂形势，创造性地提出有利于组织或军队长远发展的指导性方针或政策（金冲及，2023）。他指出，战略学的任务"就是研究全局性的战争指导规律，全局是由局部构成的，是各方面和各阶段的关系的总和"，因此，"凡属带有要照顾各方面和各阶段性质的都是全局"。所谓有"全局性的眼光"，就是要求"拿战略方针去指导战役战术方针，把今天联结到明天，把小的联结到大的，把局部联结到全体，反对走一步看一步"。所谓"敏锐的预见性"，就是要求预先看到前途趋向，亦即要求领导者把握现实性与可能性的辩证关系，透过现象抓本质，详细考察事物主要矛盾及矛盾的主要方面，进而准确判断事物发展的未来趋向；同时，它也要求领导者能见微知著，能从事物发展初期的微小变化科学预见其未来。所谓"战略思维的创造性"，就是要求破除迷信、解放思想，注重调查研究，实事求是地估计和判断自己与对手的战略资源和战略实力，然后制定自己的战略，在"理论与实际相结合"、在"普遍规律和特殊性相结合"中务实创新；同时，它也要求战略领导者善于"总结经验，继承优良传统"，在充分发挥战略主体的主观能动性中实现创新。

在西方管理学中，战略思维被认为具有五个典型特性：系统视野、意图导向、时间思维、假设驱动和机智性（Liedtka, 1998）。其中，系统视野接近我们所说的全局性眼光；意图导向接近目标或任务导向。时间思维是指确立过去、现在和未来的辩证关系，即为了实现未来的目标，需要对过去做哪些扬弃，现在又需要创造什么新事物。假设驱动就是按照预设的前提和因果逻辑来推导事物的发展趋势。机智性则要求根据实际过程发生的情况，对未预期的变化或涌现的战略机会等作灵活应对或机智处理。企业领导人如果能综合运用这些战略思维，就可以创造更大的客户价值，就更不易被竞争者模仿，同时对环境变化也有更好的适应性乃至创造性（Liedtka, 1998）。

综合东西方战略学的观点，我们可以简单地认为：战略思维就是针对广阔的事物格局做出有宏大深远影响的决策，以期按照主导者目的支配事物现实格局的演变；战略的机制在于通过某种行动诱导整体形势向战略目标演化；其主导内容是具体的活动因果关系链条，而非抽象的理论概念；战略思维包含着主观能动的因素，怎样构造一个对策环节以及怎样把握和应付进一步的现实反应，都有相当的自由性和灵活性，需要机智灵活、创造性地在动态思维取向中完成战略思维（韩沛伦和崔平，2006）。现实中，华为的卓越领导人任正非就具有高超的战略思维能力，并能将其有效运用于企业管理中，使之成为企业竞争优势的重要来源。在作者所进行的一项研究中，就发现他具有"战略框架式思考""灰度思维（悖论整合）"等战略思维模式。其中，战略框架式思考包括了战略意图、基本竞争回路和战略驱动路径等相关联的系统要素；灰度思维则将企业的矛盾视作辩证的对立统一体而加以包容、平衡、转化和创造性运用。这些战略思维模式有效统领了华为公司的战略与管理体系改进，是华为公司二十多年持续发展的核心驱动力量（武亚军，2013）。

组织设计的五星框架

实际上，早在1970年代末期，美国的组织管理学家加尔布雷斯就综合了早期科学管理、人际关系学说和组织决策与权变理论，提出了图4-1所示的战略性组织设计星型框架图（Galbraith, 1977, 1982）。其中，战略为组织设定了基本任务和竞争方式，是组织设计的出发点和归宿；结构设定了组织内部角色分工和协调整合，是组织成员职务合法性的来源；流程则提供了各种完成关键任务需要的内部纵向与横向信息；人员提供了完成任务的技能和心智模式；激励系统激发了员工的工作动机。加尔布雷斯认为，战略、结构、人员、流程和激励这五大组织要素的合理设计与匹配共同决定了企业的绩效水平，亦即企业在战略任务引领与组织结构安排下，特定技能的员工利用相关信息和激励动机产生了相应的组织行为，进而影响了组织绩效和文化。事实上，在1977年他还与合作者以战略五星框架模型为基础出版了专著《战略实施》一书。在1995年的新版《组织设计》中，他仍然以五星模型作为全书的基础，并明确指出所谓的战略包括以下

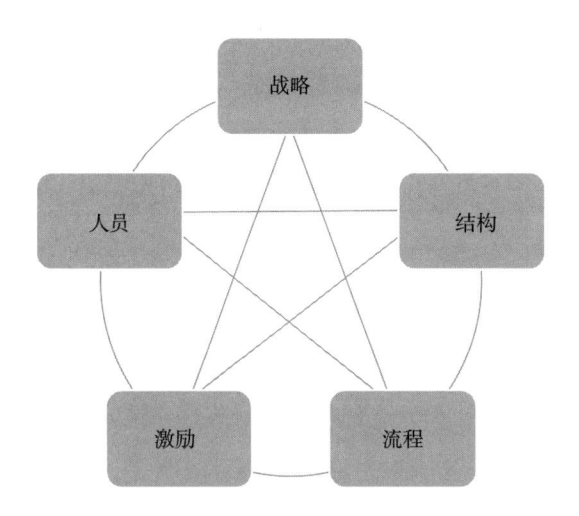

图 4-1　加尔布雷斯的组织设计模型：五星框架

五个部分：(1) 企业使命和价值观；(2) 达到的目的和阶段性目标；(3) 瞄准的市场/提供的产品或服务；(4) 顾客价值；(5) 竞争优势（Galbraith, 1995）。

在作者曾研究的一家专精特新制造业单项冠军企业——乐歌人体工学股份公司的早期发展中[1]，发现创始人兼 CEO 项乐宏就具有优秀的学习能力与战略思维能力。早在 2000 年代中期，作为中小外贸型企业领导人的他，就积极攻读国内商学院 EMBA 学位，在学习了类似加尔布雷斯的组织设计五星模型后，结合宁波外贸型中小企业发展实际，对处于创业初中期的乐歌公司的战略与管理体系进行了非常精简而系统的思考，他把乐歌

---

[1] 前身可追溯至 1998 年宁波丽晶视频器材公司，后从事电视机挂架代工，向美国等出口电视机支架挂件等产品。2009 年，项乐宏认识到自主品牌的重要性，注册了乐歌商标，加强品牌建设。2010 年，乐歌开创自主品牌商品的制造与直营销售模式。2013 年，乐歌从电视机支架业务转型，专注研发线性驱动技术，聚焦以线性驱动为核心的健康智慧办公、智能家居产品，主营业务逐步转变为人体工学产品及线性驱动部件的研发、生产及销售。2017 年乐歌公司在深交所成功上市，成为"中国人体工学第一股"。参见武亚军和赵彤（2018）撰写的教学案例。

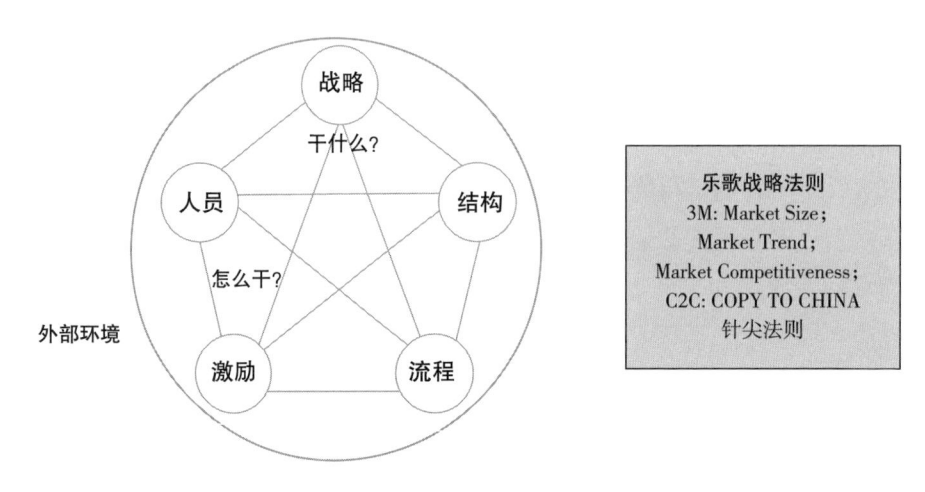

图 4-2　中小企业的战略与实施框架：乐歌星空模型与战略法则

的战略选择与实施经验总结为图 4-2 所示的星空模型。其中，战略就是在市场环境中企业选择"干什么"（即选择经营何种产品）；运营就是"怎么干"；战略实施就是"由谁干"（人员）、"为啥干"（激励）和"让人想要干"（文化）。在此操作模型中，原来加尔布雷斯的"组织结构"和"信息与决策流程"被"运营"和"文化"替代。这是因为对于中小型创业期企业来说，企业关键成员与业务信息流动尚处于领导人可以直接管控的阶段，因而正式组织与系统流程并不十分重要；相反，产品运营和文化理念对整体绩效反而更为重要。实践中，对中小型企业的战略选择（"干什么"），即选择经营何种产品,他采用了所谓的"3M 原则"和"C2C"模式：3M 即同时考虑 M1（market size，产品市场规模）、M2（market trend，市场趋势）和 M3（market competitiveness，自身的市场竞争力）。满足这三者要求的就是公司要经营的核心产品；C2C 就是"COPY TO CHINA"，即把在美国市场已经成熟的产品复制到中国市场。此外，为了更有效地应对市场竞争，他在公司策略和研发政策中采取了所谓的"针尖法则"，大力实施"N 强与精专工程"，即集中资源于有限的产品和技术领域，进而取得压倒性的技术优势或专利突破（前面"N"指有多项专利或知识产权）。在"星空模型""3M 原则"和"针尖法则"这样简练而系统的战略思维指导下，乐歌公司实现了从音响器材与电视机挂架生产商到电脑支架、电动升降桌等人体工学产品供应商的成功转型，并于 2017 年年底在中国深圳创业板成功上市，成为中国人体工学大健康产业第一股，进而发展壮大成为中国制造业单项冠军示范企业（武亚军和赵彤，2018）。项乐宏领导乐歌人体工学发展的成功经历，说明了合理、简练而系统的战略思维对中小创新型企业成长的重要价值和战略意义。

专精特新企业战略发展：从西方到本土

提起中小企业战略理论的经典模型，人们通常会想起波特的三种基本竞争战略中的专一化（聚焦）战略和营销战略中的利基战略。根据波特竞争战略理论，中小企业应将其市场范围限定在狭窄的细分市场或有限的客户群，而将竞争优势限定为差异化或低成本，这样中小企业的竞争战略就可在"专一差异化"和"专一低成本"中选择，并且可以利用企业的价值链活动配置和优势活动的发挥来实现其竞争优势。如果企业还能实现多点位价值活动的系统匹配、持续改进和专利技术或知识产权的保护，那么中小型企业甚至有望获得持续的竞争优势或不断成长（Porter, 1980, 1985, 1996）。根据营销战略学者的观点，利基被认为是根据需求市场进行细分而来的、一群具有特定客户性质的小型市场，如果它们具有可测量、可进入性、实质性、可防御性、持久性和企业竞争力，企业就可以选择此利基市场，并且成为该市场的主导玩家，进而获得最大利益（Biggadike, 1981）。后来对营销和竞争战略中相关经典理论的批评，主要集中在其相对较短的时间尺度和对静态经济效率的过度考虑；长期来看，如果企业面临专一化（利基市场的饱和）或者其较快增长引致大型竞争厂商的进入，则中小型企业需要跨越专一化或利基市场的边界寻求新的市场发展，这样才能避免增长停滞或被改变的行业结构吞噬的命运（Noy, 2010）。

实际上，在 2000 年代初，刚进入快速发展期的中国企业与世界跨国企业相比，还处于非常弱小和资源有限的后发弱小状态，因此，利基战略或专一化战略就成为我国创新型中小企业战略成长的首选模式。根据这一理论，中小企业为了回避与强大的对手进行正面竞争，需要选取被大企业忽略、需求尚未得到满足、竞争力量薄弱、有获利基础的小市场，以某个狭窄的业务范围为战略起点，集中资源和力量进入。首先成为当地市场第一，然后再不断扩展地域市场范围，采取多种途径建造竞争壁垒，分阶段、分层次地获取并巩固全球市场单项冠军的地位。相对于发达国家的领先企业，发展中国家或地区的后发企业的资源和能力处于劣势，采用利基战略可以使后发企业避免与领先企业正面竞争，从而有利于经验积累和技术能力提升（康荣平等，2006）。

近十年来，关于德国隐形冠军的著述对中国专精特新企业的发展与研究产生了较大影响。"隐形冠军"概念源自德国管理学家赫尔曼·西蒙教授的专著。该书中文版于 2005 年在经济日报出版社出版，书名为《隐形冠军：谁是全球最优秀的公司》。当时，此书在国内并未引起太大反响。然而，随着"工业 4.0"概念日趋流行，"德国制造"引起中国人的极大关注，"隐形冠军"一词很快流行开来。2015 年，机械工业出版社出版了这本专著修订版，书名改为《隐形冠军：未来全球化的先锋》。在这本书中，西蒙认为，所谓"隐形冠军"的隐形是指这些企业几乎不为外界普通消费者所关注，而冠军则是指这些企业主宰着各自所在的市场领域，占有很高的市场份额；隐形冠军往往有着独特的竞争策略，在某个细分市场进行着持久而专注的精耕细作。他进一步总结了隐形冠军企业的八个特点：目标明确、高度专注、面向全球客户、成为卓越者的伙伴、持续创新、跻身顶级竞技场、保护自己的独一无二、具有深入人心的企业文化。在修订版中，西蒙教授把这八个特点加上企业的领导者画成了一个三层同心圆。作为核心的中心圆包括强势的领导和雄心勃勃的企业目标；其次为企业内部能力积累圈，包括依靠自身力量（以深度创造独特性）、持续创新和鼓励精选的员工；再次是企业的外部机遇圈，包括狭窄的市场聚焦、贴近客户、竞争优势和全球导向；最外面是广阔的外部环境。实际上，在2021年该书修订版的第二版中，西蒙及其中国合作者还将前述的隐形冠军企业八个主要特征用一个宏伟的"战略全屋图"来加以描绘：其屋顶为市场领导力和增长，专注和深度、全球营销为两大战略支柱，而面向客户、顶级服务、持续创新和竞争优势则作为"战略地台"（西蒙和杨一安，2021）。同时，值得注意的是，西蒙还指出了"隐形冠军"企业在市场覆盖、创新模式、发展驱动力等方面都体现出"两者兼得"的哲学[2]。

近几年来，随着我国工业强基工程的推进，中国工程院工业强基战略研究项目组也对我国苏浙沪地区的专精特新小巨人和单项冠军企业进行了广泛的调研和分析，并且推出了其专项研究成果。该项综合研究发现：(1)这些小巨人和单项冠军企业都可作为专精特新冠军企业的种子企业或前期发展阶段；(2)专精特新冠军企业可以从专注细分市场（市场占有率和主导产品）、精品制造（品质和认证）、特色发展（专有技术和知识产权）和持续创新（研发强度和新产品产值率）等方面综合评估与评价；(3)中国专精特新冠军企业具有高专业化、高品质、高研发投入和管理精益化等特点，但其成长模式各不相同，包括研发模式创新、质量品牌创新、全产业

---

[2] 这种"两者兼得"类似于我们前面所讨论的任正非的"悖论整合"或"灰度思维"。

链运营和聚焦型核心技术创新、国际化经营创新等多种模式并存（中国工程院工业强基战略研究项目组，2021）。

国内一些战略学者，如李平教授，通过研究专精特新典型企业案例，提出了中国"精一赢家"的"T型战略"模型：一方面，这些赢家企业持续纵向深挖技术与品牌护城河；另一方面，不断横向拓宽产品与客户体验的相邻应用场景，从而构成了"深挖洞"（专业）与"广积粮"（多元）的结合和平衡（李平和孙黎，2021）。邬爱其等人在广泛研究浙江地区专精特新企业的案例之后，提出中国专精特新企业的成长主要受动机内驱、特色业务、流程匹配和人本强基四类要素的影响，专业制胜为其成长之道，典型成长模式则包括点式纵深、链式水平和平台化生态成长等（邬爱其和史煜筠，2022）。

专精特新企业战略管理的重构

根据前述对中小型企业战略理论和专精特新企业战略研究的简要回顾，我们提出以下观点：（1）波特的专一化模型和营销利基理论对中小企业战略发展是有帮助的，但难以有效指导专精特新冠军企业的发展和成长，这在很大程度上是由于其宏观性（理论逻辑）、静态性（短时间尺度）和纯经济性（过度倚重市场因素和纯经济逻辑），而对企业长期目标（包括社会性意义）、实践策略和深层驱动要素关注不足；（2）西蒙的隐形冠军研究，尤其是其修订版对冠军企业的关键战略特质的总结，无疑是富有启发的，但其底层逻辑和对中国情境及中国企业的适用性仍值得进一步推敲；（3）现有中国专精特新企业战略的研究，虽然已有大量的案例分析，也总结出一些颇有启发的模型或观点（如"T型战略"和"专业制胜"机制），但总体上仍然缺乏系统的理论指导和扎实的经验支撑，尤其是对如何成长为专精特新冠军企业缺乏操作性强的战略框架和政策建议。

综上所述，作者认为需要对专精特新企业战略发展的内涵及评价体系加以系统反思与重构。它可以按照下述步骤系统地予以推进：对中小企业战略内涵和要素的反思与重新界定→专精特新企业战略要素重构与模式推演→系统性的典型案例研究与比较→经验总结与理论框架完善→政策建议与行动启示。

首先，回顾企业战略领域创设时的基本理解和面向公司实践的经典界定，对专精特新企业战略研究是大有裨益的。众所周知，1962年哈佛商学院企业史教授艾尔弗雷德·钱德勒基于大量美国工业企业长期发展的历史观察和经验总结，撰写出他那部名著——《战略与结构》。书中对企业战略给出了一个重要界定：战略就是确定企业的长期目的与基本目标，并为实现这些目标而选择行动途径和进行资源分配。显然，钱德勒的广义战略定义包含三层内涵：一是确定企业的长期目标；二是选择实现目标的途径和方法；三是进行资源配置。在1971年，美国哈佛商学院战略学教授肯尼思·安德鲁斯基于大量案例研究总结，也对企业战略概念做了一个广义的界定。他指出，企业战略是一种决策模式，它决定和揭示了企业的目的和意志，提出了实现目的的最佳方针或计划——它们决定了企业的经营业务、经济与组织类型，以及企业应对员工、顾客和社会做出的经济与非经济贡献（Andrews, 1971）。从本质上说，安德鲁斯的企业战略概念就是要通过一种长期目标引领的综合模式，把企业的目的、方针、政策和经营活动有机地结合起来，使企业形成自身的经济-社会属性和独特的竞争优势，进而将企业应对不确定环境的底层逻辑和组织行动具体化。事实上，安德鲁斯的公司战略定义还指明了企业作为由人构成的为人服务的社会-经济合作机构的双重意义，不过，这种企业目的和政策所设定的非经济属性（社会意义），在随后注重经济性分析的主流企业战略著作中被逐渐淡化甚至抛弃[3]。

进入2001年，注重实践的美国著名战略学者唐纳德·汉布瑞克批评了过去二十多年英美企业战略学术的发展，认为过度专业化和经济学化导致战略研究的"碎片化"和战略概念的"模糊化"，从而影响了企业战略实践效能。为此，他提出了一个颇为具象化的战略"钻石框架"，用于指导企业领导人的战略实践操作（Hambrick, 2001）。具体来说，企业战略被设定为一个一体性的外向型决策体系，它包括五个关联要素：业务范围（市场、产品、区域、技术和价值活动）、发展途径（内部增长、合作或并购）、差异化（产品形象、定制化、可靠性、价格等）、阶段性（扩张速度与活动次序）、经济逻辑（低成本或高溢价等）。并且，它们以"经济逻辑"为核心构成了一个紧密联系和配合的"钻石体系"。应该说，汉布瑞克的钻石框架凸显了企业战略经济逻辑的核心地位和竞争场域、差异优势及发展路径的支撑性，具有很强的实用操作性。但其局限在于，它将企业的长期目标，尤其是组织的非经济性意义（意志）和关键内部政策（如研发等）排除在外，是一种相对狭义和短时间尺度的界定，而企业使命和关键政策恰恰是原初经典企业战略定义所重点关注和认为应包括的内容。因此，考虑中国专精特新企业发展战略研究的需要，我们认为需要对钱德勒、安德鲁斯和汉布瑞克的三种观点进行辩证分析与综合。

具体来说，综合考虑以上三种界定的优点及缺点，我们认为专精特新企业战略研究需要一种介于宏观与微观、广义与狭义之间的战略界定，它既要包括钱德勒和安德鲁斯所谓的企业目的与目标，又应包含汉布瑞克以

---

[3] 这种企业战略内涵界定的狭窄化和纯经济化，引致了1980年代以来美国企业管理实践中对公司目标的纯物质化或功利性的过度追求，损害了企业的长期可持续发展，它也被认为是造成2008年美国金融危机的一个重要原因或学术偏颇。参见 Bower（2008）的相关论述。

经济逻辑和差异优势为重点的竞争定位，同时也需要涵盖中小创新型企业成长必须关注的人才和技术开发等核心领域政策，并使之协同配合、自成一体，这样才能使专精特新企业战略理论与模式更具针对性、操作性和实效性。这个认识促使我们尝试开发一个既有中长期宏观指导性，又有实践操作性的中层企业战略框架式理论[4]。

专精特新企业战略发展：迈向一个"五星"架构

通过对典型的创新型中小企业，如前述乐歌公司的早期战略实践及其发展阶段特征的分析，本研究发现创新型中小企业战略与通常的大企业战略相比，有以下几方面的不同特点：（1）由于企业发展的阶段差异，创新型中小企业的公司战略、业务战略与职能战略往往形成交叉和混合，而非呈现出大企业中常见的战略层次上的鲜明区分与瀑布式垂直关系[5]；（2）在职能战略层面，创新型中小企业战略的表现也往往更为简单集中，主要体现在研发、营销、人才和文化等关键领域，专精特新"小巨人"或"单项冠军"企业在这些领域往往已经摸索出一些简单有效的法则或理念，并将它们政策化，用于支撑企业的细分市场聚焦、差异化竞争优势打造以及独特竞争力的开发、利用及强化。（3）由于创新型中小企业发展具有创业企

---

[4] 例如，波特的一般竞争战略类型可被认为是一种宏理论，它不直接涉及企业重要的价值活动和次序等，尽管他在随后的价值链理论和动态战略定位理论中对此做了扩展。汉布瑞克的"钻石框架"则将视野扩展到中层理论层次。

[5] 所谓瀑布式垂直关系是指企业的公司层战略决定业务层战略，进而决定职能层战略。实际上，随着互联网时代信息文明与数字经济的发展，公司战略、事业战略与职能战略的严格区分正趋向弱化或消融。

业的一些特性，其使命和愿景往往并未定型，而是处于摸索和调整过程中，因而呈现出本研究所谓的使命愿景"精一化"过程——在发展过程中不断让使命更为精准、愿景更为宏大以及战略目标拾级而上等。(4)由于企业处于成长阶段和具有新创企业的特性，企业创始人或最高领导者的理念和认知在企业战略形成中往往具有决定性的作用，因此需要与战略内容一起加以考察。

考虑以上专精特新企业战略的特殊性，结合前述的钱德勒、安德鲁斯、汉布瑞克的企业战略经典界定，以及加尔布雷斯战略五星模型中对企业战略内涵的解析，本文尝试将创新型中小企业的战略元素分解为以下五个主要方面：(1)企业"初心"，即企业使命与愿景雏形；(2)市场范围；(3)差异优势；(4)关键政策；(5)核心理念与文化。我们将这些战略要素的具体内容概括如表4-1所示，并说明其一般功能及对专精特新企业战略的特别价值。

创始人／领导者主导的战略五星框架

围绕表4-1所示的专精特新企业核心战略要素的指示方向，本研究在2021年9月开始对两类专精特新企业（共8家）发展案例进行研究（为期1年），对其主要战略范畴的特征进行了系统探究，发现其总体战略发展模式可以概括为图4-3所示的战略五星系统框架和过程模型——该模型的核心是一个由创始人或高层领导者主导塑造的五星系统，它包括5个显性的战略要素：(1)使命愿景精一化；(2)专注细分市场；(3)打造差异优势；(4)夯实研发支撑；(5)激发人才动能；以及一个相对隐性的战略要素——进取性的主导理念、企业核心价值观与创新文化。这些要素构成

表 4-1　中小型专精特新企业战略的关键要素：内容与价值

战略要素		内涵或要素	一般企业功能	专精特新企业特别价值
企业"初心"		使命与愿景雏形	界定企业目的与长期目标	植入初创基因，搜寻发展方向，提升企业目标
市场范围		客户与产品区隔	明确细分市场与产品竞争领域	引导战略机会点判别与细分市场聚焦
差异优势		低成本、差异化或最优性价比及需求侧客户价值优势	经济逻辑及业务盈利方式	专精特新的市场竞争力和客户价值打造方向
关键政策	研发	技术及产品开发	重要职能策略	专精特新的技术能力支撑
	人才	核心人员的能力与动力	重要职能策略	专精特新的人力资本依托
核心理念与文化		发展理念/策略口号、企业核心价值观	企业发展主题及处理利益相关者关系原则	专精特新的主导发展信念，核心精神信仰及核心价值观塑造

资料来源：在 Andrews（1971）、Galbraith（1995）和 Hambrick（2001）的基础上修正。

一个以精一化使命愿景为出发点和归宿、以核心理念及价值观为底色的协同配合的五星型战略框架。

　　实际上，这个战略五星模型的形成，受企业创始人或领导者所主导，并且可以由三个分析性因素来加以描绘，它们是：（1）领导人初心与局势认知；（2）市场机会与趋势辨识；（3）企业独特的资源与能力。事实上，以专精特新企业创始人/领导者为核心，在领导人的认知模式和价值观指导下，这些内外部要素的匹配和综合，形成了专精特新企业的基本战略雏形。

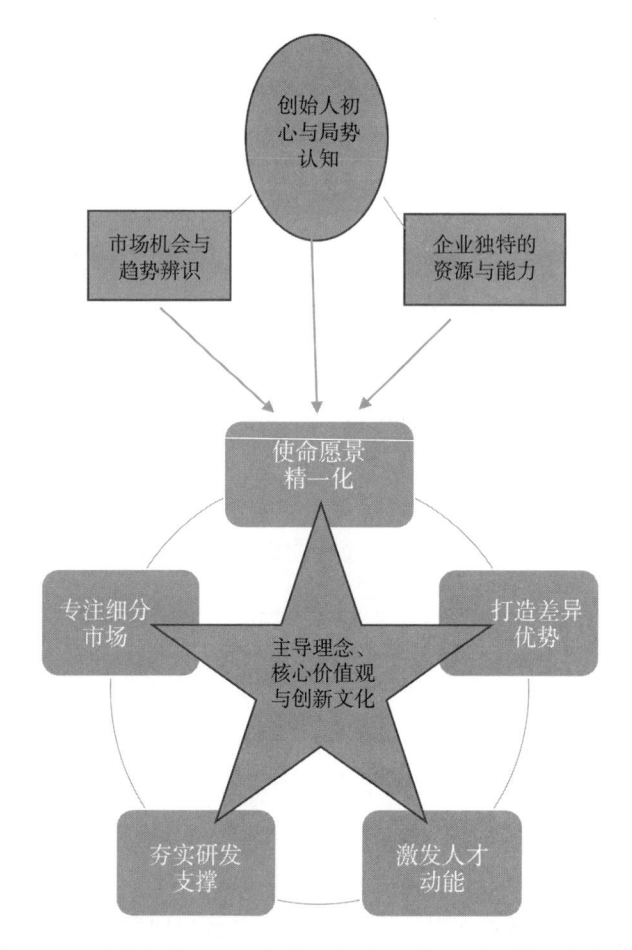

图 4-3　专精特新中小企业战略发展：创始人主导的五星框架

浇铸战略之魂：精一使命与愿景，塑造核心价值观

企业使命阐述企业存在的基本目的和意义，愿景则展示企业期望实现目标时的状态与景象，核心价值观界定了企业实现使命和愿景过程中的行为准则或决策判断标准。

对于专精特新企业来说，及时确立专精导向的富有激励性的企业使命与愿景，并根据企业发展阶段树立拾级而上的战略目标是至关重要的。一方面，专精化的企业使命可以指导企业将有限的资源投向一个明确的焦点或方向；另一方面，富有激励性的企业愿景则可以凝聚企业员工的精神动力，产生强大的精神力量有助于组织成员度过创业初期的艰难困苦或挫折，使企业骨干保持一种昂扬奋进的创业激情或"梦想"。实际上，在安德鲁斯开创性的《公司战略的概念》中，他就正确而明智地指出，企业CEO或总经理就是"企业使命的建造师"，他必须给它注入"磁吸力"，使它成为"一场值得参加的游戏""一种值得追寻的胜利"和"一种组织成员值得度过的生活与职业"（Andrews, 1987）。现代战略管理学研究也指出了有效的企业使命和愿景需要包括正式性、激励性和动态性等维度，并展现出美德、本真和一致性等特征（Rey & Bastons, 2018）。

针对专精特新企业来说，本文所说的精一化使命与愿景主要包括三个方面：(1)确立客户目标及明确具有自身特色的企业使命——确立该企业存在的目的和意义，包括企业存在的市场价值与非经济意义；(2)根据企业发展阶段和内外部情况审时度势，及时树立拾级而上的阶段性战略目标和愿景，引领企业的战略发展；(3)在发展过程中，创始人或高管团队塑造进取性的企业核心理念——包括企业的"战略口号"和"创新"等核心价值观，这些核心理念或核心价值观能够将企业的战略追求、价值观信条等与组织成员共享，成为影响企业决策的重要隐形力量。

锻造战略之形：专注细分市场，打造差异优势

专注细分市场、打造差异优势是专精特新企业战略五星架构中的两个紧密配合的重要元素。从理论上看，专精特新企业所专注的产业环节和产品细分市场一般需要具备以下几个特点：(1)相对于企业现有规模和发展

阶段来说，它有足够大的市场容量和发展空间；（2）它与企业的独特资源、与能力优势或潜力相匹配；（3）从长远看，它是企业可依靠的据点或关键环节，能使企业具有产业一体化扩张的潜力。目前，对专精特新企业的产业聚焦和市场专注度的衡量主要依据市场占有率和主导产品占比等指标。

打造差异优势要求专精特新企业必须做到以下三个优势中的至少一个：（1）围绕选定的细分市场或客户群体，推出高性价比的产品或者附加服务（高性价比+服务）；（2）企业提供全生命周期最低使用成本的产品或服务（低成本）；（3）企业能够提供其他企业无法提供的独一无二的高性能产品或服务（高性能）。对于专精特新企业来说，前两种差异优势是比较常见的竞争优势类型，而在中国竞争性市场取胜往往还必须叠加快速服务、快速响应或快速交付等速度竞争优势。实际上，如果专精特新企业还能够加大研发强度、达到关键技术深度的积累，就有望走上该细分市场的领导地位。

筑牢战略之基：夯实技术支撑，激发人才动能

从中长期竞争需要来看，专精特新企业必须有坚实的技术支撑和人才依托，才有可能在快速变化的市场竞争下持续创新，并且提供能快速高效地满足客户要求的产品和服务。这里所谓"夯实技术支撑"主要包括以下策略行为：（1）投入较高的研发强度（即研发经费占销售收入的比重）和人才配置密度（研发人员数量和所占比重）。前者使企业能够投入较多的财务资源进行产品和技术创新，后者则使企业有较充足的人力资源用于技术研发与积累。目前有一些省份如浙江的专精特新小巨人企业评价标准要求研发强度≥3%，而我们所研究的专精特新企业普遍达到5%—10%甚

至更高。(2)研发流程创新或构建高效技术平台。一般专精特新企业在研发流程或技术平台构建上要求能紧扣客户需求,高效快速地开发和交付新产品。例如,本项目所研究的瑞德智能就是通过"研发流水线化",实现了中小家电智能控制器的快速多品种研发,从而奠定了它在中国小电器智能控制器市场的霸主地位。(3)研发生态圈构建。专精特新企业成长中后期往往需要依靠开放创新,尤其需要构建包括主要客户、供应商、互补者在内的产业生态圈,从而实现产业协同创新。(4)构建研发成果的知识产权(IP)与专利保护壁垒:专精特新企业要鼓励专有技术积累和知识产权保护,在制度许可情况下建立专有知识产权和专利保护屏障,从而为确立核心竞争优势建立技术壁垒。

激发人才动能是专精特新企业战略发展的一个重要支点和持续创新动力源。专精特新企业的人才激发策略往往包括以下几方面的高效举措:(1)对核心人才和骨干员工实施高水平经济激励,包括管理层和核心骨干的股权激励(股票期权激励)、创新成果分享制、专利知识产权经济奖励等;(2)给人才提供多种职业发展通道和事业发展平台,专精特新企业在成长期往往为员工打造快速上升的多种类职业通道和事业平台,激励骨干人员的职业化成长,激发企业中高层管理者的事业心;(3)培养良好的学习氛围与创新文化,包括为员工提供学习与培训机会、创新型工作环境和文化氛围,以及打造迎难而上的奋斗精神等。总体上,专精特新企业鼓励骨干员工追求物质与精神文明相协同、事业和物质双丰收,这些高能激励措施的组合及转化可以极大地激励骨干员工为实现企业使命和愿景贡献力量。

根据以上简要的分析与讨论,并结合我国专精特新中小企业竞争力发展的实际(许静,2018,2019),我们把考察专精特新企业策略行为的维度和主要指标进行了分类罗列,并对需要达到的最低要求做了简述,其详细内容见表4-2的概括。

表 4-2 专精特新企业的策略行为：考察维度和主要指标

战略要素	维度	主要标准/指标	最低要求
使命愿景精一化	使命 愿景 关键任务/目标	使命的专精化与激励性 兼顾经济与非经济意义 战略目标的拾级而上	较正式的、涵盖经济-社会双重意义的使命与愿景
专注细分市场	市场规模与潜力 匹配企业能力 专业化发展	细分市场占有率 主导产品比重 产品技术关联性	单个产品在细分市场占有率达到国内领先
打造差异优势	低成本、差异化、高性价比 服务速度 顾客关系	产品生命周期总成本 新产品率 顾客满意度等	主要细分市场顾客满意度高 新产品率达到要求
夯实研发支撑	研发强度和人才密度 研发流程和平台构建 研发生态圈搭建	研发强度、研发人员比重 研发流程化、集成化和平台化水平 IP 与专利数量	小巨人企业研发强度 ≥ 3%，单项冠军研发强度 ≥ 6%，拥有专利数量若干
激发人才动能	创新成果分享式激励 职业成长与精神激励 文化氛围激励	股权激励、利润分享制、职业成长多通道及多层级 创新项目奖励、榜样人物等	科创企业股权（期权）激励；创新成果分享；先进荣誉称号等
核心理念与价值观	主导发展理念 核心价值观 创新文化	战略口号 企业文化口号 创新口号	鲜明战略口号 简洁文化信条 创新进取的价值观

制造业专精特新企业"五星"战略架构

本研究涉及的 8 家专精特新企业可分为两大类：传统制造企业（3 家）和科创型企业（5 家）。本节运用前述的战略五星架构与评价体系，对 3 家传统制造企业的战略发展与典型特征进行深度案例评述。

冀凯股份：文化引领型"精一智造企业"

冀凯股份是一家民营上市企业，其母公司为冀凯集团，前身为 2003 年设立的冀凯装备制造股份有限公司（原石家庄中煤装备制造股份有限公司），总部位于石家庄国家高新技术产业开发区，是集研发、制造、销售及服务于一体的高新技术企业，主营支护机具、安全钻机、掘进设备和运输机械等煤炭机械装备，是国内煤炭装备制造业的专业供应商与服务商之一，2012 年在深交所主板上市。公司注重技术创新，自主研发的整体铸造中部槽使刮板输送机的使用寿命大幅度提高，其三项产品被认定为国家重点新产品，公司支护机具的国内市场占有率达到了 30% 以上，多种产品通过了 CE 认证，并出口到澳大利亚、俄罗斯、印度、土耳其、叙利亚、越南、伊朗等多个国家，在国内外煤炭行业享有较高声誉。

冀凯股份在煤机市场的业务领先和持续发展，很大程度上归于企业的文化引领型人本管理模式——冀凯股份以人才和创新为核心的企业文化、战略和管理制度三位一体有机组合，其中"（冀凯）文化是企业的思想与灵魂，发展战略是企业的奋斗方向和目标，管理制度是企业的执行力和保障力,三者相互依存、相互支持和互相促进。"[6]

实际上,我们发现冀凯股份的"人本型"文化与企业战略体系主要体现在其企业目标、企业使命和企业方针三个方面,并且它们也与本章所提出的企业战略五星框架相一致。具体地说,其企业目标相当于企业愿景为"现代化、国际化、高端化"(简称"三化")。其企业使命是"为企业求发展、为员工谋幸福、为社会做贡献"(简称"三为")。其企业方针为"立实干兴邦之宏志,树严谨诚信之厂风;海纳华夏睿智英才,锤炼冀凯精锐强师;搏击市场经济大潮,奉献世界一流产品;挑战高新技术领域,跻身国际知名公司。"简要分析可知,冀凯股份企业方针中包括的多维度内容,可分别归于文化、人才、市场和技术等企业政策领域。

从五星框架来看,冀凯股份的愿景与使命的精一化主要体现在两方面:(1)愿景与使命之"三化"和"三为";(2)跻身煤炭机械国际知名公司的战略目标或方针。其中,冀凯股份"三化"愿景即为管理的"现代化"、市场的"国际化"和产品的"高端化",冀凯股份的"三为"使命则从企业、员工和社会三方面明确了冀凯股份的责任和义务。

冀凯股份的"三为"使命,确定了企业的基本目的和生存意义,突显了冀凯股份兼顾经济与社会贡献及两者的高度融合统一。它一方面可以为企业长远发展指明方向,另一方面也构成对企业成员的持久激励。正像冀凯股份文化手册中所说的:"企业是由构成企业这个社会群体的人构成的,是直接服务于这个群体所有人的一个平台。……'为员工谋幸福'和'为企业求发展'是鱼和水的关系,相互依存,互为因果。……一个好的企业必须给员工带来幸福,必须能够给员工提供物质基础,让员工过上有尊严的生活,让员工对未来充满希望。同时,员工也只有把希望寄托在企业身

---

[6] 摘自企业内部读物《冀凯企业文化》(第三版),前言。

上，才能过上幸福生活。"显然，冀凯股份的企业使命鲜明地体现了企业的经济目的与社会目的"和合"统一。此外，冀凯股份与时俱进的企业目标——从"奉献世界一流产品"到"跻身国际知名公司"，再到人本创新型"伟大企业"，为冀凯集团的发展提供了有实际指导意义的阶段性目标或战略导引。

冀凯股份公司愿景与使命的形成，与企业两代领导人的战略局势认知和价值观有很大关系。首先，冀凯股份的第一代领导人具有非常强的创业精神、敏锐的局势认知、开放共享、诚信、以人为本等价值观。企业家精神与敏锐的局势认知使企业创立时就对工业机械类产品市场机遇非常敏感，也对当时民营企业缺乏资源但拥有市场信息与经营机制优势，以及冀凯股份必须依靠普通专业人才而非高精尖人才有非常深刻的体认。这使企业很早就能在实践中创新性地提出企业治理的"价值星系理念"和"分粥原则"，并使之贯彻到企业宗旨（使命、愿景和价值观）、长期目标设定和核心激励机制的设计之中。所谓的价值星系理念，即企业的各利益方均为独立的价值创造点，各价值创造点相互尊重价值、认同价值、交换价值，构成以企业为中心的价值星系——以共同发展来定位企业和人的关系。它立足于释放员工的潜能，对每个价值创造点都会留出价值创造的空间，并和价值分配相关联，让员工在企业内部，即可登上施展和释放自己才能的舞台，真正做企业的主人。"分粥原则"指导企业如何真正做到按劳分配，最终实现员工的自我管理，其核心思想在于实现分配权和选择权的分离，优先确保基层员工的利益。"分粥原则"用于企业价值分配体系设计与贯彻执行，才能使基层员工的生活有质量、有尊严，企业才能真正成为一个伟大的企业。

我们研究发现，冀凯股份"三为三化"的使命与愿景的确立，有力地引领了企业的战略聚焦和企业竞争力的系统打造，其具体策略行为主要包括以下五个方面。

专注煤机细分市场。冀凯股份从煤矿支护器械入手，集中在煤矿井下采掘运输等设备的研制生产，后期又利用5G等技术开发智能煤矿井下设备；在企业发展中，抵制投资煤矿挣"快钱"的诱惑，将资源集中在打造煤机新产品领域。

打造独特的差异化竞争优势。通过产品创新和工艺创新打造了高性价比的煤机支护和高性能采煤输运刮板车产品，同时通过优质服务和快速的客户响应机制研发出新一代煤机高新技术产品，如自动煤炭挖掘机等。

夯实研发支撑。冀凯股份发展初期主要依靠引进开发、模仿创新等手段，随后企业通过提高研发强度（5%—6%）和引进高端人才进行技术开发和产品创新，又进一步优化创新项目管理来提升研发效率。

激发人才动能。在"企业价值星系"和"分粥原则"的指导下，冀凯股份把员工视为人才资本和创造力的根本来源，并采取了公平公正的利益分配机制——在公司范围内实施创新项目管理和成果分享制；将创意创新倡议权向研发、市场和生产的一线人员倾斜；为员工提供良好的工作和职业成长环境，坚持塑造和谐共享的文化氛围。

通过多种决策和人事管理制度，铸造企业"十六字"核心价值观。"正德诚信，创新进取，以人为本，和谐共赢"的核心价值观，使文化成为冀凯股份的软实力，使"创新冀凯，共享未来"的核心理念深入人心。

综上所述，我们把冀凯股份的使命愿景引领型战略发展体系概括为图4-4所示的五星战略框架，并根据表4-2所列的六个维度和相关指标，对比其他企业在这些方面的表现，对冀凯股份的五星战略模式进行评估，最后按照五星级划分给出较高星级的综合评价（4.8级），其具体评估参见表4-3。综合来看，冀凯股份的高星级战略水准，使其表现出"专业专注、全员创新、人才为本、追求卓越"的稳定发展态势，企业整体呈现出一种

图 4-4 冀凯股份的五星战略架构图

"人本型精一智造企业"的样态。

金洲精工："精工"铸就"全球精一冠军"

金洲精工 1986 年在深圳成立，是一家专业从事研发、生产和销售印制电路及相关行业专用刀具的国家级高新技术企业，隶属于世界 500 强企业——中国五矿集团，曾获得国家科学技术进步二等奖、国家制造业单项冠军示范企业等称号。公司为欧美、东南亚、韩国及中国本土的高端客户提供全尺寸、全系列的 PCB 专用刀具及成套钻铣解决方案，是一家全球领先的 PCB 行业钻铣解决方案的供应商和服务商。

金洲精工三十多年的"精一冠军"之路可分为三个阶段：第一个阶段是 1986—2004 年的创业发展期，初期仅提供一些硬质合金产品，与原投资方株洲硬质合金集团公司产品类同，只是作为在深圳改革开放窗口城市的探索试验点。在 90 年代初中期，随着深圳电子工业的发展开始涉足 PCB 工具，然后引进德国的技术和装备进入电子信息产业赛道。第二个阶段是 2004—2016 年的品牌创建期，金洲精工完成了在 PCB 领域建立专精特新品牌的过程。第三阶段是 2016—2021 年的全面赶超期，公司在主营 PCB 工具业务领域实现从跟跑、并跑再到领跑。实际上，自 2019 年始，金洲精工的市场销量在全球范围内超过了日本佑能公司，产品在中国、韩国、东南亚市场占据第一，在北美市场销量第二，在其他国际市场也开始取得一席之地。

我们的研究发现，金洲精工的市场竞争力主要集中在以下三方面：(1) 给电子信息业下游 PCB 企业客户提供高质量、多规格的钻头产品；(2) 快速响应客户的差异化需求，快速交付产品；(3) 产品合理定价，溢价行业水平 5%—10%。其中，快速交付这一差别优势主要来自：(1) 以直销为主的技术营销与差异化服务，这样可以直接接触、了解国内外客户需求。(2) 客户快速响应机制——在了解客户需求之后，金洲精工有一套快速研发试制流程，能以比国外企业快几倍的速度完成新产品的验证和迭代更新。正像金洲精工的总经理在接受访谈时所说："金洲可以在一个月内完成 3—4 次新产品迭代改进，而同期日本企业只完成 1 个试制周期。"(3) 金洲精工具有一定的产业链领导地位，可以带动上游材料供应商与客户一起研制创新产品，加快全产业链创新速度。

更重要的是，金洲精工的高质量、高性能"钻头"来自企业数十年以来在产品质量和研发领域的孜孜以求和苦练内功，这些重要措施包括：（1）对标日本先进企业，学习质量管理方法，提升产品质量和稳定性；（2）加大科技创新的投入力度，多年来企业研发强度一直超过6%；（3）研发人员的配置也比较充分，研发人员占公司总人数的15%甚至20%；（4）完善研发技术平台和精细化全流程管理，强化专利开发和专利保护，形成微型钻头从材料、结构、涂层到综合加工制造等多方面的综合技术优势和系统竞争力。

必须指出，金洲精工之所以在打造市场优势和技术研发上追赶以至超越日本等先进国家的同行，成长为全球"精一冠军"企业，除了地处深圳这个创新氛围强大的地域和加大研发投入强度与力度外，很重要的一个因素就是激发公司人才动能，发挥企业全员创新积极性和员工创新能力。企业在这方面的重要管理举措包括：（1）在生产加工制造环节，采用全员设备保全（TPM）、六西格玛和全面质量管理（TQM）等手段，提升生产员工质量改进的积极性和达标动能；（2）实行全员生产力创新提案——包括产品、营销、工艺和流程等部门，并根据提案改进绩效对员工予以奖励；（3）全面实施市场导向的战略人力资源管理，以人才经营为理念，改进人才选育用留过程和考核与晋升机制，提升全员创新力。靠着多年摸索形成的慎"引"、优"培"、尚"争"、活"用"、厚"待"的人力资源管理理念，企业在发展过程中，造就了一支结构合理、业务精通、勇于开拓且忠诚度高的人才队伍，也使公司从小变大、由弱至强，成长为行业的一个实力派"小巨人"，以至全球"精一冠军"企业。

正如金洲精工的企业文化宣言："创新是我们成就事业的动力。我们所处的行业是一个充分竞争的行业，竞争白热化的同时同质化严重。公司确立了差异化的品牌战略，而创新是这一战略的重要支点。没有产品创新就没有让用户耳目一新的解决方案和实施产品；没有营销策略创新就没有合理的市场定位和优质客户沉淀；没有工艺创新就没有稳定的质量和有竞争力的成本；没有流程的创新就没有快速的客户需求响应。创新不是虚无缥缈的口号，创新来源于改变，改变自己及周边不合理的行为、事物及事务；创新来源于关注，关注岗位相关的意外事件和不协调因素，并共同探讨，进行原因分析，且提出解决措施；创新来源于钻研，学习最前沿技术，并钻研在公司的实际应用。"

事实上，金洲精工能在近二十年内在PCB工具这一产业实现从追赶到领先，与企业领导人在2000年年初就给企业树立成为行业第一的伟大使命与愿景紧密相关。现任总经理罗春峰回忆说："在我2005年来到金洲之后，我就了解到金洲的目标就是希望在这个领域做到同行业的全球第一，这是非常早就由前任公司总经理给大家树立的愿景和奋斗目标，希望我们在主营业务上不断努力。那时，金洲在全球工具企业的排名，大概只排到了全球第十。我们看到了排在前面的这些企业情况，进一步明确了我们要通过持续不断的努力，一步步超越，做到该行业的第一。"

有了这个行业领先、全球第一的战略目标或愿景驱动，加上企业在市场聚焦、打造优势、研发支撑和激活人才措施的共同作用，金洲精工的赶超之路呈现出强大的战略定力和战略合力，"敬业、争先、创新、求实"的八字企业精神也成为金洲精工员工的行为规范和文化软实力，促使企业数十年如一日在铸钻成就"精一冠军"之路上飞奔向前。

我们把金洲精工的愿景引领、创新驱动的"精一冠军"战略发展体系概括为图4-5所示的五星战略框架，并根据表4-2的六个维度和评价指标，对比其他企业在这些方面的战略表现，对金洲精工的五星战略模式进行了评估，最后按照五星级划分给出较高星级的综合评价（4.5级），其具体评估参见表4-3。综合来看，金洲精工的高星级战略水准，使金洲精工表现出"愿景引领、市场聚焦、全员卓越、务实创新"的精工发展态势，

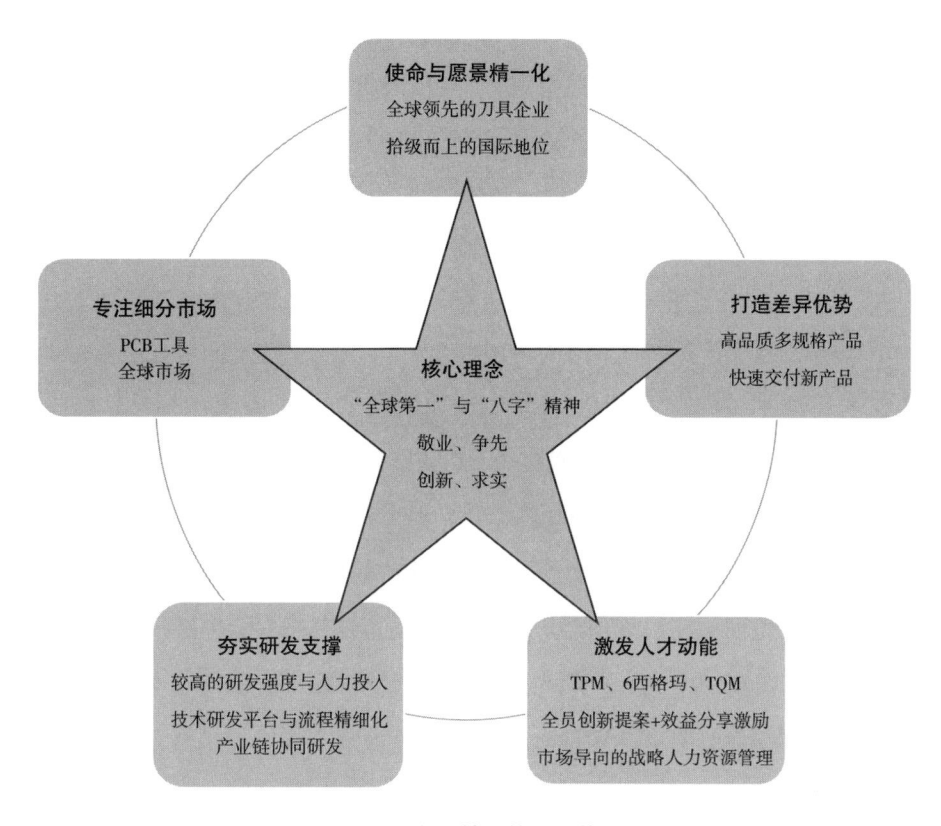

图 4-5　金洲精工的五星战略架构

其下游电子信息产业的全球持续增长，也使企业发展呈现出一种大国工匠型"全球精一冠军"的企业样态。

瑞德智能：市场驱动式常态化创新企业

瑞德智能科技股份有限公司创建于 1997 年，主要研制、生产小家电控制板和新能源智能控制器等产品，在国内市场其市场份额位居前列，被评为国家高新技术企业、广东省级企业技术中心单位企业。目前公司拥有各类专业技术人才三百多人，获得发明专利和实用型专利数十项，具有年产新能源产品 800 万套以上的生产能力，是集产研销于一体、综合实力强的制造业"小巨人"企业。瑞德智能 2022 年 4 月在深圳创业板成功上市，企业发展跃上了一个新台阶。以下我们将运用前述的五星战略框架，分析评述瑞德智能的战略发展之路。

及早树立企业使命与初心。在度过创业生存期不久，瑞德智能就以成为小家电智能控制器领导者作为第一使命和愿景。这一愿景与使命的产生，与企业创始人和领导者汪军的技术背景以及创业经历有很大关系。1990 年代早期，在广东珠海一带做技术管理、电子技术设计出身的汪军便发现，广东本地的小型电子产品设计和生产配套市场很有潜力，而他自身具有电子设计背景和相关技术管理经历，加上闯荡过程中积累了丰富的本地商业联系与人脉资源，便决定在顺德创建电子研发与制造企业，专注于为小家电企业研制配套电子核心零部件——智能控制器，并把主要的客户聚焦在蓬勃发展的中国中小型家电和机电产品市场。

研发流水线打造差异竞争优势。针对这个细分市场，瑞德智能全力打造针对客户需求的高性价比的电子控制器产品，并以快速研发、快速交付、高效率、低成本作为差异化竞争优势，这种聚焦差异化战略取得了极大的市场战果，使瑞德智能逐步在中国小家电控制器市场赢得了领导地位，市场占有率超过 30%。瑞德智能之所以能实现这样的多品种差异化（客户定制）和高效率优势，主要在于其开创的（适合大量小客户定制的）产品研发"流水线化"创新，以及独创的"绩效+快赢+创新"的全员创新管理体系。瑞德智能的产品研发"流水线化"就是针对大批量中小客户的需求特点，在研发流程中进行专业化分工，通过专业化效率提升研发的批量化和快速交付，从而为企业提供大量不同规格的控制器。正像创始人汪军所说："我们为什么做小家电，除了技术以外，小家电控制器最大的特点就是厂家多，产品规格品类多，订单的批次多，然后每单数量又少，产品单价比较低，对工厂运营来说，必须做好研发和生产两件事。研发面对的新产品项目特别多，我们一年有近 2000 个项目，从事研发的工程师有四百多个。为了配合这样一种过程，提高效率，我们的研发叫作工业化、流程化，做硬件的做硬件，做软件的做软件，做测试的做测试，就连画 PC 板都有一个专门的业务组，这样提高了专业性和速度。"通过"流水线化"的研发流程创新，瑞德智能在多品种小家电控制器的设计速度、效率和成本方面都领先，从而为其产品成为市场领导者打下了基础。

自创常态化创新绩效管理体系。瑞德智能取得市场竞争优势的另外一个法宝，就是它自创的绩效管理体系，即"绩效＋快赢＋创新"（"三驾车马"）的全员常态化创新管理体系。这一体系的核心是发动员工寻找三类创新机会，即目前绩效的缺口＋短期（3—4 个月）的快赢改进＋中长期的创新项目，并且让这三类指标与员工及干部的考评与激励政策挂钩，从而大幅度地提升经营效率和效果。在瑞德智能，创新项目是干部 KPI 考核的一部分，这些创新项目按照技术创新、市场创新、产品创新等五类常见类型划分，在企业战略规划方向允许的范围内设立，由公司总经理带领的高层团队审定和监督执行，每年公司大概有一百多项创新项目在同时进行。通过这种常态化的创新项目设定、结果考核和薪酬激励，企业的市场、技术和产品创新氛围浓厚，整体效果明显，极大促进了公司的市场竞争力和研发支撑能力，也为公司的长远发展积累了创新经验和人才准备。

在瑞德智能的战略发展中，也体现了专业专注和变革创新并重的双元性特质。它一方面确定了作为小家电智能控制器领导企业的核心定位，另一方面又围绕技术相关性和市场前景设计了"一体两翼"的战略布局；一方面重视市场的微创新，另一方面深挖技术创新和产品创新；一方面重视效率，另一方面又将创新常态化纳入日常绩效管理体系。事实上，瑞德智能在最近几年的战略探索中,曾结合平台模式和智能控制电子产业链前后端企业的特点,尝试设计业务平台化模式创新,但由于其投入产出效果和效率欠佳而暂时放弃。这反映了瑞德智能已具有强大的效率导向的创新精神或一定的"双元能力"。

我们可以把瑞德智能的战略发展特点总结为图 4-6 所示的五星战略框架[7],并根据表 4-2 的六个维度和评价指标,对比其他企业在这些方面的战略表现,对瑞德智能的五星战略模式进行评估,最后按照五星级划分,给

图 4-6 瑞德智能的五星战略架构:要素与特征

---

[7] 瑞德智能五星战略框图中激发人才动能部分的"产权调整与股权激励",是指其初期发展过程中围绕创业合作伙伴与企业内部治理所做的策略性调整,此处不做详细讨论。

出了较高的星级综合评价（4.5级），其具体评估参见表4-3。综合来看，瑞德智能的高星级战略水准，使其表现出"愿景引领、市场聚焦、研发快捷、全员创新"的战略发展态势，企业上市、布局新能源家电和智能机电产品的发展，也使公司呈现出一种市场驱动创新的"单项冠军"企业样态。

科创型专精特新企业的"五星"战略架构

上节对3家典型制造业专精特新企业战略发展的模式与特点进行了分析评述，本节运用前面开发的五星战略架构与评价体系，对5家科创型专精特新企业的战略发展与典型特征进行深度案例评述。

大清生物：勇攀高峰的中国硅谷企业

大清生物公司是国内动物源性医疗器械行业第一家获得认证的科技型企业，2001年创立于北京上地，是我们研究的数十家专精特新企业中销售规模较小的企业之一，目前年销售收入在3亿元人民币左右。大清生物的创新性产品包括人体可吸收外科止血材料、高品质骨科种植牙和口腔医用材料等，其中种植牙市场占有率为国内领先。即使是这样一个成长初期的专精特新企业，在度过最初五六年的生存期后，就坚定确立了"为提高人类生命质量提供更高的解决方案（科技让生命更精彩）"的企业宗旨，设定了"攀登生命科学珠峰"的愿景和"跻身世界级生物技术公司"的宏伟战略目标。制定这样的愿景、使命与战略目标，与公司创始人李次会董事长兼总经理的创业经历、初心和价值观，以及他对医疗用品行业市场机遇及企业独特资源的认识有非常直接的关系。

从 1990 年至 2005 年，清华大学化工系毕业的李次会开始在深圳、北京两地的清华控股医药企业做管理工作，后于 2005 年在北京二次创业，收购了一个仅有一件技术许可证的新创药品企业，并努力将其实验室产品工程化和商业化。在李次会的世界里，保持对生物医疗先进技术的敏感，并将其尽可能地转化为造福人类的有价值的医用品是他不变的初心。而追求事业、勇于变革和乐于分享的价值观，促使他把"激情投入、坚韧不拔、持续创新、合作共赢"作为企业不变的精神信条。在深圳和北京医疗企业创业的经历，使他对中国医疗技术发展的巨大市场机会和科技趋势坚信不疑；长期的创业实践和创业人脉资源，也使他对清华园所在的中关村及世界高新技术网络价值非常看重。这种内外条件的匹配和李次会的自我超越价值观，塑造了大清生物的愿景、使命与战略目标，也使其战略引领适逢其时。

围绕精准而富有激励性的企业愿景、使命和战略目标，以李次会为核心的领导层带领大清生物高管团队，在创业发展期就不断寻求科技专有技术（IP）的商业化机遇，从多方面塑造新创企业科技为本的战略能力，形成战略发展的巨大合力。为此，公司采取的主要战略举措包括以下五个方面。

专注细分市场。公司首先以比较成熟的外科（动物源性可降解）止血材料作为核心产品，其次开发新兴骨科种植牙以及口腔医用材料产品，其产品都具有相当大的科技含量。

打造差异优势。初期是以购买新技术专利为主，辅以工业化生产和商业化营运，以技术优势和技术营销服务医院客户。

夯实研发支撑。创业期就以超常的强度投入新兴医疗材料的科研开发和商业化，并且致力于先进技术平台的构建和整合——公司的研发强度一度达到10%以上，甚至更高。

激发人才动能。在购买专利、专有技术时，大清生物都会给发明人或骨干技术开发者保留一定的股权激励，使其技术开发和共享收益激励相容；对技术和销售骨干人员实行成果奖励和成果分享；重视核心员工的职业发展和学习培训[8]，建立包容性创新环境与和谐共享的文化氛围。

宣传和重塑企业文化。"激情投入、坚忍不拔、持续创新、合作共赢"是大清生物企业文化的"十六字精神"。此外，李次会带领的母公司投资团队还围绕生物医疗科技新趋势，投资孵化一系列有潜力的高技术风投项目，以确保公司未来具有可持续的创新组合和持续发展的潜力。

本研究把大清生物的使命愿景引领和上述五方面的一系列战略举措概括为图4-7所示的大清公司五星战略模型，并且把李次会总结的"科技创投""IP商业化"和"十六字精神"作为公司的核心理念，置于大清生物五星战略模型的中心位置。同时，基于表4-2的六个维度和评估指标，对比其他科创型企业在这些方面的战略表现，我们对大清生物的战略五星模式进行了评估，最后按照五星级划分给出较高的星级综合评价（4.5级），其具体评估参见表4-2。综合来看，大清生物的高星级战略水准使得该公司表现出虽小亦强、稳步发展的可持续态势，呈现出一种前景可期的"中国硅谷企业"样态。

---

8 在刚度过生存期，公司就将几十名核心员工集中组班，送到中关村某著名管理学院进行学习培训，后来该培训班的绝大部分成员成为公司发展的骨干力量。

图 4-7 大清生物的五星战略架构

奇安信：驾驭"风口"的"四化"公司

奇安信的快速发展与领导人齐向东的创业精神、他对网络安全市场机遇与趋势的深刻洞察，以及原 360 相关业务的人才和资源的积累紧密相关。2014 年，作为 360 联合创始人和网络安全业务负责人的齐向东，敏锐地看到国家数字化战略发展的巨大"风口"，认识到政府部门和企业的网络安全服务和完全自主可控技术系统将会成为必然趋势。在此情况下，他毅然决然地带领原来 360 公司网络安全人才和业务部门，经过内部孵化（2014—2016 年）、相对独立（2016—2019 年，TOB 业务单独发展）、独立发展（2019年之后）三个阶段，于2019年正式创立奇安信网络安全科技公司。随后，他带领公司上下全力投入到建设中国网络安全领军企业的事业洪流中。随着政府部门与企业网安业务的快速增长，奇安信作为北京市支持的科创型股份制企业也于2020年在科创板成功上市，公司实力得到进一步发展壮大，并且及时制定了新的5年规划及战略目标：高质量发展，实现"四化"——奥运化、乐高化、服务化和国际化。实际上，经过2022年冬奥战役，全面负责北京冬奥会网络安全工作的锤炼和技术实战检验，奇安信已经成为国内外知名的网络安全平台化科技领先公司。

奇安信的平台化战略发展在夯实研发支撑方面的一个核心经验，就是其技术积累和产品体系建设的"四化"方略：技术平台化、组件化、模块化、函数化，简称"乐高化"。对程序员来说，就是由函数组成模块，由模块组成组件，由组件组成平台，再由平台做成产品。这样，企业的产品（网络安全服务系统）就是靠日积月累积累出来的东西，会形成很强的市场竞争力，且容易规模化放量增长，进而促进企业的快速增长。所谓"乐高化"表现了公司在研发体系方面的模块化、流程化和平台化特点。在夯实研发支撑方面，奇安信还加大研发强度、招聘大量高端安全技术人才充实研发队伍。此外，奇安信研发支撑方面的一个最佳实践，就是构建丰富的网络安全产业生态网络和研发生态联盟——它联合中国电子信息产业集团有限公司、中国网络空间安全协会、中国互联网协会等，每年都要召开全球性的北京网络安全大会，吸引网络安全行业各路精英交流思想和创意，代表中国网络安全的高水平和前沿声音，形成了立足北京、辐射全球的世界级产业交流合作平台。

奇安信在激活人才动能方面采取了以下重要举措：（1）在创业发展期，在董事长的直接领导下，摸索建立事业骨干合伙人机制，以提升组织核心人才的事业心和凝聚力；（2）在组织建设上给管理者提供一个职业发展平台和宽松的成长环境，包括提出"干部五条"促进核心管理人才成长——通过选拔、重用和晋升合格干部打造奇安信"战斗铁军"；（3）对创业者和高管团队及核心骨干采取股权激励，发挥科创企业的高能激励优势；（4）员工绩效管理中采用与业绩挂钩的奖金制度。

此外，奇安信还全力打造强大的企业文化和核心价值观来激发人才的创新动能、市场发展热情和基于组织平台的核心竞争力，这些重要举措包括：（1）通过文化宣传，让员工相信公司的使命追求符合国家战略，使员工目标和公司目标及国家战略相一致；（2）通过"干部五条"的修订等，强化公司的奋斗、实干文化，强调干部以身作则、率先垂范；（3）在批判不符合实际的"虚假宣传式"互联网思维和辩证吸收其创新精神的基础上，巩固和宣传奇安信的"三个优先"核心价值观念——客户优先、创新优先、协同优先，确保企业发展建立在真正的客户需求和技术协同创新的基础之上；（4）采用生动形象的比喻来宣传推广奇安信的"四化"研发策略——"平台化、模块化、组件化、函数化"，让"乐高化"平台战略深入人心，真正成为企业战略发展的方向指南；（5）采用形象生动的壁报墙板展示方式，将公司的战略目标、核心路径、发展战略地图、重要组织法宝等展现在公司入口处，激励全体员工当责奋斗，努力实现"全球第一"。

正像董事长齐向东在接受我们访谈时所说的："首先，他们（员工）要信奇安信的事，他们要信网络安全的事，他们要坚信奇安信的发展和国家战略是统一的。在这种前提下，他们要把自己搞好，要让自己每天充满激情，要让自己每天充满正能量，要让自己每天都做建设性的事，做对公司、对企业有价值的事。这样，公司的愿景还有他个人的发展和未来，成为一个自然实现的过程，而不是强制灌输式的。相反，如果不做这几件事，即便你走了一个正确的方向，上了一个有未来的平台，但是，因为大家都不建设这个平台，对这个平台都没有贡献，最终就会起一个大早赶一个晚集，把自己的船搞翻了，胜利跟自己就没有关系了。"

综合奇安信公司在精一化企业的使命与愿景、专注细分市场、打造差异优势、夯实研发支撑、激发人才动能，以及打造强大企业文化方面的关键措施，我们可以将奇安信的网络安全平台化战略发展模式总结为图 4-8 所示的五星战略框架模型，并根据表 4-2 的六个维度和评价指标，对比其他科创型企业在这些方面的战略表现，对奇安信的五星战略模式进行评估，最后按照五星级划分，给出一个较高星级的综合评价（4.8 级）。其战略模式的局限主要在于快速成长期平台化企业的盈利模式还有待修正与进一步调整优化，对奇安信战略的具体评估参见表 4-3。综合来看，奇安信的较

图 4-8　奇安信网安业务平台化战略发展：五星框架

高星级战略水准,使奇安信表现出"愿景引领、风口起飞、平台筑基、全攻全守"的高速成长态势,企业在科创板的成功上市以及企业和国家战略的同向发展,也使奇安信呈现出一种市场和政策双擎引领、创新驱动的平台型"全球冠军"企业样态。

亿华通:"氢见未来"之科创领军企业

北京亿华通科技股份有限公司专注于氢燃料电池发动机系统技术的研发与产业化,致力于打造更好的氢能交通解决方案。公司于2012年在北京中关村清华园创立,2016年在北京新三板挂牌,2020年在科创板成功上市。公司建立在核心自主知识产权基础上的全新一代氢燃料电池发动机,提前完成国家燃料电池系统技术目标,达到了国际先进水平。在产业化层面,亿华通既是氢能产业化的先行者,也是核心推动者。它分别与宇通、福田等企业合作,联合推出客车、物流车、有轨电车等全系列产品,企业覆盖与公告车型数量均实现大幅领先。同时,公司依托北京、上海、张家口、成都、苏州等核心城市的产业基础,采用点—线—面的发展模式,推动当地氢能产业生态构建。目前,企业在研制氢燃料电池发动机系统上持续领先,正在加快氢能商用运输商业模式的推广与迭代,以尽快实现公司从核心技术→商业模式→盈利模式的转化与优化。

实际上,亿华通从成立伊始,就有很深的家国情怀。 2004—2005年,公司前身是清华大学的校办企业,成立公司就是为了承接胡锦涛总书记从联大带回的燃料电池国际示范项目。随后,公司承担了2008年奥运会示范燃料电池车项目。2012年则从清华大学完全独立出来并完成股份制改革;2016年在新三板上市;2020年8月在科创板上市,是A股第一家氢能上市公司。创立之初，公司就树立了产品聚焦、技术先行、引领产业的创新发展使命："作为中国氢能行业的先行者和探索者，专注于氢燃料电池发动机技术创新，整合氢能产业链各个环节，持续引领中国氢燃料电池汽车的核心技术，推动中国氢能行业的健康发展。"亿华通的愿景与定位是"专注于氢燃料电池发动机研发及产业化的国家级高新技术企业、氢能领域的领导品牌"。

制定这一宏大愿景和使命与亿华通的创始人欧阳明高院士有很大关系。作为清华大学的科学家和高技术专家，他是中国新能源汽车行业项目总体组专家，也是整个新能源汽车国家规划的组织者。在他的技术团队的带领下，亿华通也从最初的国际示范项目的落地实施者，成长为国内外氢能源发动机系统领导者和整个氢能源产业推动者。实际上，这一高新技术立企宗旨与愿景的确立也为亿华通的战略发展指明了方向和突破口，包括企业在市场聚焦、打造独特优势、夯实研发支撑、激发人才动能和塑造创新创业文化等方面所采取的一系列战略举措。

聚焦专一化细分市场。在市场方面，公司选择了氢能产业关键环节的氢能发动机的集成供应这一焦点市场，符合大容量、有潜力等市场规模要求，也符合公司独特的资源禀赋及技术优势，为公司发展成为氢能汽车产业的领导者和产业化排头兵奠定了基础。此外，它根据中国新能源汽车产业的发展现状，将发展重点集中在商用氢能源汽车市场，并将试点及推广城市限定在以北京、张家口、上海、成都等六大核心城市为焦点的相对成熟的地域市场，通过点—线—面的战略布局，带动重点地域市场上商用氢能汽车的商业化运营，以实现公司在发动机规模效应和经验曲线上的改进以及商业模式的快速闭环与迭代提升。

打造差异竞争优势。首先，作为国家技术示范绿色环保项目，亿华通获得了国家政策和产业政策的大力支持；其次，在公司长期研发积累和技术实力的支撑下，亿华通的发动机产品不断提高能源动力性能和可靠性，是目前国内外氢能发动机的最高水平和行业发展的引领者；第三，它通过在商用市场的点—线—面式扩展，进一步获取规模经济和经验曲线效应，单位成本快速下降，在高性能商用运输市场越来越具有性价比优势，为更大规模的商用化提供了坚实的基础。

夯实研发支撑。具体来看，公司在夯实研发支撑方面主要有四条战略举措：（1）加强研发强度和提高研发人员投入力度。公司十多年来一直保持13%—20%的高研发强度，在研发人员配置上也不遗余力，投入两百多名氢能发动机高技术研发人员，总研发人员比例超过1/3。（2）技术创新的可持续性管理。公司采用了预研一代、开发一代和推广一代的技术研发模式，并成功搭建了氢能发动机技术平台。（3）与中外优秀商用车企业如丰田、北汽福田、宇通等合作研发核心零部件技术，组织建设氢能汽车产业生态圈和技术联盟。

激发人才动能。亿华通的技术研发和市场拓展效果也受其人才激励政策的极大影响。具体来说，它在激发人才动能方面主要采取了以下重要措施：（1）对创业团队和高管人员进行股权激励，目前创始人和核心管理层持有公司20%左右的股份，并且实施了员工股权激励计划；（2）对科研项目和知识产权进行项目评估和成果奖励；（3）为人才提供良好的事业平台和成长氛围，使员工产生强大的家国情怀和奋斗动力。

重塑企业精神和核心价值观。作为初创期的高新技术企业，亿华通形成了反映其核心价值观的"五条铁律"以及"三个意识"。这五条铁律是：（1）主人翁意识；（2）吃苦在前，享受在前；[9]（3）科学分析，敢于决策；（4）

---

9 "吃苦在前、享受在后"是崇高的精神，但亿华通倡导员工做到吃苦在前，做出成绩，享受也要在前。做出成绩，自然就有回报。

言出必行，有目标、有节点、有考核；（5）团队是根，员工是本[10]。三个意识，即市场意识、客户意识和服务意识。这"五条铁律"和"三个意识"就是其核心价值观和企业文化的反映，它将企业的策略和措施更好地融入日常行为之中，实现了亿华通所强调的六项行为指南，即弘扬正气、勇于担当、精益求精、团队协作、积极主动、自我超越。

正像总经理李飞强在接受访谈中所说："五条铁律都是董事长亲自定的，重在利益分配，让大家流血流汗有成果，不能流血流汗又流泪。我们员工特别是核心骨干非常稳定，公司前期年年亏损，行业没有起来并不赚钱，所以工资不是很高，但大家干劲还是很足的，稳定性很好。主要是公司特别是董事长在这方面下了很多功夫，好多核心人员都有股权激励，一上市好多人手里的股权不知道翻多少倍。我们下半年还要再做一轮股权激励，随着市值升高，这些人拿到的收益比工资要高多了。第一次做股权激励我没赶上，于总赶上了，新三板上市他们拿一股几块钱，现在一股一百多了，高的时候达到了三百多。"这段话生动说明了激发人才动能，特别是对管理层和骨干员工实施股权激励的价值和企业核心价值观在高新技术企业战略发展中所起的作用。

综合亿华通公司在精一化企业使命与愿景、专注细分市场、打造差异优势、夯实研发支撑和激发人才动能及打造强大企业文化方面的关键措施，我们可以将亿华通氢能发动机业务的战略发展模式总结为图4-9所示的五星战略模型，并根据表4-2的六个维度和评价指标，对比其他科创企业在这些方面的战略表现，对亿华通的五星战略模式进行评估，最后按照五星级划分给出较高星级的综合评价（4.8级）。目前其局限主要是成长期企业商业模式和盈利模式还有待优化与扩展，其具体评估参见表4-3。综合来

---

10 亿华通认为，高楼大厦平地起，一砖一瓦砌成墙，人才是企业的第一生产力。团队是基石，员工是砖瓦，让每位员工发挥所长，创造持续学习的环境，乐于与企业共成长。

156　做实

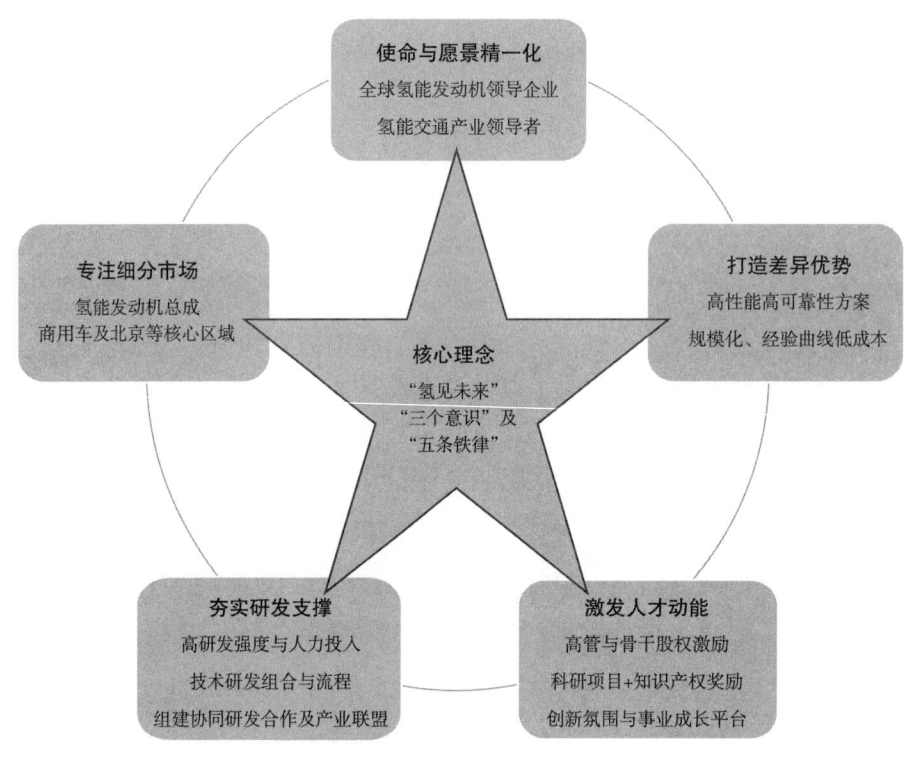

```
                        使命与愿景精一化
                       全球氢能发动机领导企业
                        氢能交通产业领导者


    专注细分市场                                  打造差异优势
    氢能发动机总成                                高性能高可靠性方案
   商用车及北京等核心区域                        规模化、经验曲线低成本

                         核心理念
                        "氢见未来"
                        "三个意识"及
                         "五条铁律"


       夯实研发支撑                              激发人才动能
    高研发强度与人力投入                        高管与骨干股权激励
    技术研发组合与流程                          科研项目+知识产权奖励
  组建协同研发合作及产业联盟                  创新氛围与事业成长平台
```

图 4-9　亿华通的"氢见未来"企业战略：五星框架

看，亿华通的较高星级战略水准使亿华通表现出"科创引领、商用切入、人才为本、技术筑基"的高质量发展战略态势。企业在科创板上市及与国家产业战略的同向发展，也使亿华通公司呈现出一种市场和政策双擎引领、核心产品创新驱动的"单项冠军"企业雏形。

天智航：中关村"原研型"科技企业样板

北京天智航医疗科技股份有限公司是 2005 年成立于北京中关村的医疗高科技创业企业，是在承接国家 863 计划辅助创伤手术机器人项目的基础上成立的，也是国内第一家、全球第五家获得医疗机器人注册许可证的企业。创立数十年来，它以成为"骨科手术机器人全球领导企业"和成为医生信赖的"智慧伙伴"为企业使命和愿景，全力聚焦骨科机器人市场，利用长期积累的高科技精准定位等技术，快速跟踪骨科手术需求，通过夯实研发支撑和持续激发核心人才的创新动能，实现了骨科机器人平台的商业化应用和产品的升级换代，成为一个拥有世界级技术的骨科机器人产业领导者。2020年，天智航公司成功上市IPO科创板。

锚定崇高愿景与使命。天智航能坚持数十年走一条专精特新的高质量科创发展道路，与创始人张送根的初心、局势认知与价值观密不可分。2005年，在中关村工作的张送根毅然放弃国家科研院所的优厚待遇，开始了他在医疗机器人领域的创业历程。这一方面源自他对该技术领域商业化机遇的高敏感度，另一方面也是由于他本身就是国家"863科技项目"高级人才，对中科院及北航在高精尖导航定位技术和人才资源方面的独特优势有深刻的体认，两者的适配再加上张送根的创业精神，使天智航从创业开始就瞄准了骨科手术机器人这一新兴高技术市场领域。"创造价值，成就别人"的超越式价值观，也促使张送根把"利用高科技成为医生的智慧伙伴"作为企业的使命与愿景。

专注细分市场，打造独特优势。天智航从创业开始就把目光锁定在有较大需求的骨科手术机器人领域，瞄准中国骨科医疗市场，是看到了这个"刚需型"市场的巨大商业价值，以及公司的技术实力可与之适配。通过高新技术商业化，可以把航天航空领域的高性能精准定位技术应用于人体硬组织（骨科）的医疗改善，提升人的生命质量，产生巨大的健康福祉。为此，天智航公司决定以服务医院医生为宗旨，基于临床需要和医生手术经验沉淀，在服务医生临床手术的过程中，快速迭代改进公司的产品技术和性能。同时，它克服医疗产品研制认证周期长的困难，发挥快速商业化的能力，组织全产业链协同，加速了从医生需求→产品原型→产品实验→再改进的全过程，促进了产品的更新换代。目前，公司的手术机器人"天玑"已经迭代到第三代（3.0 版本），成为全球骨科手术机器人的领导者。

夯实研发支撑。在这方面，天智航主要采取了四方面的重要举措：（1）购买专利技术与改造技术相结合，为新技术商业化奠定良好基础；（2）高研发强度和密集化研发人员投入——企业研发强度一直保持在 30% 左右的高位，并且配备了超过总人数 1/3 的研发人员（目前约一百多人）；（3）发挥公司的地域与资源优势，与北京著名专科医院积水潭医院的医生深度合作，开展需求驱动式研发，提升产品的竞争力；同时，积极参与国家重点研发计划和北京市科技计划，通过联合攻关提升企业技术的创新水平；（4）与国际大医疗器械公司如强生、西门子医疗等合作，整合国际上的技术和市场资源，拓展国际市场渠道，构建国际化的产业生态圈和营销网络。

激发人才动能。天智航的人才激励与大部分中关村或硅谷的科创企业类似，也采用了高效的人才激励组合方式，使公司的核心成员（包括技术骨干）获得巨大的创业能量。首先，在公司多次融资并在上海科创板 IPO 之后，创始人张送根目前拥有 18% 的公司股权，员工持股平台持有公司 11% 的股权，新加盟的高级职业经理人也获得相应的股权奖励，这种高能股权激励措施使公司高管和核心员工能与公司保持强烈的一体感，并迸发出持续的创业热情。其次，公司根据发展需要，在 IPO 后引入了数名具有国际大公司管理经验的高管来担任总经理和高级营销总监等职务，并在提供高能物质激励的同时，提供前沿性事业发展平台，放权发挥其经营管理才能，这大大提高了经理人的事业心和使命感，激发了他们为公司使命奋斗的精神动力。再次，公司创建开拓、包容的创新工作环境和文化氛围，为优秀的 A 级人才提供释放创造性才能的平台。

企业文化铸根培魂。天智航公司作为中关村（东升）科技园的一家科创企业，在办公条件和人文环境上都致力于打造一流的创新创业氛围和"开放、创新、责任、分享"的文化"八字精神"。不难看出，"开放""创新"是天智航专注高技术差异化战略的文化根基，而"责任""分享"则体现了公司倡导公平公正价值分配体系和"利益共享"的核心原则。前四个字关注任务与价值创造，后四个字聚焦责任与价值分配，两者相辅相成，共同构成了天智航在医疗产业科技前沿奋力前行的精神源头，塑造了一种"原研型"企业文化价值统一体。

综合天智航公司在精一化企业使命与愿景、专注细分市场、打造差异优势、夯实研发支撑和激发人才动能及打造强大企业文化方面的关键措施，我们可以将天智航的骨科手术机器人战略发展模式总结为图4-10所示的

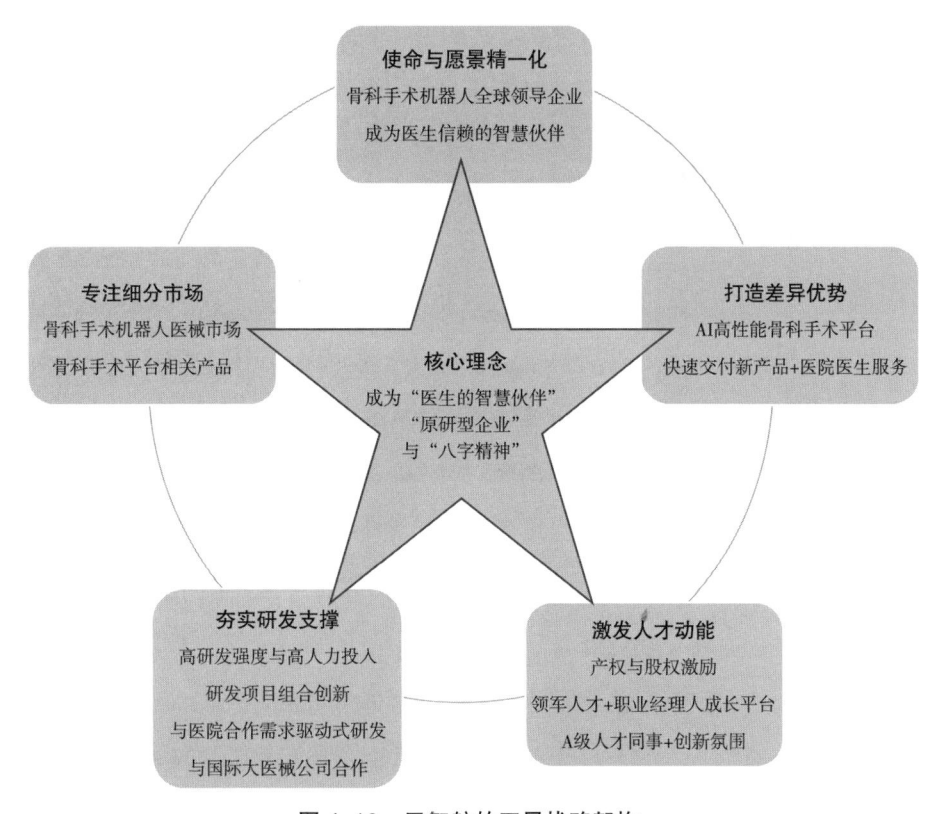

图4-10 天智航的五星战略架构

五星战略模型，并根据表 4-2 所示的六个维度和评价指标，对比其他科创企业在这些方面的战略表现，对天智航的五星战略模式进行评估，最后按照五星级划分给出较高的星级综合评价（4.8 级）。目前天智航面临的主要挑战是产品导入期的市场培育和国家医保政策配套衔接等问题，其具体评估参见表 4-3。综合来看，天智航的较高星级战略水准使公司的战略发展呈现出"使命引领、创新驱动、原研突破、科技导航"的快速发展态势，也使企业展现出一种可与硅谷科创企业媲美的"中关村原研型"科技企业样态。

宇视科技：红海中杀出的智能物联网"奇兵"

浙江宇视科技有限公司（Uniview）是全球智能物联（AIoT）产品、解决方案与全栈式能力提供商，是以"ABCI"（AI 人工智能、Big Data 大数据、Cloud 云计算、IoT 物联网）技术为核心的引领者。宇视科技创业 10 周年（2011—2021 年），实现营收 20 倍增长（从 3 亿到 60.7 亿）；研发技术人员占公司总人数约 50%，公司每年将 10% 左右的营收投入研发，为公司的可持续发展提供了有力支撑。

实际上，宇视科技公司从 2011 年成立之初就确立了"立基科技和品质，成为世界级视频安防设备商"的宏大使命与愿景。这与企业创始人和领导人张鹏国的大学经历和思想理念，以及他对中国安防市场发展前景的洞察、对企业拥有独特资源与能力的辨识与认知有直接关系。

企业创始人张鹏国在北航读大学期间，通过电子计算机和可靠性技术两个专业的学习，再加上阅读学习毛泽东战略战术思想，以及在原华三公司从事视频安防业务时的管理历练，使他敏锐地认识到，华为出身的技术创业者更容易在物联网产业赛道而非 IT 或互联网行业赛道成功。这是因为 IT 领域更适合"行业巨头"和"系统玩家",创业者很难拥有相关的系统性资源与能力;互联网赛道需要灵活的商业模式,而华为出身的创业者在这方面并没有优势;物联网赛道的玩家既需要技术背景和能力,又要依靠大规模组织能力和制造业经验,因此有华为背景的创业者比较容易成功。2011 年,脱离原华三公司的独立发展,为宇视科技在物联网技术和视频安防产业获得新生提供了机遇。

以上述认识为基础,在毛泽东思想军事策略及方法论的指导下,张鹏国敏锐地看到视频安防市场存在的潜在机会与趋势:(1)视频安防系统在已有双寡头——海康威视和大华之外,需要有第三个优良供应商的存在;(2)物联网时代 ABCI 等新一代自主可控智能新技术是未来产业发展的大趋势。他敏锐地发现,企业要在强敌环伺的红海市场发展,就必须发掘和发挥企业的独特资源与能力,即在利用原华三视频业务人员与技术的基础上,依靠团队合作与组织力量,精研核心技术,壮大客户导向文化,才能真正使宇视科技杀出红海,走向高端与前沿,在视频安防的全球市场"三分天下有其一"。市场的机会与趋势、企业的独特能力和创始人初心的结合,使张鹏国做出了对物联网安防市场战略局势的科学预判和合理抉择:以客户为中心,在市场浮躁大环境中高举"四化"旗帜——"专走 IP 化、深耕行业化、产品高端化、公司技术化"[11],只有走深耕精工之路,才能使宇视科技的星星之火在全球市场燎原。

从企业发展战略看,宇视科技 10 年 20 倍速增长的背后,是其创始人

---

11 所谓 IP 化是指视频安防走互联网协议技术路线。专注基于 IP 路线,宇视科技开发了所谓 IMOS——IP 多媒体操作系统(IP Multimedia Operation System),它是宇视科技面向大数据、物联网、安防行业而开发的可视化业务(中间件)平台,也是宇视科技扩展产业合作生态系统的重要基础。参见《听张鹏国聊"宇视十年"》。

162　做　实

和领导人主导的一系列艰难而重要的战略抉择,这些"一以贯之"的战略决策主要包括以下方面:(1)使命与愿景精一化;(2)专注细分市场;(3)打造独特优势;(4)夯实研发支撑;(5)激发人才动能;(6)铸造企业精神与核心信仰。这些策略构成的战略发展体系,见图 4-11 概括的宇视科技五星战略架构。

具体来说,宇视科技的使命与愿景的精一化策略包括两个方面:(1)确立前瞻性的事业理想,即成为世界级的安防设备和智能物联网供应商,这意味着宇视科技必须与已经走在前列的海康威视和大华公司同场竞技,并占有一席之地;(2)提出拾级而上的战略目标,即根据当前的战略局势

图 4-11　宇视科技的安防战略发展:五星架构

提出阶段性的发展目标，以牵引公司前进。

在专注细分市场方面，宇视科技采取的市场策略包括：（1）以视频安防市场为中心，前期开发政府用户（G）——这些用户监控设备规模大、技术要求高、系统集成性强，后期开拓其他类型用户——企业用户（B）和消费者（C），这些不同类型用户有不同的产品性能要求和营销渠道；（2）在2014年，为了把握安防市场的战略机会窗口，并提升企业的规模经济和持续增长势头，宇视科技开始布局国际化市场扩张，并采取了避实就虚的战术策略，"先打弱敌，再打强敌"，提高了企业产品在国际视频安防市场的渗透率和占有率。

在打造独特客户价值与差异化竞争优势方面，宇视科技在切入主要市场时使用了以下三大竞争武器：（1）高品质的主打产品系统和低的总拥有成本（TCO），即保证客户端到端的总拥有成本最低；（2）突显产品的全生命周期成本优势——公司产品质量好、可靠性高和维修成本低使产品生命周期内实现高性价比优势；（3）针对国内外市场用户的特点，采取了双质量基线的差异化竞争策略，即国内政府市场采用高质量基线，海外市场和渠道商采用较低质量的基线配置。

在夯实研发支撑方面，宇视科技采取的核心策略包括：（1）高强度研发投入和人员配置。其研发强度保持在12%—20%，研发的人员比例≥50%。（2）先进的产品集成开发（IPD）和质量控制流程。借鉴华为IPD等先进流程体系对其进行简化改造，形成的宇视科技集成产品开发流程（U-IPD）适应了宇视科技客户的质量要求。（3）强大的IT支持系统与市场营销分析，帮助宇视科技的产品供销体系形成先进的IT追踪性能，并能进行精准的客户画像与服务支持。

在激发人才动能方面，宇视科技采取的人事策略主要包括：（1）强化员工职业成长激励与营造学习文化，如董事长在公司推荐多种经营书籍帮助员工提升思维,加强干部管理培训等。(2)对科技员工开发专利与IP(知识产权)进行高强度激励,例如,曾有宇视科技的员工靠专利奖励在房价昂贵的杭州买了房。(3)建立了独特的内部审计、监察与处理体系,对员工纪律作风等进行监督,及时去除不良风气并处理违纪人员。(4)面向海外前线的人力资源配置及人事政策倾斜。实际上,宇视科技从2014年组建海外市场部进军国际市场开始,在产品开发迭代、大学校招扩军、新人培养提高、前线人员物质与精神奖励、跨文化管理等方面都加大了支持力度,全力打造企业海外"铁军",用不到十年的时间便使公司智能安防产品覆盖了全球两百多个国家。

在文化方面,宇视科技也坚持使用高品质理念、奋斗的核心价值观和创新精神铸根培魂。创业伊始,宇视科技就高举"四化"大旗——在传统的安防产业矢志笃行"精工之路"。"品质为本,创新为魂"的八字精神,既是企业创立时的核心竞争理念,也是宇视科技企业文化的根和魂,还是企业国际化扬帆远航中不变的精神支柱。在宇视科技,与本研究其他专精特新案例企业有所不同的是,其创始人和CEO张鹏国还用鲜活的毛泽东军事战略战术思想来指导企业进行市场竞争、"攻城略地"及组织发展。例如,在开拓海外市场时宇视科技提出"边打仗、边建军";在国际市场竞争时"先打弱敌,再打强敌"——相当于"农村包围城市";在与下游渠道商合作拓展市场时"团结一切可以团结的力量";在培养企业干部队伍时"忙时打仗,闲时练兵"等;还有鼓励团队合作和奋斗精神的"胜者举杯相庆,败者拼死相救"(来自华为团队奋斗文化),它与毛泽东提倡的"团结紧张严肃活泼"的军事作风一脉相承。

宇视科技从2014年国际化战略扩张开始,从零起步到如今多规格多系列安防产品覆盖全球两百多个国家或地区,用不到十年的时间成长为国内国际双循环发展的样板企业。我们的研究认为,宇视科技之所以能在海外市场"扬帆远航",与它在国内战略发展中形成的高质量经营性资产(即人才×技术×文化与价值观)及其高效利用紧密相关,同时又与它将国际化扩张中获得的国际经营能力反哺国内市场经营紧密关联。可以简略地认为,企业国际经营能力＝国际化人才×技术知识×资本投入,用"帆船"比喻加以简要描述即是:在企业国际化"扬帆出海"的征途中,企业的国际化人才、技术知识与投入资本三要素构成"企业三角帆"的大小和容量,三角风帆的大小和容量又决定了企业出海远航之能力。事实上,企业要成为领先的国际化企业,就必须在人力、专利产品、技术和资金等方面积累大量的高品质经营性资源。实践中,宇视科技公司在这三方面的表现令人印象深刻。

国际化人力资源。在 2014 年决策进军海外市场以来,宇视科技通过社招、校招扩军以及"边打仗、边建军",在海外市场攻坚克难,在攻占海外市场中已经培养出一批懂技术、会外语、打硬仗的"宇视铁军",成为宇视科技下一步领航国际视频安防市场和 ABCI 技术的生力军。

核心技术与知识产权。宇视科技从 2006 年至今的视频业务和技术发展通过"五次攻坚战役"[12],建立起了从平台、操作系统、存储与计算、摄像、安全、显控到智能装备的全套知识产权和研发团队,独立的战役大大小小数以百计,这种顽强攻坚的精神和全套知识产权是确保企业在世界市场站稳脚跟,即使在大疫之巨变中依然保持产品营收继续增长的关键。可以预测,如果在 ABCI 领域具有坚实的核心知识产权或一定数量的专利技术,即使不能全面领航智能物联网(含视频安防业务)产业,也能在其中

---

12 包括 2006 年视频监控系统开辟 IP 时代、2007 年"大规模城域监控"百城战役、2012"国标联网平台"占据标准制高点、2016 年"天目智能相机"赶上 AI 时代、2020"热影"测温仪全球战役,见曾文彬撰写的《研发从 0 到 1 创新:我经历的宇视五次攻坚战役》及内部文件《新丝绸之路:宇视海外市场成长记》。

的细分市场占据靠前的位置。

企业资本实力。国际化远航离不开资本的支持，宇视科技在2018年被吸收上市（2018年2月被主攻智能物联网和智慧交通的科技型上市公司北京千方科技全资收购），从而具有上市公司的直接融投资能力和资本市场支持，拓展国际化的资金资源更加强大和宽裕，助力公司的科技研发及全球化经营进一步扩张。借助丰富的国际化人才、核心技术知识和强大的资本支持，可以预期宇视科技在下一个十年（2021—2031年）能位居智能物联网产业（包括视频安防设备）及新一代ABCI技术全球领航企业之前列。

综合宇视科技在精一化企业使命与愿景、专注细分市场、打造差异优势、夯实研发支撑和激发人才动能及打造强大企业文化方面的关键举措，我们可以将宇视科技的视频安防战略发展模式总结为图4-11所示的五星战略模型，并根据表4-2的六个维度和评价指标，对比其他科创型企业在这些方面的战略表现，对宇视科技的五星战略模式进行评估，最后按照五星级划分给出较高星级的综合评价（4.8级）。目前其面临的挑战主要是国际化扩张期核心市场渗透、核心产品突破和国内国际市场协同等问题，其具体评估参见表4-3。综合来看，宇视科技的较高星级战略水准，使公司的战略发展呈现出"使命引领、全线竞争、研发驱动、国际扩张"的高质量快速成长态势，企业整体也展现出软硬一体化"智慧物联网平台型"科技企业样态。

表 4-3　本研究关注的专精特新企业的战略评价简表

企业/要素	使命愿景精一化	专注细分市场	打造差异优势	夯实研发支撑	激发人才动能	核心理念与价值观融贯	综合评价（星级）
冀凯股份	★★★★★	★★★★★	★★★★☆	★★★★★	★★★★★	★★★★★	4.8
金洲精工	★★★★★	★★★★★	★★★★★	★★★★☆	★★★★☆	★★★★★	4.5
瑞德智能	★★★★☆	★★★★★	★★★★★	★★★★★	★★★★★	★★★★★	4.5
大清生物	★★★★★	★★★★★	★★★★☆	★★★★☆	★★★★☆	★★★★★	4.5
天智航	★★★★★	★★★★★	★★★★★	★★★★★	★★★★★	★★★★★	4.8
亿华通	★★★★★	★★★★★	★★★★★	★★★★★	★★★★★	★★★★★	4.8
奇安信	★★★★★	★★★★★	★★★★☆	★★★★☆	★★★★★	★★★★★	4.8
宇视科技	★★★★★	★★★★★	★★★★☆	★★★★★	★★★★★	★★★★★	4.8
方太集团 [a]	★★★★★	★★★★★	★★★★★	★★★★★	★★★★★	★★★★★	5.0
中国巨石 [b]	★★★★★	★★★★★	★★★★★	★★★★★	★★★★★	★★★★★	5.0

a. 方太的资料参见该公司网站和《方太文化》；

b. 中国巨石的资料参见该公司网站和《新工业时代》。

专精特新企业"五星"战略架构的管理应用

根据本章前三节对专精特新企业战略核心要素及评价标准的讨论，结合第四节和第五节分别针对制造型企业和科创型专精特新企业五星战略架构的分析与评价，我们可以把本研究详细考察的 8 家企业加上 2 家作者熟悉的"精一全球冠军"标杆企业的战略评价综合到表 4-3 所示的简表中[13]。这个包含 10 家企业的星级综合评价表为我们提出专精特新企业的战

---

13 这两家"精一全球冠军"企业为方太集团公司和中国巨石公司，前者专注于高端厨电的研发与生产，后者是市场占有率世界第一的玻璃纤维材料生产商。

略发展模式与政策提供了基本的经验参照。

我们通过综合评估及比较发现：（1）制造业专精特新企业与科创型企业的五星战略模式总体差异不大，只是科创型专精特新企业在市场聚焦（产品更为集中）、研发支撑（尤其是研发强度和人才密度普遍更高）和激发人才动能（更为注重核心技术研究人员的中长期激励）方面更为突出或激进，这和科创型企业所处的发展阶段及行业技术密集性紧密相关。（2）研究涉及的这些企业在精一化使命愿景、专注细分市场、核心理念和核心价值观方面普遍达到了较高的五星级水准，而夯实研发支撑、激发人才动能方面的差异往往决定其综合评价的相对层级。（3）综合评价高的专精特新企业（5.0 或 4.8），都有高水平的五星级使命、愿景和核心理念（"战略口号"）与强大核心价值观作为发展基础，并且都被认为是以使命、愿景和价值观驱动的公司。例如，作为精一冠军标杆的方太和中国巨石自不必说，冀凯股份、天智航、奇安信、宇视科技和亿华通等公司皆是如此。

构建专精特新企业战略管理的系统框架

根据前面的理论分析和 8 家企业的典型案例研究，我们将专精特新企业的领导人、五星战略架构与企业绩效的关系进行梳理，并将其整合为一个系统的企业战略管理体系，如图 4-12 所示。此专精特新企业战略管理系统包括 5 个相互联系的组成部分：（1）以创始人/领导者为起点的战略输入；（2）战略五星架构及其协调；（3）企业运营体系；（4）企业绩效评估与差距辨识；（5）变革管理。

具体来说，系统的战略输入包括三方面因素：（1）创始人/领导者的价值观与内外部形势认知；（2）市场机会与风险；（3）企业的资源与能力。

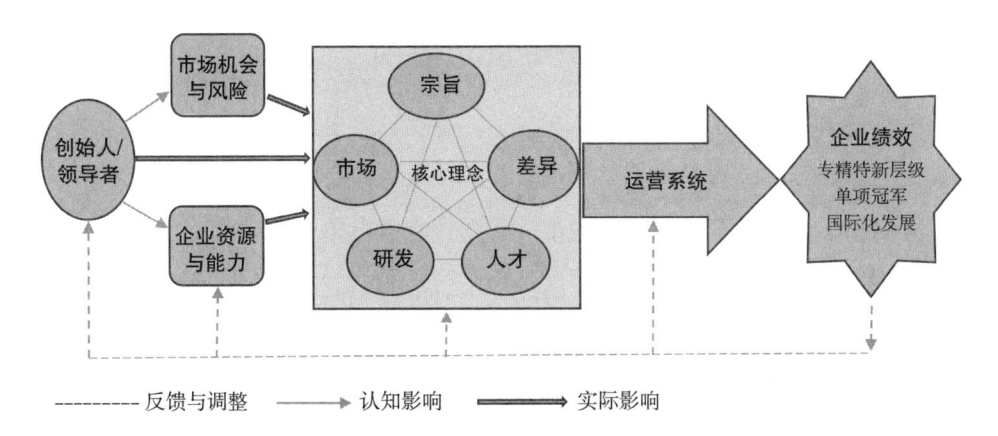

图 4-12　专精特新企业领导人、五星战略架构与企业绩效的系统整合

战略"五星"系统包括：（1）使命愿景精一化；（2）专注细分市场；（3）打造差异优势；（4）夯实研发支撑；（5）激发人才动能；以及（6）核心理念：战略口号与核心价值观。战略口号是指当期企业主导的战略主题或方向，核心价值观是指企业包括"创新""进取"等在内的核心价值理念及行为准则。企业运营体系包括：（1）企业内部产供销等职能活动及运作流程；（2）组织结构；（3）人力资源管理。企业绩效评估与差距辨识包括（1）企业总体绩效评估：包括盈利性、增长性、竞争地位等；（2）企业专精特新层级评估：企业专精特新竞争力水平及"金字塔"层级；[14]（3）差距辨识：辨识业绩差距与专精特新层级差距。变革管理则包括根据两种差距进行多层次调整与变革：运营变革、五星战略体系变革与领导者变革等。

---

14 关于中国专精特新企业资质评价及企业竞争力评估，可参考中国工信部及中国中小企业协会等组织的评价标准，参见许静（2018，2019）。

使命愿景定方向，三重五星定胜负

从动态发展视角来看，图 4-12 所谓的五星战略架构体系主要包括三层内涵：（1）以企业使命愿景精一化为核心的战略五要素构造；（2）战略五要素的协调与配合；（3）发展过程中对战略诸要素的五星升级及系统优化。由此，结合前面对 8 家专精特新企业战略发展的案例研究，我们提出本章的核心假说：专精特新企业五星战略架构的综合水平决定企业专精特新的层级与企业绩效水平。

更具体地说，以使命愿景为核心的五要素综合架构可以被认为是第一重五星（战略五角星）；其次，具有高水平的五星级的企业使命、愿景和价值观可以被认为是第二重五星（五星级宗旨）——它包括高水平的使命愿景的确立、与时俱进的战略目标，以及融贯性的战略口号和核心价值观；第三，在企业使命愿景升级之后，对五星战略架构的系统升级与协调适配，使整个系统的功能达到高水平。根据前面的理论分析和专精特新企业案例研究，可以提出如下专精特新企业战略发展操作性命题：使命愿景定方向，三重五星定胜负。值得指出的是，专精特新五星战略架构影响企业绩效的程度，受环境不确定性与动态性的正向调节影响，受企业运营和人力资源管理能力的正向调节影响。其多因素系统权变关系如图 4-13 所示。

下面以本研究关注的冀凯股份的案例加以说明。冀凯股份在度过最初的生存期后，不断完善其企业文化和发展策略，及时制定了"三为"（为企业求发展，为员工谋幸福，为社会做贡献）、"三化"（现代化、国际化、高端化）的高星级水平的使命愿景，以及"正德诚信、创新进取、以人为本、和谐共赢"的核心价值观。坚守煤矿安全智慧采煤机械之细分市场，利用紧密贴近用户、创设六大部类产品研发中心、全面激发全体员工创新活力等策略，持续打造出高质量、高性价比的井下支护及采掘刮板车等优秀产

第 4 章　务实创新的战略　　171

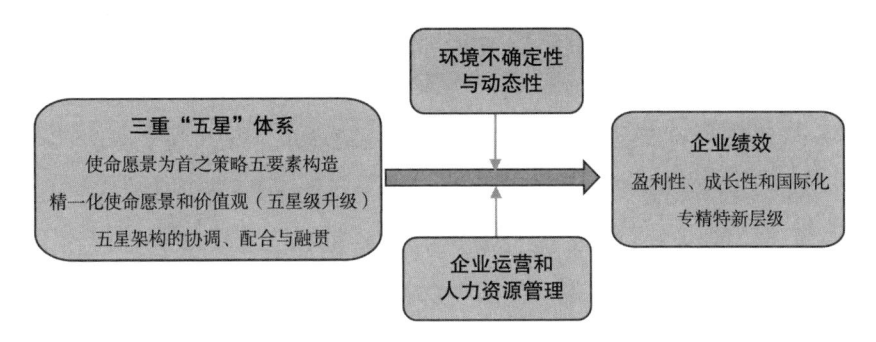

图 4-13　专精特新企业之战略发展的系统权变关系

品，取得了我国井下安全防护与输送机械等细分市场的领导地位，也使"创新冀凯，共享未来"的企业口号成为全体员工共享的核心理念。冀凯股份的五星战略评价总分接近全五星（即 4.8 级）——见表 4-3。由此，冀凯股份成为我们制造业专精特新企业案例中"小而美"制造业单项冠军典范。

需要强调的是，从理论上看，这里所谓的"高星级"宗旨宣言（包括使命、愿景与价值观）需要从"三维度"和"三特质"等系统观点来综合评价与提升[15]，它包括:（1）使命、愿景和价值观的正式性维度，即明文宣示企业的生存目的和意义、企业实现目标后的景象，以及企业坚持的核心价值观;（2）激励性维度（内容是否对成员有重要的激励意义）;（3）动态性维度（企业所说与所做的统一及宣言实践展开）;以及由此而产生的宗旨陈述的"三特质":本真性（连接正式维度和激励维度，符合企业员工实际）、美德性（连接激励维度和动态维度，保证言行合一）和一贯性（连接正式维度和动态维度，保证动态实施）。冀凯股份五星战略架构的高效实践详见第四节的案例述评。

---

15 企业宗旨陈述之"三维度""三特性"的有效性模型，详见 Rey & Bastons（2018）的论述。

发挥企业创始人/领导者的战略领导作用

在研究专精特新企业成长的过程中，我们发现了企业创始人/领导者所发挥的巨大战略领导作用，它主要体现在以下四方面：（1）对企业面临的战略局势的认知与科学预判，体现为发展初期为企业选定的产品市场和竞争定位；（2）企业初始使命、愿景和价值观的确立；（3）五星战略架构的要素设定及其协同融贯；（4）以精一化使命愿景为起点的五星战略升级及其调整优化。具体内容简述如下。

局势认知与科学预判。它主要包括：（1）对外部环境的感知与认识，特别是对市场机遇和风险的感知与认识，以及对未来市场趋势的预判；（2）对企业资源与能力，特别是企业独特资源与能力的认知，为企业选择合理的细分市场与竞争定位提供了资源条件；（3）在领导人可接受的风险范围内，市场机遇与企业资源的动态匹配决定企业最初的市场选择（构成企业最优的经济战略）或者优化后的市场（客户）聚焦。

企业初始使命、愿景和价值观的确立。使命是企业存在的原因和理由，明确企业的使命就是要明确企业实现远景目标必须承担的责任或义务，回答"组织为什么而存在"。管理学家德鲁克认为，为了从战略角度明确企业的使命，应系统地回答下列问题：我们的事业是什么？我们的客户群是谁？顾客的需求是什么？我们用哪些特殊能力来满足顾客需求？如何看待股东、客户、员工和社会利益？愿景是企业最高管理者对企业未来的设想，是对"我们代表什么""我们希望成为怎样的企业"的回答和长期承诺。价值观是企业追寻使命过程中的价值准则，它回答了"组织如何采取行动"。使命、愿景和价值观之间的联系可以归纳为：使命是一切的根本，一切源于使命；愿景把使命转变为真正富有意义的预期结果；价值观是以什么样的方式和行动去实现真正富有意义的预期结果。专精特新企业的创始人/领导人是企业初始使命、愿景和价值观的缔造者，往往也是企业使命、愿景和价值观的精炼者。从本研究涉及的专精特新企业的实践来看，企业价值观一般都包含客户至上、人才为本、奋斗、进取和创新等，其中客户至上和人才为本分别奠定了企业发展的内外本质，而奋斗、进取和创新则从精神本源上设定了企业前进的动力、方向和标准。

企业五星战略架构的设定及协调融贯。专精特新企业仅有初始的愿景、使命和价值观是不够的，企业领导人必须根据企业的发展阶段和战略形势变化，与时俱进地促成战略的成型和完善：(1)提出拾级而上的战略目标。企业在一个新的发展阶段，需要一个积极向上的牵引目标，作为凝聚企业努力的方向或里程碑路标。(2)企业的市场（客户）聚焦。市场聚焦能深度理解核心客户的真正需求，研制有针对性的差异化的产品或服务。(3)打造差异优势。差异优势不仅包括高性能、低成本、高性价比这些传统竞争优势，还包括快速交付速度、服务体验、总使用成本或全生命周期成本低等客户价值视角的差异优势。事实上，专精特新企业在发展初期往往因为资源有限，只能聚焦一类或一两个差异点，形成所谓的"单点突破"，后期则可能依据资源和能力的增长而集成较多的差异化优势。(4)夯实研发支撑。企业选定的有意义的差异化点必须经由企业产品研发予以实现，这在很大程度上要利用企业研发流程创新或加大研发强度或密集人才配备。(5)激发人才动能。产品差异化优势的实现必须依赖前述的市场和研发等核心人才技能和能动性，专精特新企业的领导人需要将承担这些任务的核心人员的能量和积极性激发出来（支持市场服务、研发），并且在随后的发展中不断激发其人力资本投入，进而提升这些企业专用人力资本的市场价值创造能力。(6)核心理念的融贯。企业领导人在完善战略意图、战略之形（专注细分市场+打造差异优势）、战略之根（夯实研发+激活人才）的战略体系过程中，需要提出指导性的"战略口号"和"企业精神"

（核心价值观）来融贯五星战略架构，即注入"战略之魂"，从而使战略五要素形成耦合和适配，进而提升整个战略五星架构的总体功能和战斗力。

以精一化使命愿景为起点的五星战略升级及其调整优化。在专精特新企业的某个特定发展阶段内，当企业使命、愿景和价值观保持相对稳定后，企业领导者所面临的主要挑战即是根据市场需要、技术趋势和竞争等变化，适时调整竞争策略的关键要素，如竞争优势之差异点及所依赖的核心技术组合，并且配置相应的战略后备人才来寻求突破或强化该战略优势。此外，当专精特新企业发展到一个较高阶段时——如从国内单项冠军向世界冠军或全球领航企业发展时，企业需要与时俱进，将其使命、愿景和价值观进行"五星级"升级，进而调整其市场聚焦、差异优势组合、研发突破与核心技术支撑（或获取所谓的"战略控制点"）和战略性人力资源配置与动员等，这种全面的策略升级及动态优化也是专精特新企业领导者需要发挥的重要战略领导作用。

以奇安信的创始人和领导者齐向东董事长为例。2014年齐向东看到网络安全成为国家战略的"大风口"之后，敏锐地领导原360企业网络安全业务独立发展，聚焦以政府和企业用户为主体的网络安全市场，以提供全方位高性能主动型安全产品和快速服务取胜。奇安信以产品研发体系化技术平台和积累为路线，快速吸收并打造适应大规模平台组织发展的中高层管理团队（"合伙人制"与"干部五条"）和研发人力资源组织体系（所谓"五五制"）。它提出"三个优先"（客户优先、创新优先、协同优先）价值观念和"乐高化"为核心的研发"四化"（函数化、组件化、乐高化和平台化）等战略口号，辅之以生动形象的战略与文化宣贯，进而形成有利于整体战略运行的强大力量。在2020年带领企业在科创板成功上市后，齐向东又敏锐地提出"成为网络安全业务世界第一"的宏伟战略目标；确立了"让网络更安全、让世界更美好"的企业愿景；制定了"十四五"

期间高质量发展的"新四化"策略——"奥运化、乐高化、服务化、全球化"。公司在"三个快一步"（即创新、攻防和规划快一步）理念的指导下，以平台化架构为基础推出了大量内生安全型网络攻防系列产品，并成功经受北京 2022 冬奥会网络安防战役的考验，取得企业整体能力和业务规模的快速发展，从而使企业进入到完善核心价值观和商业模式优化迭代的新发展阶段[16]。

又如宇视科技的创始人和领导者张鹏国董事长。在北航求学时就受到技术和产品可靠性训练的张鹏国，还接受了毛泽东思想军事策略及方法的熏陶。在 2011 年脱离原华三公司视频安防业务独立发展后，他敏锐地看到视频安防市场存在的潜在机会与趋势，并且认识到必须依靠团队合作与组织力量，精研核心技术，发扬以客户为中心的文化，才能真正使宇视科技杀出红海，走向产业高端与前沿，在视频安防的全球市场"三分天下有其一"。敏锐把握市场机会与趋势、体认企业独特能力和创始人初心与信念的结合，使张鹏国做出了对战略局势的科学预判和合理抉择：宇视科技必须以国内高端的政府和行业客户为中心，高举"四化"旗帜——"专走 IP 化、深耕行业化、产品高端化、公司技术化"，全力研发高品质、全周期低使用成本的视频安防系统，才能真正杀出重围走向蓝海。为此，宇视科技继承和发展了原华为 IPD 产品开发系统的流程化优势和集体奋斗精神，深耕精工之路，大力激发科研和营销人员的干劲与积极性，使宇视科技初步迈上了专业专注的高质量发展之路。随后，在 2014 年张鹏国又严守初心，以发展宏大事业为使命追求，抵制快速上市获取资本溢价的诱惑，带领企业开辟国际视频安防战场。从研制适合国际市场客户的差异化产品

---

16 2021 年奇安信的企业价值观体系是按照"（1）客户优先；（2）创新优先、协同优先；（3）当责奋斗、正直诚信、拥抱变化"的"一二三"自上而下排列的金字塔构型。在商业模式优化方面，奇安信在实现销售快速增长的同时，努力实现平台型企业的盈利性增长。

体系到塑造新产品开发定制化流程，再到对年轻的"海外兵团"的全力招募、培养、使用与激励；在"边打仗，边建军"中打造出一只懂技术、会外语、打硬仗的青年"海外铁军"，为企业的全球快速扩张奠定了基础。在这个过程中，他又带领宇视科技明确了企业的全球智能物联网市场领域和 ABCI 技术领先者定位，确立了"守护安全美好生活"的愿景使命和"务实创新、合作共赢、简单公正、持续改进"的核心价值观；同时进一步打造"无限新视界"品牌理念，精炼宇视科技的产品开发与服务体系，加大对企业技术和营销人才的激励力度，使宇视科技的五星战略体系不断完善和升级，取得了 10 年 20 倍速的销售增长业绩，也使宇视科技的"星星之火"在全球两百多个国家/地区市场得以燎原。

打造市场竞争的新武器与专精特新的"动态能力"

专精特新企业竞争需要超越传统工业经济时代的竞争优势观，而将对客户的快速交付、服务体验、一站式满足、降低客户的使用与维护成本、产品全生命周期成本等需求侧要素综合考虑在内。在传统的工业经济时代，企业竞争优势的基本类型包括波特所说的低成本、差异化或者最优性价比，产品交付速度并非是一种关键竞争要素；物联网和数字经济时代，专精特新企业面对的竞争要求企业快速适应甚至引领客户需求，为用户提供一站式服务，以及考虑降低用户在产品生命周期内的综合成本（而非简单的产品购买成本）等。以本研究涉及的专精特新企业来说，瑞德智能、冀凯股份、奇安信、天智航、金洲精工、大清生物、宇视科技、亿华通几乎都显示出类似的要求，企业也在这方面展示出超强的竞争武器和竞争能力。以瑞德智能来说，它面对的中小家电企业的智能控制器需求是产品规格多样、交货迅速、成本低等。为了满足这样的要求，瑞德智能开创性地构造了"流水线式研发"体系，通过专业化提高研发速度与效率。同时，企业在研发、生产和供应链及管理等方面，全方位地采取了全员绩效改进与创新常态化项目管理等措施，显著提升了公司的运营效率和效益。从这方面看，"快速了解客户需求×流程化研发设计×高效率制造交付"已经成为瑞德智能的组织能力或"动态能力"。

再如冀凯股份，作为一家地处河北石家庄的民营机械公司，自身并不拥有国家级别的高技术人才资源，但是，在民营企业天生强大的创业与企业家精神的指引下，在团队、创新、拼搏、奋斗等企业精神的鼓舞下，他们从紧密了解顾客需求着手，及时快速了解客户井下安全、高效采煤的真实需求和高效率完成任务的关键要素，在精准化煤矿机械产品研发平台的支持下，充分发挥研发人员的创造力与积极性。通过赋予员工创新倡议立项权和实施收益分享制，极大地激发了各级研发和制造人员的能动性，进而开发出大量领先的井下安全采煤高性能机械设备或专利产品。例如，整体浇铸式长寿命刮板车可以提升使用寿命数倍，大大提高了该关键产品的性价比与用户的生产效率。在冀凯股份，我们看到了快速研制适应顾客需求产品的速度优势已经成为民营企业参与市场竞争的强大武器，同样也理解了专精特新"企业动态能力＝顾客关系×研发流程×人才动能"方程式的巨大威力。

对于专精特新企业来说，企业的核心资源除了技术专利和高新技术人才之外，企业所搭建的精准化产品研发平台和集成化研发流程往往也构成一种重要的战略资源。例如，冀凯股份根据井下机械化作业需要，建立了钻探、刮板机、单轨吊、辅助运输、掘进机、支护、智能化七大研发中心，并配备尖端专业人员，凝聚成核心技术团队，创新驱动，匠心打造，铸就精品。又如，奇安信公司根据网络安全技术需要，从威胁情报、漏洞挖掘和实网攻防三个方面构建了12个安全技术团队，并搭建了前端研发管理、安全中台、网络操作、大数据操作、安全数据管理等8大技术平台，从而有力地支撑了奇安信产品的平台化和乐高化发展，也为企业快速应对巨量顾客需求提供了系统支撑。再比如，宇视科技在视频安防产品系统的开发中，借鉴原华为使用的高性能、高可靠性之产品集成开发系统（HW-IPD），针对政府部门视频安防和行业监管的需求特点，开发了特制的宇视产品集成开发系统（U-IPD），极大地支持了高质量多通路视频安防产品系统的研发，提升了高端定位的市场竞争能力。实际上，2014年宇视科技进军国际视频安防市场时，又根据国际市场顾客的差异化需求，开发了国际版的定制化产品研发集成流程体系，大大提高了企业在国际市场上的竞争力和适应能力，为宇视科技海外市场的大发展奠定了坚实基础。

综合以上的特点分析和案例经验，我们可以提出以下专精特新企业动态能力方程式，即专精特新企业的动态能力＝顾客关系×研发流程×人才动能。在此方程式中，顾客关系是企业了解细分市场客户需求和"痛点"的前提，也是企业服务客户，提高顾客满意度的重要环节；研发流程则是企业产品研发最佳实践的经验沉淀与能力载体，体现了专精特新企业发挥专业技术人才动能聚焦关键增值活动的组织能力或组织资本；人才动能是指企业在研产销等关键职能部门的人力资源技能及积极性（动力）；三者的乘积表示三者同等重要和相互倍增的关系。需要指出的是，此方程式中的人才，包括了企业中基层的核心骨干和一线研发人员，它是一个"适人适所"意义下的人才概念，而非仅指"个人英雄"或"技术天才"。实际上，中国大量专精特新企业的发展，往往依靠是构建科学合理的制度和奋斗创新的文化，而让"普通人/平凡人"做出"不普通/非凡"的事业。正如前述的冀凯股份，它利用企业文化和管理制度大力倡导普通员工在自己的工作岗位上持续改进创新，创造性发挥个人和组织的能量，进而使公司向伟大的方向迈进。

专精特新企业迎接战略发展的新挑战

专精特新企业成长为小巨人/单项冠军后依然面临一系列的战略挑战。就本研究涉及的企业来说，主要表现为以下三类：（1）企业成长的第二曲线或第三曲线问题；（2）单项冠军企业的全球化发展或全球领航问题；（3）科创型企业的商业模式优化与盈利性增长问题。

企业增长的第二曲线或第三曲线问题。已经成长为细分市场单项冠军的企业，随着企业市场占有率的提升和市场容量接近饱和，不可避免地面临下一步增长的瓶颈与业务增长方向的问题，即第二曲线或者第三曲线问题。本研究涉及的冀凯股份、金洲精工等都面临着这样的挑战。以冀凯股份为例，公司依靠其井下支护、刮板运输车等创新型煤炭机械产品在煤机细分市场取得领先之后，随着全球煤炭挖掘业的增长见顶甚至减少，企业在本细分领域的成长潜力已经非常有限。此时，冀凯股份面临的战略发展问题就变成如何寻找业务第二曲线或第三曲线。通常来说，除了企业在坚守目前细分市场继续做精做强之外，有两种常见的增长战略选择。一是选择以核心技术为基础的相关多元化或者所谓的"T型战略"。前者要求企业在管理上辨识其关键技术或核心技能，并以此为基础在产品领域扩张，类似于公司核心竞争力模型推荐的"树形"战略成长；"T型战略"则要求一方面加强现有核心技术的深度，另一方面寻找现有技术或核心产品的多种应用场景，从而实现"深挖洞"和"广积粮"的平衡。[17]二是纵向一体化的发展，即企业利用对本行业/细分市场的深度理解，向相关产业上

---

17 参见李平和孙黎（2021）在清华管理评论上对此战略的讨论。

游或下游扩张，实现业务的持续增长。以冀凯股份为例，企业在发展过程中积聚了煤矿机械智能化技术、中小离散型制造企业数字化管理系统、3D打印成型锻造技术等，这些都可以作为下一步发展的新起点。

单项冠军企业的全球化扩展及全球领航问题。一般来说，在国内某个专业化产业细分市场取得业务领先或单项冠军以后，进行全球化扩张是一种自然合理的战略选择（如前述的奇安信），甚至某些企业为了取得国内特定市场领先而选择国际市场迂回发展（如前述的宇视科技）。这都使国际化发展或成为全球领航企业变成专精特新企业战略发展的新挑战。例如，本研究中的宇视科技和奇安信等就面临着这样的挑战。一般来说，这些企业想全球化扩张及成为全球领航企业，就要求它们在以下多方面取得突破发展：一是在核心技术或成套知识产权方面不断深挖，探索并强化企业的核心技术基础，以及与全球领航企业争夺技术话语权或规则制定权；二是在国际市场开展"战略据点式"布局和重点市场深度渗透，进而形成全球化战略经营新格局；三是国际化经营人才的培养和跨文化管理能力的提升，为企业成长为全球领航企业或全球隐形冠军提供人才准备。以案例中的宇视科技为例，目前其国际化产品销售扩张已经涉及亚非欧美等两百多个国家和地区，产品种类也从视频安防系统扩充到抗疫人体测温仪（柱）等大小不一的数百种智能物联产品，与全球物联网巨头企业的竞争也正在如火如荼地进行中。宇视科技的下一步战略发展需要全面评估其全球化经营的市场机遇、技术优势及制度文化约束，对重点区域和核心产品市场进行"饱和式攻击"，并从组织架构和人才配置上给予强力支持，从而最终变成有强劲技术与人才支撑的全球（隐形）冠军企业。实际上，前述的专精特新隐形冠军标杆对照企业中国巨石的成功发展与全球化扩张，就为这类企业如何通过创新驱动走向全球领航之路，提供了宝贵的经验借鉴。[18]

---

18 参见秦朔（2019）对中国巨石发展的生动描绘和成功经验的总结探讨。

科创型企业商业模式的优化与盈利性增长问题。一些科创型专精特新企业由于科创新产品或产业尚处于快速成长与商业模式探索期，因此，企业为了抓住新市场或新赛道上的战略机会窗口或创业机遇，往往采取先追求快速增长与做大规模，然后再精细化运营的超速发展策略，甚或采取先期投入巨大，后期再获利的平台化发展战略。因此，科创型专精特新企业在发展期往往出现营收快速增长而盈利状况不佳，甚至持续亏损的状况。这需要科创型企业在未来的战略发展期进行策略调整和商业模式优化，提升运营的规模经济和范围经济或者网络效应，以实现科创企业新产品系统竞争力的提升和盈利性增长。案例中的亿华通公司、奇安信公司和天智航公司都面临这种类型的战略挑战。以亿华通公司为例，在国家绿色能源可持续发展产业政策的支持下，公司 2019 年以创新的氢能发动机产品及其产业化为主题在科创板成功上市。随后采取技术和商业化双轮驱动的发展策略，在不断完善氢能发动机核心技术性能的同时，通过推进氢能商用运输车市场化运营，不断提升产品规模经济性和经验曲线效应，提升了企业的经济效益。因此，虽然公司在 2020—2021 年净利润仍处于亏损状态，但其核心产品（氢能发动机）毛利率一直保持高位，企业营收规模保持持续增长。2022 年在我们的实地调研中发现，公司管理层正积极落实经营发展战略和规划目标，紧抓国家燃料电池汽车示范应用城市群政策释放的有利机遇，围绕"点—线—面"进行市场拓展，并坚持以研发驱动发展，通过产品技术的更新迭代积极将研发成果向产业化转化。同时，公司在经营管理中通过加大引进各专业人才、组织系统优化、加大文化引领等措施，不断提升公司的人才队伍水平，保持公司的核心竞争力以及提升和优化企业运营效率。可以预期，随着氢能发动机技术产业化的快速发展，以及亿华通商业模式和盈利模式的持续优化迭代，作为氢能运输产业核心和氢能发动机市场领导者的亿华通公司将会迎来盈利性增长的战略发展新阶段。

再以奇安信公司为例。自2019年科创板上市以来，公司借助国家网络安全战略"风口"，在成为"网络安全世界第一"的企业愿景和"乐高化"成长战略的指导下，在中国网络安全市场攻城略地，取得了网络安全产品体系的大规模创新成效和营收持续高速增长的良好业绩。不过，由于平台化战略的先期投入巨大和企业市场拓展的相对滞后，企业最近3—4年仍处于持续亏损的状态。但是，随着奇安信在2022北京冬奥会网安战役中成功地经受住了考验，以及对其产品研发平台和营销体系进行进一步的打磨，其网安新产品开发不断取得系统成效，基于行业特性和场景化需求的企业级网络安全新产品也不断涌现，企业呈现出了加速发展的势头。从商业模式优化的角度看，随着奇安信公司更具场景化个性化的网络安全产品的大规模量产、对行业和企业用户市场的更快渗透，一带一路国家市场的开拓和突破，以及奇安信销产研服等价值环节的高效化协调与运营，相信公司将迎来新的高质量发展的战略新阶段。

参考文献

Andrews, K. R. (1971). *The Concept of Corporate Strategy*. New York: Dow Jones-Irwin.

Biggadike, E. R. (1981). The contributions of marketing to strategic management. *The Academy of Management Review*, 6(4): 621-632.

Bower, J. L. (2008).The teaching of strategy: From general manager to analyst and back again. *Journal of Management Inquiry*, 17 (4): 269-275.

Galbraith, J. R. (1977). *Organization Design*. Reading, Mass: Addison-Wesley Pub. Co..

Galbraith, J. R. (1982). Designing the innovating organization. *Organizational Dynamics*, 10(3): 5-25.

Galbraith, J. R. (1995). *Designing Organizations*. San Francisco: Jossey-Bass. Inc..

Hambrick, D. C. (2001). Are you sure you have a strategy. *The Academy of Management*

Executive, 15(4): 48-59.

Liedtka, J. M. (1998). Strategic thinking: Can it be taught. *Long Range Planning*, 31(1): 120-129.

Noy, E. (2010). Niche strategy: Merging economic and marketing theories with population ecology arguments. *Journal of Strategic Marketing*, 18(1):77-86.

Porter, M. E. (1980). *Competitive Strategy*. New York: The Free Press & Macmillan.

Porter, M. E. (1985). *Competitive Advantage*. New York: The Free Press & Macmillan.

Porter, M. E. (1996). What is strategy. *Harvard Business Review*, 74(6): 61–78.

Rey, C., & Bastons, M. (2018). Three dimensions of effective mission implementation. *Long Range Planning*, 51(4): 580-585.

韩沛伦，崔平，2006. 战略思维与实践智慧. 江西社会科学（11）：58-60.

冀凯集团，2013. 冀凯企业文化：三版. 内部出版物.

金冲及，2023. 毛泽东的战略思维. 党的文献（6）：33-35.

康荣平，柯银斌，许惠龙，2006. 冠军之道：利基战略设计与实施. 北京：中国对外翻译出版公司.

李平，孙黎，2021. 集聚焦跨界于一身的中流砥柱：中国"精一赢家"重塑中国产业竞争力. 清华管理评论（12）：76-83.

刘思，2021. 长安事：听张鹏国聊"宇视十年". (2021-11-01). https://cn.uniview.com/About_Us/News/Media_Boardcast/202206/809742_140493_0.htm.

秦朔，2019. 新工业时代：世界级工业家张毓强和他的"新石头记". 北京：中信出版社.

邬爱其，史煜筠，2022. 专业制胜：中小企业专精特新成长之路. 杭州：浙江大学出版社.

武亚军，2013. 战略框架式思考；悖论整合与企业竞争优势——任正非的认知模式分析及管理启示. 管理世界（12）：150-165.

武亚军，赵彤，2018. 乐歌：迎接人体工学行业的黄金时代. 北京大学管理案例研究中心. 案例编号：STR-1-20200618-149.

西蒙，2015. 隐形冠军：未来全球化的先锋. 张帆等译. 北京：机械工业出版社.

西蒙，杨一安，2019. 隐形冠军：未来全球化的先锋：2版. 张帆等译. 北京：机械工业出版社.

许静，2018. 中小企业专精特新竞争力评价标准体系研究. 中国软科学增刊（上）：242-253.

许静, 2019. 中国中小企业专精特新资质评定调查研究. 中国软科学增刊（上）: 216-224.

宇视科技, 2021. 新丝绸之路：宇视海外市场成长记. 内部出版物.

中国工程院工业强基战略研究项目组, 2021. 工业强基战略研究（卷Ⅲ）——"专精特新"冠军卷. 北京：电子工业出版社.

周永亮, 孙虹钢, 庞金玲, 2021. 方太文化. 北京：机械工业出版社.

第5章

脚踏实地的企业文化

在企业管理中，我们经常说到一句话：思想正确，行动才能正确。决定人的行动的思想核心叫作价值观，也叫价值导向，这是对于每个个人而言的。组织文化（企业文化）就是组织成员的共享价值观。组织成员在共同经历了一系列的成功和失败之后，他们知道这样做很重要，因为这样做总能成功。久而久之，他们在思想和行动上会形成一整套共同的倾向性，也就是共享价值观。组织文化就像"一锅老汤"，需要慢慢熬。一个刚刚成立的组织是没有文化可言的，因为组织成员们来自五湖四海、四面八方，每个人都带着各自原有的价值导向，还没有形成一套共享的价值观体系，也就是没有自己独特的文化。要想形成自己的文化，就需要慢慢熬，共同经历一系列的成功和失败。成功不容易，需要天时、地利、人和，但是失败很容易。就像彼得斯等（Peters & Waterman, 1982）倡导的，快速尝试，快速失败，快速调整。他认为，企业要想快速形成文化，就应该快速失败，而且要像庆祝成功一样庆祝失败。因为比起成功，失败更容易使人们快速形成共同的倾向性。组织文化，从思想或心理上说，是一个组织的思维和灵魂；从行为或行动上说，组织文化就是一个组织的工作方式和办事方法。

任何一个组织都有两个基本任务：内部整合和外部适应。要想成为一个完整独立的实体，组织必须完成这两个基本任务，否则，组织的"存在"就无从谈起。所谓内部整合，其实就是团结，就是使组织形成并始终保持一个有机的、完整的系统，一旦散了，组织也就不存在了。所谓外部适应，是指组织在与外部环境互动的过程中，采取各种措施和行动，发现外界的需求，寻找新的发展机会，应对来自外部的威胁和挑战。如果组织总是不能有效的发现发展机会、应对外部威胁，组织同样也就不存在了。组织文化的功能就是指导组织成员完成内部整合和外部适应这两个基本任务（Schein, 1992）。

考察一个组织的文化，就是考察它在内部整合和外部适应两方面都做了什么，怎么做的，有效性如何，特点是什么。通过对8家"专精特新"企业管理者的深度访谈，我们试图从组织文化（企业文化）的角度给这些企业画像。尽管只有8家企业做素材，在数量上确实是少了点，但是，我们在研究过程中依然发现了一些闪光点，看到了一些专精特新企业有别于其他类型企业的独特特征。这些特征也许跟德国、日本的同类型企业有不一样的地方，但是很多方面是很相似的。我们发现，专精特新企业在组织文化上表现出 8 个方面的特征，包括质量、效率和创新三个基本特征，以及快速、弹性、学习、灵活和团队五个专有特征。今后，随着我们对于专精特新企业更加深入的了解和研究，我们会进一步丰富和完善这些特征。

首先，在基本特征方面，质量文化体现在工业化生产的工程文化中，以一致性和可靠性为核心，指导组织实现从技术到工程的跨越。效率强调降低成本和增加产出两个方面，通过全员参与、持续改进，将效率意识渗透到组织文化之中。创新是专精特新企业最主要和突出的特点，不仅要在技术、产品、工艺流程等方面创新，更需要实时创新，持续创新，并将其作为组织的核心价值观。质量、效率、创新是专精特新企业的基本文化底色，是基本功，也是规定动作。只有在这些方面做好，企业才能走得更远。

其次，虽然专精特新企业各自所在行业、技术领域、发展阶段、竞争格局等方面都存在很大差异，但仍可提炼出一些共同特点，表现出专精特新企业在文化上的专有特征，即快速、弹性、学习、灵活和团队。尽管具体做法不同，但这些专精特新企业都表现出快速响应的特征，全面、前瞻地捕捉客户的多种需求。同时，注重企业局部自动运转和整体动态协调之间的平衡，实现弹性、动态、有效的管理。专精特新企业重视知识在组织中的产生、传播和积累，积极构建自身的学习型组织，并在实现现有体系效率最大化的同时，不断发现问题，校准目标，探索新方向，表现出灵活应变的鲜明特质。

最后，团队建设尤为重要。基层团队的班组文化是快速、弹性、学习和灵活等专有特征的基础。当团队中的每个人都有主人翁意识和共同体意识时，就会在直面问题时群策群力，形成紧密且相互信任的关系。这时组织才能快速响应，保持弹性，不断学习和灵活应变。

三个基本特征

对任何企业来说，基本素质、能力建设是一个企业长久发展的基础和前提条件，谁也躲不过去。只有这些基本问题解决之后，企业才能进入高速发展的上升通道。我们在访谈的企业中或其他研究者的案例分析中，都看到了几乎同样的故事。有些企业是自己主动选择，有些是在竞争环境中被逼无奈，甚至是在客户的一次次教育，一次次退货之后，痛下决心狠抓能力建设，最终迎来脱胎换骨、焕然一新。

质　量

质量文化体现的是工业化生产的工程文化。以技术立身、创新为本的中小型专精特新企业都经历了从技术到工程的跨越，并在这个跨越的过程中形成了"工程化"价值导向，也可以称之为"工程文化"。大规模工业生产和实验室做样品是完全不一样的，工业化生产不是做一个完美样品就行了，而是要做到1万个样品都完美。不能说客户需要500个产品，那我就先生产700个，从中挑出500个好的给你，工业化生产不是这样的。工业化生产是要在每一个生产环节的每一个关键指标上都能满足特定要求，都要在具体指标的规定范围内，这样才能保证每次生产的产品都是可靠的、合格的。做到这一点，需要的是工业化批量生产的一致性和可靠性，这是工程文化的核心。

很多创业企业在这方面做得都不够到位。创业企业可能在实验室里做得很好，做得很完美，小试、中试都没问题，但是一旦上批量就出毛病。

这里面有一个关键问题：如何实现从技术到工程的跨越。创业企业存活时间平均是 3 年，3 年失败率约为 95%，为什么会这样？至少有一个原因，就是它的创始人或创业团队，抑或整个公司没有构建起工程文化的系统可靠性、批量一致性的价值观。在我们研究的 8 家企业里，天智航的董事长张送根明确指出，可靠性要靠制度设计来保证。没有这种意识，不去设计一套完整的流程制度，就不可能做到批次的可靠性，是不可能保证质量的。宇视科技的总裁张鹏国在上大学时就建立起了可靠性意识。宇视科技追求可靠性、一致性，追求质量，其端到端的管理流程全系统可追溯。这种价值导向是根深蒂固的，根植在公司的整个体系中，成为企业文化的基本成分。

宇视科技——端到端的追溯系统

宇视科技的董事长张鹏国给我们介绍说，他们有严格的端到端质量管理流程，任何一个产品出问题，覆盖全流程的追溯系统都可以找到问题所在。他们生产的每台设备，小到一个鼠标，一根电缆，都带二维码，出厂时需要全程扫描。这个产品的创意出自哪里，哪个团队研发的，物料从哪里来的，哪个部门制造加工的，它最终去了哪里，他们都能追溯到。这样，从制度、流程上确保每个人都重视质量，对质量负责。在长期的质量文化和制度流程保障下，他们的客户满意度和合作伙伴交易度都大幅度快速提升，所有人都觉得宇视科技这家公司非常靠谱，非常好。质量是一个广泛的概念，不光是产品质量，也是公司经营质量、业务质量。一个高质量发展的公司，其实也是一个有信用的公司，也是一个对客户负责任的公司。

瑞德智能——质量体系建设

瑞德智能的副总经理黄祖好说，公司内部质量和效率等方面的问题，哪一块有瓶颈都会限制企业的成长。有一个阶段他们常出一些质量问题，交货满足不了客户的要求，被客户投诉、退货是常有的事，业绩很难增长。这个阶段实际上是企业内部管理的问题，是内部整顿、练内功的问题。后来，还是一个大客户向他们推荐了一家质量管理专业咨询机构，帮他们提高了产品质量。公司把那一年定义为"品质年"，整个瑞德智能在管理顾问的参与下，结合自身，上上下下抓质量，建体系。这个品质年对他们的质量，包括设计、生产、出库、售后的质量提升帮助很大。管理顾问给予的指导是非常具体的，例如，质量检测岗位的设置、流程、人员培训及老化试验等一整套方法和要求。以前，小家电控制器很少做老化试验，从当时来看他们的成本是增加了，但是到客户端的产品质量确实提高了。随着质量上了一个台阶，很多成本也降下来了。比如，从前那种三天两头的退货、返工和客户订单数量下降等情况，如今都大大减少了。

天智航——工程文化：从样品到产品

创新公司一般都有自己的技术。第一阶段是把这个技术拼起来变成一个系统，形成一个产品，但这仅仅是第一步。天智航的董事长张送根对我们讲，现在很多创业者估计都在做这一步，但这一步做完了之后，真正的挑战就来了。这只是一个样机，和成熟的工程化产品是两回事。所有的设计都只做了功能性设计，解决了能达到什么指标的问题，没有做可靠性设计、易用性设计、批量化设计。绝大部分公司会死在这道坎上，而且卖得越多死得越快。现在很多公司都遇到这样的问题，就是你有没有这样的能力，让你的实验样机转化成可工程化制造的可靠产品。他们的第一家公司就经历了这个事情，做的是很传统的 B 超设备，当时性能是最好的，就是不可靠。所谓的不可靠，就是机器在医院里一年的平均维护率在两次以上，这实际上是有问题的。会有什么问题呢？随着卖的机器越多，所需维护队伍就会越来越大。直到有一天维护队伍比研发队伍还大，而且口碑越来越差，于是也就难以为继了。这个经历让他们体会到，技术领先、性能很好只是第一步；可靠性才是工程化产品的关键。可靠性绝对不是生产出来的，是设计出来的，是靠流程制度的设计来保障的。现在他们无论在哪儿，只要把机器打开，一看走线就知道这家公司处于什么状态。一家公司如果没有完成从技术到工程的跨越，如果"工程化"价值观没有融入公司文化，那它卖的就只能是样机，而不是可靠的产品。

效 率

效率包括两个方面，降低成本和增加产出。要在降低成本方面精打细算，厉行节约，杜绝所有的"跑冒滴漏"。我们看到这 8 家公司都做得非常好，意识非常强。比如瑞德智能和金洲精工，他们都是精打细算到小数点后两位，一厘一毫地算。在提高产出方面，金洲精工这个地方改进一点，增加 1% 的产出，那个地方改进一点，增加 3% 的产出，点滴积累，聚沙成塔。而且，他们对于效率的追求是长期的，是全员参与的持续改进。效率意识已经完全渗透到了组织文化之中。

瑞德智能——追求性价比

瑞德智能的日常管理，不论在技术研发还是在生产工艺上，都真正做到了精打细算。瑞德智能的董事长汪军谈道，智能控制器这个行业没有那么多的技术门槛或者高大上的东西，只能在精打细算上下功夫，多年来积累出了很多诀窍，能实实在在创造价值。他们将成本算到小数点后两位，不管是研发还是生产，都是一厘一毫地计算。这里降低几厘，那里减少几毫，汇集起来就是个庞大的数字。他们推动全员改进、全员微创新，每个站点，每个员工，每个动作，每天做，时时做，最终日积月累，汇流成河。瑞德智能这种精打细算的能力在解决客户问题、满足客户需求时，就体现在追求性价比上。他们面对的客户主要来自小家电行业，这个行业的特点就是单价低，性价比要求高。你能不能帮客户快速做产品的更新迭代？你能不能帮客户做到价格上有一点优势？因为一个整机产品就赚一块钱两块钱，你帮客户省一毛钱，对他来说就是帮了大忙了，客户就会很满意。公司长期在这个产业链上，练出了这种精打细算、追求性价比，这种真心努力、点点滴滴帮助客户创造价值的内功。瑞德智能的副总经理黄祖好说："我们把注意力放在全面提升系统效率上，降成本，练内功，狠抓全员劳动生产率。鼓励员工提合理化建议，鼓励员工持续改进，解决长期以来公司在效率方面的痛点，提高各个环节的效率。时至今日，我们的单位人均产出一直比同行高，我们的成本控制被客户评价为最好的，这是我们的核心竞争力。"

金洲精工——精细化管理

金洲精工多年来始终致力于提升精细化管理水平，把提高效率、降低成本、杜绝浪费做到极致，效率意识逐渐深入人心。金洲精工的总经理罗春峰跟我们讲道，他们以全员设备保全、全员生产创新等措施为抓手，使精细化管理思想贯穿到整个生产制造过程中，激发每一个员工的活力，让大家通过提案活动，节约成本、杜绝浪费、提高效率、持续改进。他们的每一支钻头都是精确到按厘计算成本，生产运行时间都是按照零点几秒进行管控。公司把全年生产经营成本管控目标分解到各个班组、各个职能部门，大家一起共同努力。十年如一日坚持下来，一方面，到现在按照财务口径计算，累计增加收益两亿左右。另一方面，还有一个潜在收益，就是公司上下统一了思想观念和行动方法。现在的生产线班长、技术骨干都会用这套方法来解决日常工作中的问题，使精细化管理文化切实落地，增强了整个员工队伍的凝聚力，培养了一大批人才。

金洲精工的副总经理孙秋华说，2008年全球金融危机后，公司就考虑如果以后再碰到这样的情况该如何面对。在受到外界干扰的情况下，公司仍然保持增长和竞争力，高管团队还提出了一个很重要的口号——每年提高效率20%。通常来说，企业的产量都是按照设备的额定产能来确定的，设备大概能做成什么样子就按照这个框架去做了，只要基本达成了，大家就不去想背后还有没有提高的空间。现在不行了，要想每年提高效率20%，就得想办法。计算效率其实很直观，今年给你100人，生产100万件产品，明年给你100人，就要生产120万件，这就逼着大家不停地改进。几年下来，就形成了这样一个改善之风，也逐渐形成了不断提高效率的文化。举个例子，设备厂商给金洲精工的设备推荐的产能是4000只钻头，但是在运行的过程中，公司发现有很多可以改进的地方。它里面有4个工作站，每个工作站有不同的时间分配，这个工作站15秒，那个工作站16秒。他们就会琢磨，为什么这几个工作站时间不一样，就试着把时间稍微优化一下。一个循环大概是16秒左右，优化零点几秒就有3%或4%的效率提升，那就能增产一百多只。接下来，研究设备的后台控制系统，慢慢摸透代码，做一些适当修改，不断试验、验证，不断发现整个设备的控制系统有哪些逻辑控制是可以优化的。大家围绕设备去钻研，每年去摸索去提高，这是一个长期的过程。公司提出每年提高效率20%的目标，最终连续完成了5年。这5年中，大家付出了很多，也很辛苦。这5年的付出奠定了公司比较好的经营思想，精细化管理文化也形成了。它体现在从高管到部门经理到普通员工的行动中，大家每时每刻都在想，能不能为公司节约1分钱，这种良性文化保证了公司多年来的稳步增长。

创　新

创新确实是专精特新企业最突出的特点。他们在技术创新、产品创新、工艺流程创新等方面都做到极致，而且实时创新，持续创新，全员创新。创新已经"深入骨髓"，渗透到组织管理和运营的方方面面，是专精特新企业最重要的价值观，是企业文化的核心。

冀凯股份——创新是真正的驱动力

创新是冀凯股份能发展起来的最核心要素，是企业文化中一直坚守的核心价值观。冀凯股份的董事长冯帆说，在公司发展的每一个阶段，创新都是能够给企业带来业绩增长的真正驱动力。不论是最早做金刚石工具时，在成本工艺上的创新；还是后来做煤矿机械，特别是近期做3D打印铸造设备时，在技术、产品上的创新，都使他们能在行业内立住脚，进而处于国内领先，甚至世界领先地位。近几年，在无人驾驶、遥控、井上操作设备等智慧化矿山建设方面，他们持续创新，持续发力，走得比较靠前，这使冀凯股份在整个行业中提升了市场话语权，也增加了利润空间。

金洲精工——全面创新

在技术创新方面不断大规模投入，不仅使金洲精工在差异化产品系列方面保持竞争优势，获得巨大收益，而且在装备保障方面也取得了突飞猛进的发展。金洲精工的总经理罗春峰谈道，金洲精工的前端工具设备，比如前端非常关键的焊接设备，最早是从国内设备制造厂家购买的。工程师和生产骨干在吃透设备的工程工艺特点和性能的基础上，不断尝试，不断调整，最终开发出他们自己的焊接设备，产能提高了70%，极大节约了占用空间和人员投入。后端的核心设备原本要从瑞士购买，但2021年这方面的技术瓶颈得到突破之后，现在金洲精工可以自己批量生产这些设备。同时，依托并整合公司在产品开发、工艺制成、装备保障等方面的技术创新和突破，他们建立起适合自己的各种共享平台。这些构成了金洲精工生产制造的核心能力。

金洲精工以高目标引领，要求全员创新、持续改进。金洲精工的行红霞对此说道，创新不只是技术创新，而是涉及方方面面的改进和提升。公司给员工高压力，每年都有很多改进和创新项目，提出量化指标；要求所有员工必须做提案，动脑筋、想办法，对自己工作中的各方面提出改进意见。同时，公司每年都要给员工做各种培训，其中有些是新理念的培训，并不追求一定要达到什么具体效果，就是希望能促进员工的个人成长和素质提升。还有一些是工具方法的培训，指导员工将其应用在日常工作中。例如，怎么收集数据，分析数据；怎么使用图表，分析原因；怎么制定有针对性的改进方案，一步步落实方案。这样经过多年坚持，员工能力素质方面的提高还是相当明显的，持续创新、持续改进的理念也深入人心。现在，创新和改进已经成为班组长、一线员工的思维习惯和行为习惯，他们不断寻找工作现场中的问题，持续改进，点滴积累，收获了很多成果，使公司的发展和员工个人的成长形成一个相互促进的正向循环。

大清生物：创新领先

"我们始终讲求技术创新，这一点一直在坚持，"大清生物的翟辉说，"我们希望我们的技术首先要做到国内领先，最好做到世界领先。特别是近年来，我们强调原创，我们的研发费用占年营业额的 15% 以上。研发工作其实是很苦的，中间会经历各种挫折和失败，要有耐心，要沉得住气，要有坚韧不拔的精神。激情创业，坚韧不拔，这个特质很重要，这是其一。其二就是学习能力，大部分知识和技能都是在工作中学习的。我来到大清生物，70% 以上的知识都是后学的，也就是说，我在学校里学的知识用到了不到 30%。所以我觉得，研发人员需要有很强的学习力。其三就是沟通协作能力，研发和技术创新是团队协作的结果，只有大家不停地交流、碰撞，才能激发创意火花，达成最佳成果。所以坚韧不拔、学习能力、沟通协作能力及想做好研发的意愿，这些缺一不可。"

宇视科技：创新者的"四个心"

宇视科技总结了创新者的"四个心"。一是开心。首先要开心享受冷板凳，对自己的工作和技术乐在其中，才有可能获得宽而深的积累，让自己的思想碰撞出一些火花。二是尽心。欣然拥抱困难，有困难才有创新的机会，这时必须对困难尽心求解，才有可能得出好的方法。三是热心。热心尝试，奋起直追，用热心开创新的方法才有可能带来弯道超车的机会。四是平常心。任何创新及落地都会遇到阻碍，如果不能保持平常心去接受各方的质疑，去推动方案的落地，创新就不能成功实现。对于管理者来说，如何保护员工的创新活动，宇视科技也总结了"四个心"。一是关心。作为上级，必须帮助员工解决困难，让他感受到来自上级的关心，这样他才能有动力和热情。二是耐心。创新中失败是难免的，但不会浪费，对于管理者来说，必须有耐心容忍一时的失败，如果给员工太大压力，就不可能有创新了。三是初心。一开始必须得设置一些挑战目标，因为做产业不可能天马行空，必须得锁定一个方向，在这个框架下面去做创新才有意义。四是信心。作为管理者，一旦发现团队里的工作落地是有意义的，就必须得帮助大家排除阻力，利用管理者的资源和人脉帮他们推进新技术的落地。宇视科技为管理者和创新者分别总结的"四个心"，概括了十多年来做创新实践和管理的心得。

五个专有特征

我们访谈的这些企业都在质量、效率和创新方面做到了极致，"三个基本特征"成为他们的基本功和规定动作，也是这些专精特新企业组织文化的基本底色。除了前面描述的这些规定动作外，这些公司还表现出基于他们各自特点的自选动作。因为这些公司所在的行业、技术领域和发展阶段各不相同，可想而知，他们必然会产生符合自身条件的管理特征和管理模式，这些模式最终会内化成为他们自己的组织文化。接下来的问题是，这些基于自选动作形成的组织文化有没有内在的共同特点呢？我们分析发现，这些专精特新企业在组织文化方面具有一系列明确且独特的共同特征。为什么会有这些规律性的内在特征呢？主要是因为这些公司尽管所处行业、技术领域和发展阶段各不相同，但是它们却有着至少三个共同点。正是这些共同点决定了他们表现出一系列相同的行为倾向和价值观。

内在动力。这些公司的第一个共同点是奋斗不止，永不停步。在与这些企业的交流中，我们有一个非常深刻的印象，他们始终保持着进取和战斗姿态，不会给自己找舒适区。既不会在已有的成功上躺倒，更不会在现实的挑战前躺平。大清生物的翟辉说："做企业就是跑马拉松，我今年非常努力，明年不努力，那肯定就不行了。我们始终强调持续奋斗、持续创业的精神，保持压力、保持紧张，不让大家形成可以吃老本、放松一下的心态。只有这样我们才会不断地发展。"宇视科技的总裁张鹏国说道："高科技行业瞬息万变，没有永远的王者，唯有惶者才能生存。"

竞争格局。第二个共同点是他们所处的竞争格局。尽管这些公司在各自的行业或细分领域处于领先地位，但他们所在市场的竞争远未达到充分完备的程度，他们所占有的市场份额在整个潜在市场容量中的比例并不高。这也就意味着行业的竞争格局并没有固化下来，他们的竞争地位并不那么稳固，后进者随时有可能冒上来。我们访谈的公司管理者们对行业特点和竞争格局都有清醒的认识，他们知道市场竞争有如逆水行舟，不进则退，所以必须要始终保持竞争姿态，领先一步，抢占先机。

产业链地位。这些公司的第三个共同点是他们所处的产业链地位。这些公司大都是中小型制造企业。在各自的产业链上，他们面对的上游供应商和下游客户一般都是大型组织，具有很强的谈判地位和话语权。特别是他们的客户，不是巨型的商业组织就是政府部门。

正是上述三个共同点，决定了这些专精特新中小企业具有相同或相似的市场实践、运营风格和组织文化。他们必须紧贴客户，身手矫健，灵活敏捷，由此形成了这些企业在组织文化方面的专有特征：快速、弹性、学习、灵活和团队。

快　速

天下武功，唯快不破。作为产业链中的一个中间环节，专精特新中小型企业是下游客户的供应商。要想赢得客户、留住客户，想在激烈的竞争中胜出，就必须紧贴客户，必须身手矫健、反应敏捷。快速响应、灵活应对是他们的基本生存之道，也是其组织文化中鲜明突出的特点。尽管这些企业的做法不一样，但是都表现出快速、敏捷的特征。

宇视科技——流程"小快灵"

宇视科技的孙洁说："我们内部的流程追求'小快灵'，流程要能够支持产品的快速推出，并且流程中的一些决策要尽可能地下沉，能够让最懂业务的人在当前碰到问题时快速决策，而不用层层向上汇报，避免了请示、开会、讨论之类的烦琐环节。我们内部的管理信息系统都是根据这样的思路来建设的，保证了我们绝大部分工作都能够在线上进行，目的就是快速。"

金洲精工——紧贴客户，快速响应

金洲精工属于精密加工行业，主打产品是微型钻头，应用场景包括手机、电脑、智能制造、汽车等，凡是涉及芯片和电子电路就都会用到微型钻头。金洲精工的副总经理孙秋华跟我们说："我们对于客户本身的业务，他的产品要用在什么场景，他的客户会提什么要求，都非常熟悉。我们的竞争对手成本优势比较明显，我们只能不断贴近市场，重视客户需求，解决客户的问题。我们有技术人员紧密跟进客户的使用情况，发现不足持续改进。"

金洲精工非常重视对客户的响应，这种响应表现为快速、全面、具有前瞻性。总经理罗春峰讲道，他们的产品比较全，解决方案也全面，在各个关键环节上没有短板，客户提出什么需求，都有成套的解决方案。他们不光反应快，而且方案全。客户有问题，他们随叫随到，马上就解决。从收集客户需求信息，到制作研发样品、进行内部测试，最后到客户端测试，这样一个闭环一般一个星期就能完成。也就是说，一个星期的时间就能推出新产品，而其主要竞争对手形成这样一个闭环大概需要一个月。公司还围绕客户的未来市场可能有什么变化，提前做研究，不能等客户提出问题了才去想怎么应对。跟客户定期做技术交流，对产业发展方向做调研，在产业发展的快速更新迭代中发现新的需求。金洲精工的客户，甚至客户的客户会提出要求，希望跟金洲精工合作，共同做前沿研究。这样紧贴客户，金洲精工既解决了客户端问题，也提升了自身能力；同时掌握着未来需求，还可以推动材料供应商做相应的变化，这样就把整个产业链都带动起来了。

冀凯股份——抓住商机，快速行动

冀凯股份对新的商机、新的卖点快速响应，快速投入，快速行动。冀凯股份的董事长冯帆说，创新是公司最核心的能力，更重要的是，对创新的反应速度。在这方面，冀凯股份比其他厂家都要快。有些厂家可能是实力不够强，无法组织资源快速应对，有些或许是意识不够强，反应速度跟不上。以3D打印创新项目为例，公司用了4年时间，在一个相对成熟的技术基础上，不断摸索、总结，并梳理出自己的技术框架。他们的技术团队（包括机械团队、电子团队、软件团队）通力合作，做出了自己的 3D 打印机，这应该是中国唯一一个从头到尾都是自己研发的 3D 打印整体铸造成形技术。该技术目前处于世界领先地位，也成为公司的技术核心。冀凯股份有自己的铸造厂，一年有上万吨的高品质钢让研发团队练手，干坏了就废了重干。国内还有两三个厂家在研究这项技术，他们为什么比冀凯股份慢？他们没有铸造厂来配合快速实验，要想检验自己的技术到底行不行，可能需要三四个月的实验周期，而冀凯股份可能两三天就做完了。今天有个想法，今天就把模打出来，今天就要求生产车间先把这个活干了。整个研发过程体现的就是一个字——"快"！

弹　性

专精特新企业大都是技术创新驱动的制造型企业。创新需要打破条条框框，超越现有边界，发挥人的主观能动性和创造性。而制造讲究的是流程、标准，严格按制度办事，一丝一毫都不得马虎，这是两种完全不同的思维模式。如何把这两种思维模式有机地结合在一起，在自主性与规范性之间保持平衡？另外，这类企业往往有大量的产品品类和规格，研发项目多，产品迭代快，运营复杂度高。如何避免一抓就死，一放就乱，做到局部的自动运转和整体的动态协调？这些都考验着企业的管理能力和管理艺术。在一部电视剧中，一位心外科大夫去修车，修车师傅问他："你们心外科大夫修心脏跟我们修发动机也差不多吧？"那位大夫说："差不多，但是你能打着火修发动机吗？我们能。"这种弹性主要就体现在打着火修发动机。我们访谈的这些企业，在这方面都有自己的心得体会和独特做法。

总结起来就是：充分授权，弹性整合，真正做到了张弛有度，收放自如。

瑞德智能——弹性动态管理

瑞德智能是国内小家电控制器领域客户最多、产出规模最大、实力最强的公司。小家电控制器的特点是产品规格、品类多，订单批次多，每单数量少，产品单价低，客户的需求不断变化，单品的平均生命周期小于两年，迭代非常快。这样的业务模式导致运营复杂性急剧升高，令人眼花缭乱、头皮发麻。瑞德智能的董事长汪军说："我们每年帮客户研发产品2000个，投产1500个，每年产品订单批次超过3万个；我们有六七十条生产线，平均每年换一条；我们每年的营业收入中，当年开发的产品占30%，前一年开发的产品占40%；我们一个工程师平均一个月做一到两个项目，每个项目从拿到订单到交付，平均是20—30天。这就要求瑞德智能在研发和生产上做到弹性、动态管理，让充分授权、自主性和工业化、流程化两方面有机结合。正是因为这样的业务特征，最终形成了瑞德智能特有的动态化、弹性化的组织文化，这也是瑞德智能的核心实力所在。"

奇安信——组织标准化

组织大了、人多了之后，产生的管理成本就非常巨大。奇安信董事长齐向东说，如何解决管理成本问题，需要向军队学习。军队管得严，配合又好，这样的组织肯定是最好的。军队组织里的班、排、连、营、团这套架构，是一个标准配置，可以防止一个组织过大，或某个组织里一条线上层级过多。上层管的事少就愿意替下面办事，管的事多就不作为，导致整个组织效率降低。这套标准配置还可以防止有人通过调整组织架构，来调整自己的权力。奇安信把这套标准化的组织结构称为"五五制",即五人一组,五组一部。事业部是一个独立的业务单元,相邻的、业务关联度高的事业部组成一个业务集团,相关的业务集团组成一个委员会。组织的标准化带来了技术的标准化和能力的标准化,同时,调整起来非常容易,可以形成多种不同组合,能够有效投入力量,使组织的能力得到巨大释放,以应对各种任务和需求。

宇视科技——流程制度适时调整

宇视科技的人力资源政策、制度和奖酬体系以及员工的选用育留等,都随着公司新业务的展开进行及时的调整和变化。宇视科技的孙洁说:"当公司定下了一个新的赛道或者一个新的战略方向以后,我们马上想到的就是人力资源考核要跟上,员工培训要跟上。对于这些新岗位,相应的待遇回报和价值体现也要快速跟上。同时还要考虑不要影响现有的价值分配和回报体系。如果有必要,就适当做一些区别和区隔。所有这些调整都要在最短的时间内快速完成。"

冀凯股份——项目主研人制

"我们是典型的离散型制造企业,"冀凯股份的董事长冯帆讲道,"我们是靠创新研发驱动的,每年都有各种各样的研发项目。我们在研发方面有主研人制度,谁承接了研发项目,他就要对这个项目负责。我们研发的创新点,主要来自客户的需求,或者是研发技术人员自己的创意。公司会对这个创新点或创意做出评估。如果确实有商机、有市场,就会设立项目研发团队,确定项目目标、预算、周期和关键节点,并纳入公司项目管之中。同时，公司会把责权利划给项目主研人，给予他项目的最高权限，由他来调动各种资源，下达实验、生产、检测等计划，其他部门都要全力配合，由公司调度会议进行协调。主研人可以跨部门调用公司各个研发中心的人员，甚至聘用公司外部人员，比如高校的教授，以及客户方的技术人员。除非在项目进度节点上出了问题，公司管理层一般不会干预。在利益分配上，也是由研发项目负责人决定，由项目团队成员一起讨论，你为这个项目创造了多少价值就分享相应的比例，公司也不会干预。"

学 习

组织在日常运行和发展过程中会产生很多知识，这些知识分两大类，一类叫作显性知识，另一类叫作隐性知识（Argote & Miron-Spektor, 2011）。显性知识也叫通用知识，就是能够落在文字上的，能够书面记录下来的那些知识。显性知识主要包括各种技术的指标、标准、路线图、方法、流程等。这些显性知识因为能够被文字记录下来，所以也很容易在组织内部被保存和累积。同时，正是由于它能够被书面记录，也就容易传播，当然也就容易被别人（竞争对手）拷贝和模仿。隐性知识也叫实践知识，是在日常反复操作的过程中，在熟能生巧的过程中形成的心得体会和"诀窍"，它往往无法用语言描述，因而也叫不可言传的知识。隐性知识不容易传播，需要手把手教，而且不上手反复练习根本学不会。组织的竞争优势或者核心竞争力，往往不取决于组织所具有的显性知识，而更大程度上取决于组织所积累的隐性知识，也就是这些不可言传的知识。

人们常常谈论组织学习或学习型组织。要想构建一个学习型组织，就必须在制度安排上保证组织中知识的产生、传播和积累。其实，组织不会自动学习，是组织中的人学习。要想达成组织学习，首先组织中的人就必须把他掌握的知识（知识本体或知识线索）在组织内部广泛传播，只有这样知识才能在组织中沉淀下来。其次，基于这些新获取的知识，组织在整体行为上做出调整和改变。这些改变主要体现在组织的战略、结构、制度和流程等方面。只有这两步都做到了，组织才算学习了，才能为下一步的学习做好准备。但是，正如研究组织学习的专家加布里埃尔·苏兰斯基（Szulanski，1996）指出的，组织中知识的传播有很多障碍，而且很难克服。首先，不是所有人都习惯于观察、反思、总结，因而产生不了知识；其次，就算产生了知识，知识是一种力量，出于各种防范心理，人们不愿意把知识传授给他人；第三，同样出于防范心理，即使你愿意传授，别人也未必愿意学；第四，即使你愿意教，他愿意学，他也未见得学得会；第五，就算他学会了，也未必会持续用，因为最终他还是觉得老方法更顺手。

正是因为存在上述一系列的障碍，知识在组织内部很难有效传播，更别提基于新知识而在整个组织层面改变行为了，组织学习也就成为一句空话了。所以绝大多数组织都不是真正意义上的学习型组织。组织的学习能力是组织竞争力的重要来源。近年来，我们看到，很多组织都在为构建学习型组织而付出努力。知识管理需要有专人负责，公司一般会在高管层设置首席知识官（CKO）或首席学习官（CLO）等岗位。在组织层面，设置专门的机构或部门，设计相应的制度和流程，搭建共享平台，以便管理组织的知识，促进知识的挖掘、提炼、传播和记忆。在个人层面，师徒制或导师制，特别是班组（群体）中的师徒制（导师制）是知识总结和传授的有效途径。这种相对固定、密切的人际互动关系有助于师傅手把手讲授，也有助于徒弟就近观察、模仿和练习。我们这次访谈的几家企业，在促进组织中知识的提炼、总结和传播，促进组织学习方面，付诸了符合自身业务特点的实践，而且这些实践能落地，也有效。

宇视科技——经验案例库

为了让工作中的知识、经验、心得体会等沉淀下来，使以后的工作少走弯路、更加高效，宇视科技建了一个经验案例库。每个团队在做完一个项目后，会把在项目过程中发现的非常经典、关键的问题整理成经验案例，上传到这个线上系统里。经系统审核，确保案例真实、有效、不夸张，确保对后人有借鉴意义。团队上传案例的数量，会作为各个团队的工作指引和考核指标。考核不仅要看团队的工作是不是做得又快又好，而且还要看沉淀了多少有效知识。

金洲精工——师徒制和导师制

金洲精工有师徒制和导师制。金洲精工的行红霞说："我们在一线班组中建立了师徒制，要签师徒协议，还有专门的仪式来明确师徒关系，我们的班组活动中有一个环节就叫'感恩师傅'。对于技术人员，我们有导师制。新来的大学生，从他实习开始，就有实习导师，等到转正进入部门以后，会给他指定一个指导老师，一般是其部门的负责人，帮助他把学校学到的知识转化成实际工作的知识。这样一对一的师徒或导师关系，有助于言传身教。公司也会要求师傅或导师把他掌握的技能或者知识传授给徒弟或者学生。我们还有内训体系，让一些比较厉害的前辈，把不同的问题做成课件，把他的经验传授给其他人。我们每个月都有经验分享会，鼓励大家分享自己的心得体会。我们的员工，特别是中层以上的管理者都在公司工作了很多年，大家在学习前人知识的基础上，不断创新，共同进步。"

奇安信——模块化的日积月累

组织的核心能力是在一次次的尝试、一次次的成功和失败中实践出来的，是在日积月累中形成的，竞争者很难追赶，也很难颠覆。核心竞争力具有"路径依赖"特征：竞争者想要追赶你、颠覆你，他就得经历你走过的路径，甚至在路径上的每一步，他都得花当初你积累该能力所付出的时间。奇安信特别注重基于知识的核心能力建设。奇安信的董事长齐向东谈道，乐高化就是奇安信能力日积月累的具体体现。每一天的工作都建立在昨天的基础上，做下一项工作时都以这项工作为基础。每天都有增量，存量都是做下一项工作的资源。奇安信要求每个程序员在完成工作的时候要写好函数，这个函数要能够让别人引用。他们提出的口号是平台化、组件化、模块化、函数化，倒过来说就是由函数组成模块，由模块组成组件，由组件组成平台，再由平台做出产品。这样，能力不断积累，成本不断下降，可靠性不断提高，竞争对手永远追不上。奇安信公司大厅里摆着一只由乐高玩具模块拼成的老虎，提醒着每一个人，乐高的核心能力来源于模块化的日积月累。

灵　活

在管理学领域，有三个成对的概念或者称为理论结构经常被提到或用到：单环学习和双环学习（Argyris & Schön, 1996）、渐进式创新和颠覆式创新（Schumpeter, 2011）、开发和探索（Birkinshaw & Gibson, 2004）。这些概念尽管是由不同的研究者在不同的时间、处于不同的视角、针对不同的研究目的而对组织和组织中人的行为做出的描述，但它们的内在逻辑是完全相通的。一方面，组织需要在一个确定的框架内稳定运行，并通过单环学习持续开发现有框架的潜能，通过渐进式创新不断改进，使现有框架的效率达到最大化。另一方面，组织还需要探索新方向，寻找新机会。当环境发生变化时，当面临外部威胁时，或当组织的现有框架出现问题时，组织要有能力通过双环学习，对现有框架进行反思和总结，并通过颠覆式创新实现超越。这两方面的能力缺一不可，而且必须保持平衡，即所谓的"双灵活"。用通俗的话说，双灵活就是既要低头拉车，又要抬头看路。

伯金肖等人（Birkinshaw & Gibson, 2004）的研究表明，双灵活是影响公司长久发展的首要因素。如果你只会低头拉车，不会抬头看路，你这架马车也许效率非常高，但是会迷失方向，只能"高效地"在原地打转；前面如果是悬崖，那就是"高效地"奔向悬崖。反之，如果你不愿意低头拉车，只想着抬头看路，你这架马车效率低下、不堪重负，最终，你只能看到远方，却总也到不了远方。这里特别值得注意的是，双灵活并不意味着在"平凡的"当下和"诗意的"远方之间不停地做出选择，更大程度上，它是日常工作中的一种思维模式或价值导向。马奇（March, 1991）指出，双灵活就是对旧确定性的利用和对新可能性的探索。为了确保长期成功，组织环境必须更加灵活，让员工能够自己判断如何在"以确定性为导向"的活动和"以可能性为导向"的活动之间分配时间。

瑞德智能——双灵活

瑞德智能对系统出错的风险始终保持警觉，在思想意识和制度安排上设置应对预案，这种解决方式确实达到了双灵活的境界。瑞德智能有一套称为"快赢计划"的管理机制，董事长汪军向我们介绍了这套机制。绩效评价是对工作状态和工作结果的评估，使当前的工作有效且顺利地推进。

但是，绩效评价存在一个问题。汪董说，对于日常的工作表现，这样一个评估是合适的；但是应对变化不行。绩效指标只是一个结果，它不代表方向、方法，而应对变化需要找对方向，并找到相应的解决方法。当一个局部的 KPI 出现偏差或者公司整体出现偏差时，或当外部出现巨大的机会，而公司现有的体系又达不到"突击"效果时，短期内必须有解决的办法。于是，他们建立了称为"快赢计划"的机制，也就是解决问题项目组。这样不管谁出现了偏差，都能够有机会、有路径，在短期内找准方向，找到解决方法，有效应对外界的变化和需求。正是快赢计划使瑞德智能在整体和各个局部都能保持双灵活——既低头拉车，又抬头看路。

团　队

要想做到前面说的快速、弹性、学习和灵活这四点，团队建设尤为重要。没有团队作为基础，前面四项都无从谈起。团队建设就是构建基层班组文化，就是要建立人人参与、人人负责的主人翁意识和共同体意识。人是"社会动物"，需要有一个日常交往的朋友圈（社交关系网络），需要有群体归属感。如果一个人日常交往的朋友圈是班组的同事或工作伙伴，那么他对班组的归属感就强，进而建立起对组织（公司）的归属感，因为组织归属感通常直接体现在群体归属感上。组织中的日常工作往往都是非常平凡、复杂、琐碎甚至枯燥的，员工需要相互支持、相互担当，需要建立紧密的、相互信赖的关系，需要建立"这里有我，尽管放心"的氛围。作者曾经对 280 多个基层班组的 2000 多人做过实证分析，结果发现，当一个团队建立起这样一种关系和氛围时，这个团队就会表现出两个非常重要的群体过程，一个是"直面问题"，另一个是"群策群力"。当所有团队，进而整个组织都建立起相互信赖、相互担当的紧密关系，能够直面问题，并能群策群力解决问题的时候，组织才能快速反应，保持弹性，不断学习和灵活应变。

金洲精工——班组建设

金洲精工特别注重班组建设，由此形成的班组文化与其一直以来所形成的精细化管理文化相辅相成。一方面，班组文化是精细化管理文化在人员管理上的具体体现；另一方面，班组文化倡导的互帮互助、团结协作的价值导向，又有助于精细化管理文化落实到每一个员工；再者，班组文化就是要让每一个员工都负起责任，培养每个人的主人翁意识。

金洲精工的班组文化是由公司内在的业务性质和外界环境的客观现实共同决定的。金洲精工的副总经理孙秋华谈道，在深圳，普通员工的流动率大概是30%左右，跟国内一般企业一年百分之几的流动率相比算是很高的。金洲精工的发展要求高，精密加工企业工作的精细化程度也高，员工要掌握各种知识技能，才能保证产品质量的稳定，因此员工培育周期就比较长。怎么去解决这个矛盾？公司摸索建立了一套"21天上岗法"，在一个月的时间内，让新入职的员工评价自己是不是能够适应这个岗位，避免试用期内耗费巨大的时间成本和培训成本。为了培养员工的主人翁意识，金洲精工从班组建设找到切入点，通过培育班组的文化氛围，让员工快速融入到群体和组织中。孙总说他们那一代人，"70后""80后"是能吃苦耐劳的，到了"90后""00后"，他们关心的是怎么活得更有意义，更有价值，这是很重要的不同点。金洲精工努力让员工切实感受到，公司的成长肯定要回馈给员工，公司的利益与员工的利益是一致的。

孙总还说，一般一个班组有8到10个员工，其中包括一个班组长，每个人根据自己的特长，承担相应的职责。比如有的人性格比较活泼，适合当生活委员，关心照顾其他人，业余时间组织大家搞一些活动，营造愉快的氛围。有的人性格比较内向，比较重视细节，可以让他负责班组里一些成本核算的工作。还有人掌握了安全生产方面的知识，可以当安全委员。同时，公司还关心员工的个人生活，开展了一些生日关爱之类的综合活动。总之，就是让员工都负起责任，人人都关心班组集体，人人都有主人公的感觉，大家共同发展。这样一种班组文化现在基本上成型了，让员工既能快乐工作，又能健康成长。

冀凯股份——最小作业单位制

冀凯股份在基层一线岗位上实行"最小作业单位"制，每个单位两三个人。冀凯股份的董事长冯帆给我们介绍道，日本和德国的精细化管理是把任务分到每个人，每个人都有排产日程表，他们的日程表一下可以排半年的，但是在中国这不现实。冀凯股份结合中国的理念和实际，把它改良了，没有把任务分到个人，而是落到最小作业单位。这样的小团队，大家荣辱与共，责权利共担，自己对自己负责。绩效考核指标也是落在小团队，对于团队中的每个人，公司有意模糊化，不追求明确的考核指标，达到模糊化管理和精细化管理之间的平衡。这是借鉴了夫妻店的模式，那些小店由夫妻管理，人家从来不用想丈夫做什么、妻子做什么，俩人总能把活干好。在一个密切交往的小团队中，大家不分彼此，既然愿意一块搭伙干活，就要互相担待，互相补位。这个时候不需要也无法考核每个人的KPI，你干多少、我干多少，靠的就是"人人心里有杆秤"。但是，如果有人总是不好好干活，其他人就可以选择把他踢出去。如果哪个团队都不愿意要他，那他也就没地儿去了。

文化落地

如何把组织的理念和价值观落实到每个人的行动中？不是看嘴上怎么说，而是看行动中怎么做。一方面，公司领导在思想上重视，在行动上鼓励，各级管理者，特别是高层管理者身体力行，传帮带，使之成为日常工作的基本成分，进而渗透到组织文化的基因里。具备了这样的基因，即使有人员流动变化，公司的文化都能保持不变，一路传承。

理念传达

宇视科技的孙洁跟我们说："我们公司的总裁张总基本上每个月都会写一些文章。不仅是针对我们公司内部的，还有一些针对业界的文章也都会转载到各个公众号上。张总的文章受众也不一样，他的一些文章有时是专门写给新员工的，有时是专门写给管理者的。张总的这些文章包含了他对公司和行业的思考，肯定不是就业务谈业务，更多体现了他对业务背后的理念的一些理解，以及能够支撑这些业务前行的文化和价值观。"

宇视科技重视对所有员工的企业文化培训，特别是对新员工，总共有10天的培训，其中有2天是关于企业文化和价值观的培训。宇视科技的企业文化和价值观可以总结为16个字：务实创新，合作共赢，简单公正，持续改进。每4个字就是一门课，每一门课是3个小时，光这16个字就讲12个小时。除了开展新员工培训，公司每年会引导、鼓励员工输出各种各样的总结和心得，并挑选一些优秀文章在各种公众号上做宣推。每年公司还组织各种辩论赛、演讲赛等活动，让员工自己写、自己说，展示员工的闪光点。宇视科技通过这种寓教于乐、潜移默化的方式，扩大公司文化的覆盖面，使公司的价值观深入人心。此外，宇视科技还有各层级的管理培训，会专门安排价值观研讨，让大家结合业务、结合实际工作去研讨文化理念和价值观，使16个字的价值观真正做到"从实践中来，到实践中去"，成为实际工作的引导。

制度保障

要想让文化理念和价值观体现在全体员工的行动上，必须在制度上给予支撑，使奖励制度落到实处、简单易行、快速到位。宇视科技对组织文化的16字价值观有考核要求，其评分占员工年度考核总分的20%。每年员工的年终总结中有一份"工作态度自评表"，是将16字价值观的每个字展开形成若干条，每一条又分为三个尺度：做得好，比较好，待改进。员工根据这个标准自评，之后主管再对员工的自评做复核和评价。这部分得分与基于KPI的绩效考核相结合，形成员工年度考核的总分。

瑞德智能强调全员创新和持续改进，并且有明确、详细的激励制度。员工写了创新提案就可以获得激励积分，攒够积分就可以换奖品。奖品有饮料、玩具、电器等，就摆在兑换现场。这是看得见摸得着的鼓励，再加上理念和价值观的引导，使得瑞德智能的激励制度既有物质奖励，也有精神激励。此外，瑞德智能还特别重视与员工的互动，不断完善奖励制度，不断改变激励措施和方法，以更好地适应员工特别是青年员工的需求和想法。

流程保障

宇视科技的孙洁介绍说:"我们倡导持续改进,鼓励员工提合理化建议。我们公司有线上的'合理化建议电子流'这样一个流程。无论是对自己的本职岗位,还是其他周边岗位,每个员工只要发现公司的任何一个点有问题,并且有一些改进的想法,他就可以填这个电子流。在这个电子流中,他可以提交发现的问题和改进建议,然后每个领域都会有专门的责任人接口。他只要走完流程,他的建议就会自动到达负责人那里。负责人会给出反馈,判断建议是否合理,需要采纳还是拒绝,需要跟踪还是关闭。如果采纳或者跟踪,就会指定责任部门和责任人,跟踪落实这个建议。如果这个建议最终落实,人力资源部会给最初提这个合理化建议的员工物质奖励。人力资源部每个月会通报员工提了多少建议,有多少建议被采纳了。"

孙洁还说:"持续改进要想真正做好,改进就该来源于每一个员工每一个岗位,因为只有员工最清楚自己身边哪些流程或技术是可以改进的。每个员工哪怕每年只提几个改进建议,就算只有一半被采纳,我们一年就有几千条能够落实的改进。这样积少成多,对公司的持续改进和优化发展都是不可估量的。从目前来看,供应链生产线合理化建议比例非常高,因为对于效率和质量来说,生产线需要精益求精,才可以做得更好,而且这种改进能够带来更直观的感受。这是我们公司一直引以为豪、做得非常好的一面。'合理化建议电子流'由于有 IT 系统支撑,不仅把公司的'持续改进'文化贯彻到每一个员工,还可以使这一价值观更快落地、落实。"

表彰奖励

宇视科技按季度和年度评选先进事迹，奖励模范人物。其中最重要的年度奖项，第一个是总裁奖，只颁发给团队；第二个是金牌个人奖，每年评选出 10 个人；第三个是金牌团队奖，每年评选出 3 个。这些奖项要从全公司四千多人中评选出来，竞争非常激烈。无论是申报的员工，还是他们所在部门的主管，对评选都非常重视，因为这不仅仅是获奖者本人的荣誉，更代表公司对获奖者所在部门业绩的认可。获奖者除了有一定金额的奖励外，还会获得由总裁或公司人力资源部签发的表彰通报——向全员通报获奖者付出了怎样的努力，有哪些事迹，产生了什么样的价值和结果。这样，所有人都知道，公司倡导什么，应该向他们学习什么。

总　结

企业文化既是企业的灵魂，是推动企业发展的不竭动力，同时也是企业获得竞争优势的一种方式。企业文化可以直接影响企业的绩效、员工的满意度及企业未来的发展。对专精特新企业而言，作为一种管理手段的企业文化尤其重要。一方面，这些企业的规模比较小，创始人的理念能够更好地传达给每个员工，从而影响他们的价值观和行为；另一方面，这些企业都处在自身重要的发展阶段，共享价值观的形成对于企业未来的发展具有重要作用。每一个专精特新企业都希望未来在行业中起到更好的引领作用，而基业长青的重要支撑就是企业成员共享的核心价值观。我们总结的这些专精特新企业文化的底色和特色，希望能够成为其他专精特新企业，特别是更广大的成长中的中小企业建立自身企业文化的参考。

参考文献

Argote, L., & Miron-Spektor, E. (2011). Organizational learning: From experience to knowledge. *Organization Science*, 22(5): 1123-1137.

Argyris, C., & Schön, D. A. (1996). *Organizational Learning II: Theory, Method and Practice*. Reading, MA: Addison-Wesley.

Birkinshaw, J., & Gibson, C. (2004). Building ambidexterity into the organization. *Sloan Management Review*, 45(4): 47-55.

March, J. G. (1991). Exploration and exploitation in organizational learning. *Organization Science*, 2(1): 71-87.

Peters, T. J., & Waterman, R. H. (1982). *In Search of Excellence: Lessons from America's Best Run Companies*. New York: Harper and Row.

Schein, E. H. (1992). *Organizational Culture and Leadership*. San Francisco, CA: Jossey-Bass.

Schumpeter, J. A. (2011). *The Theory of Economic Development*. Basim, New York: Oxford Unv. Press.

Szulanski, G. (1996). Exploring internal stickiness: Impediments to the transfer of best practice within firms. *Strategic Management Journal*, (17): 27-43.

第 6 章

扎实的运营

人们常说,"铁打的营盘流水的兵",铁打的营盘就是企业的运营体系。运营体系与流程、供应链、价值链效率密切相关,决定了企业的成本结构、附加值、资源整合与市场竞争力,是企业发展的命脉。与大企业相比,"专精特新"企业构建扎实的运营体系面临诸多矛盾和困境,主要体现在三个方面。一是既要外部增长,又要内部稳健。专精特新企业处于市场爬坡期,需要投入大量资源扩大市场份额,同时,还要有稳健的内部管理能力,以确保产品品质、安全运维。二是既要技术创新,又要运营卓越。专精特新企业需要持续研发独特、新颖、领先的技术产品；同时，还要构建工程化能力、标准化能力、系统化能力和平台化能力，才能扩大市场规模并确保商业成功。三是既要有财务营收，又要有战略能力。为了活下来，专精特新企业需要不断将科研成果转化为市场需要的产品，带来营收，同时还要有投资于短期没有回报，但对中长期发展具有战略意义的能力，特别是扎实的运营能力。

运营体系在博雅塔模型中属于横梁部分，起到承上启下的作用，是专精特新企业成长发展的重要部分。运营体系之所以重要，在于它可以降低专精特新企业发展的不确定性。很多专精特新小巨人和单项冠军企业是靠技术创新起家的，但技术创新充满着不确定性，包括技术方向、技术选择和技术投资回报的不确定性。企业必须要用确定的资产来降低技术创新的不确定性，扎实的运营正好可以起这种使用。它在技术变革和企业创新中的作用机制主要是管道机制（邵云飞等，2022）。对于制造企业来说，管道机制是指企业在创新过程中需要配备的生产制造、库存物流、供应链和价值链体系。如果生产管道是高质量、高效率、低成本和可复用的，新技术产品就可以快速被生产出来并推向市场，制造和销售环节的不确定性就会降低。管道的质量决定了产品的标准化、稳定性和可靠性，确保了市场和客户对产品的接受程度和品牌信誉度。从企业销售环节来说，管道机制包括体系分销、售后服务、品牌建设、营销和客户关系等。当然，互补性资产也是需要动态更新和发展的，随着企业规模扩大、品类丰富，必须要构建新的互补性资产适应其发展，因此，扎实的运营是企业生存发展的命脉，对专精特新企业的可持续发展至关重要。那么扎实的运营体系包括哪些内容，是如何构建的？基于对 8 家专精特新企业的深度案例访谈，我们发现，扎实的运营体系是由精益化管理、信息化建设、数字化转型和平台化合作共同构成的（参见图 6-1）。这是一个长期的演进过程，需要持续

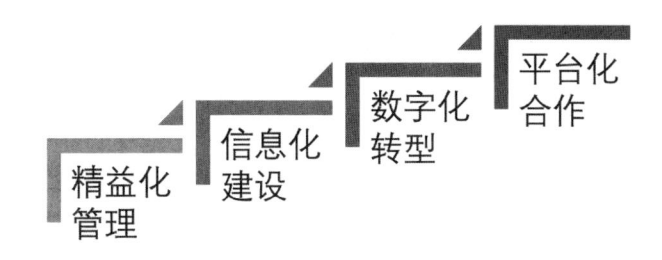

图 6-1　扎实的运营体系的构建过程与要素

投入和转型升级才能逐渐形成体系。在此，我们对一些实践做法进行提炼梳理。

精益化管理

精益化管理源于精益制造或精益生产，它不仅适用于制造业，也适用于服务业；不仅适用于整个企业，也适用于企业中的特定部门、流程与环节，如研发设计、产品开发、供应链管理等。其核心目标是创造出品类更多、质量更好、价格更有竞争力的产品与服务。

精益化管理有两个核心理念。一是"从客户出发"，二是"杜绝浪费"。精益制造中的"精"是少而精，不投入多余的生产要素，节省一切能够节省的，彻底杜绝浪费，只在适当时生产必要数量的市场急需产品。"益"是指所有经济活动都要有益有效，具有价值和经济性。精益制造的改善对象是"价值流和流程"，即从市场出发，树立只有顾客真正需要的东西才具有价值，如果不增加价值就是浪费的理念；其核心思想是"消除浪费"和"持续改善"；主要思路是通过生产过程的整体优化，改进技术，理顺物流，杜绝超量生产，消除无效劳动与浪费，有效利用资源、降低成本、改善质量，达到用最少的投入实现最大产出的目的（徐哲和孙巍，2008）。精益制造的优势在于能够帮助企业消除生产过程中的浪费，缩短不增值的时间，提高流程运行的效率，改善由于生产线工作量不均衡造成等待的瓶颈等问题。

精益化管理的缘起

20世纪40年代后期，日本经历了第二次世界大战后的经济萧条、资源稀缺、百废待举，其经济和技术基础与美国相距甚远。为此，日本政府制订了"国民收入倍增计划"，并把汽车工业作为重点发展的战略性产业，但如何建立汽车工业，成为当时日本亟待解决的现实问题。丰田喜一郎和大野耐一等人在考察了美国福特汽车生产的全过程之后，提出并建立了适合于日本国情的丰田准时制造（just in time，JIT）生产方式，也就是精益制造。美国麻省理工学院的几位国际汽车计划组织（IMVP）专家对日本企业进行深度调研后，提出了"丰田JIT生产方式"的赞誉之称（Jones et al., 1990）。精益制造的体系及方法如表6-1所示。

根据国外已有研究，中小企业采用最多的管理方法主要包括：先进先出、5S、对标、看板、工厂持续改善会议、及时生产、准时交货、可视化管理。它们多通过过程集成减少故障，将缺陷降低为零，推行有效管理创意，充分利用员工专业知识，降低安装时间以减少浪费，制定价值流程图，建设符合人体工程学的工作站，确立产品和工艺的标准化，采纳蜂窝式制造模式，打造自主工作团队，进行工作轮岗，实现低成本的自动化（Matt & Rauch, 2013）。

表 6-1 精益制造的体系及方法

	机器与设备	物料流与布局	组织与员工	生产规划与控制	质量
方法	低成本自动化 整体设备效率 预防性维护 减少准备实践 全员生产维修	蜂窝生产 先进先出 单件流 仿真软件 供应链优化 价值流程图 工作站设计	5S 自主工作团队 对标 创意管理 轮岗 持续改善方法 工厂持续改善会议	及时供货 及时生产 看板 生产线平衡和减少浪费 循环取货 工业流水线仿真软件 经济（最佳）批量 可视化管理	失效模式和效应分析 防错机制 质量圈 质量功能配置 六西格玛 统计过程控制 供应商开发 全面质量管理 零缺陷

精益制造的推进方法是循序渐进的，在真正实现需求拉动式的准时化生产前，对企业的 6S、可视化管理、看板管理等都有较高的要求。精益制造立足于需求拉动式的准时化生产，它消除了在企业生产活动中产生的在制品浪费，用最佳的资源配置最快满足顾客的要求。

精益化管理要求对企业运营精打细算，一分一厘地降低成本，但是在改革开放初期，市场巨大，很多粗放式经营的企业都能获利颇丰，特别是对于制造型中小企业来说，推进精益化管理是一个艰难的过程。由于中国经历的农业文明时间长，相比美、日、德等制造业强国的企业，我国企业，特别是中小企业对精益化管理的接受和实践是一个渐进过程。

精益化管理的市场动力

中国很多制造企业的成本降低与利润提升都是精益化管理与持续改进的结果。与其他行业相比,制造企业的艰辛在于每个环节都要精打细算,一分一厘地节省,节约已经成为制造企业生产的重要法宝。

对于像瑞德智能这样的小家电智能控制器生产企业,客户的要求十分苛刻:单价低,性价比高,个性化强,帮助客户产品快速更新迭代。如果他们给客户产品带来价格上的优势,哪怕帮助客户节省一毛钱,客户也会非常满意。能做到这一点,就显示出瑞德智能的竞争力和竞争优势,而这一切,都是生产运营体系的管理变革与运营提效带来的。

瑞德智能对精益化管理的重视与投入并非一步到位,而是在与市场共舞中不断升级精益化管理的理念与实践。特别是,市场竞争日趋激烈以及客户对品质的要求越来越高,倒逼企业升级内部运营管理体系。在瑞德智能的董事长汪军看来,回顾企业过去30年的发展历程,他们的客户营销经历了四个发展阶段,从早期的关系营销、品牌营销、品质营销发展到近年的技术营销。不同类型的营销带来了不同的管理能力和产品品质。在1999年到2008年期间,关系营销占主导地位。当时市场需求很大,只要能生产,就有人来买,毛利率也非常高,客户对成品质量要求并不高。2005年,瑞德智能产品的不良率已经达到1%。哪怕不良率为10%,客户仍然可以接受——只要与客户采购人员或工厂管理者搞好关系,生意就可以达成。

2008年全球金融危机暴发后,国内市场对于品牌、性价比的意识越来越强,瑞德智能也因此陷入了发展停滞期,仅靠成本低、关系好已经难以生存和发展,由此,企业营销开始转向品牌营销。2015年以后,随着《中国制造2025》的发布,国内经济结构向生产制造回归,品质营销变得越来越重要，高质量产品和优质服务受到客户青睐。其他的因素，如生产控制系统与客户系统对接，更有利于获得客户生产系统的认可和稳定的订单。企业生产过程的规范化、标准化和精益化被提上了瑞德智能的战略议事日程。2019年开始，技术营销成为主流，掌握核心技术的企业、具有技术创新能力的企业竞争优势凸显。国内和国际市场对于创新、技术、产品迭代和供应链管理的要求越来越高，技术和管理双轮驱动成为企业扩大规模的主要动力。

要想发展，就要有效适应客户对产品质量的高要求。在外部环境快速变化的情况下，瑞德智能作为典型的离散型制造企业，在市场倒逼中必须自我变革才能生存。作为服务于B端客户的企业，在运营变革中也遭遇了不少困难。客户有两三百家，要求各不相同，瑞德智能制造的很多产品，要根据客户产品的结构做定制化设计，瑞德智能的话语权比较小。之前企业的标准化概念不强，在设计和工艺上没有跟客户达成一致和标准化，导致出现设计缺陷，产品缺陷率较高，出现了严重的质量问题，局面一度失控。2015年，瑞德智能痛下决心进行管理变革，并将这一年定为质量年，主题为"产品质量提升"。他们从香港质量管理机构聘请专家，引入了精益生产系统，通过品质控制，系统梳理整个生产流程，制定严格的质量体系，对品质管理严格把关，突破原有的政策和方法瓶颈，加大对品质管理的激励机制，用两年时间彻底扭转了生产制造中的落后局面。

在此基础上，瑞德智能乘胜追击，在质量年后又陆续设立了效率年、信息化年、数字化年等，持续提升管理水平和运营效率。这些变革的核心目标是降低产品生产的不良率，系统提升了企业的流程和管理运营能力。经过7年的持续努力，其质量水平在整个行业和客户中建立了非常良好的口碑，获得了很多大客户的认可和订单。

尽管这个领域是一片红海，生存艰难，挑战众多，但瑞德智能仍然依靠持续的精益化管理和技术创新闯出了自己的天地，把运营做到极致。例如，从15元一块的线路板中仍能获得20%的毛利。将制造过程做到了极致，以至于后来者发现时已经很难进入这一领域。在全球供应链体系中，像瑞德智能这样的制造企业，练就了一分一毫计算的内功，将最苦最累最烦的活做到最佳，形成难以替代的竞争优势。未来，瑞德智能还计划将自身的制造能力逐渐拓展到工业智能、工业变频和控制器等领域。在这片红海中，瑞德智能并不满足于现状，而是利用信息化、数字化、智能化技术持续地推进企业的转型升级，从以前全部依靠劳动力走向自动化和智能化。目前，瑞德智能产值5亿需要用工3000人，未来的目标是产值增加到20亿时人员不增加，将劳动生产率的增加部分分享给产业链中的客户。尽管从资本的角度看，在制造企业价值链中，生产零部件的企业劳动生产率偏低、单品价格低，相比整机企业，其经营报表并不是很漂亮，但是，千千万万像瑞德智能这样的中小型制造企业，凭借着中国人的吃苦耐劳、谦虚谨慎、善于学习和持续改进，打造了一个个专精特新、小巨人和单项冠军，这正是中国制造的优势所在。

精益化管理是企业基石

位于深圳龙岗的金洲精工是半导体钻头的领军企业，在近40年的发展历史中，在历任领导的带领下，通过持续的精益化管理、班组建设、全面自动化和科技创新，打造了坚实的运营基础，实现了从跟跑、并跑到领跑的跨越。为了推动企业的精益化管理，金洲精工分步导入了系列化的管理工具和方法论，如2010年推进全员设备保全，2011年推进六西格玛和品质圈管理，2012年推进全员生产力创新，其核心是帮助企业消除一切无效劳动和浪费。金洲精工通过不断降本增效、增强生产灵活性、激活工作团队的士气等手段确保企业在市场竞争中的核心优势。

在管理目标上，金洲精工作为中型高科技制造企业，推进精益化管理，以通过整个生产制造运营体系的精益化，调动员工的创造力和智慧，以零库存、降低成本等方式实现整体运营流程降本增效，全面提高生产效率和效能，实现整体价值最大化，并且满足市场小批量、多品种、高质量和敏捷交付等竞争要求。

管理实践上，金洲精工在推进六西格玛项目的过程中，公司分管技术的负责人主抓项目管理和推进，并将通过六西格玛的能力考核作为工程师晋升的必备条件。这一激励措施激发了工程师们的学习热情和管理变革意愿，使质量管理的量化能力和精益度大大提高，促使企业管理层通过精密的数据和测算分析来衡量生产质量，同时驱动了跨部门沟通和关键管理难题的解决。此外，金洲精工进行全员培训以使员工适应科学的生产管理模式，从而大大提升了产品合格率。这一管理工具使企业的运营效率和性能更高，柔性也更强。

在 2008 年金融危机之后，金洲精工产品的市场需求量很大，但公司发展遇到了瓶颈，各个环节浪费严重，又没有好的思路和方法进行改善。如何提高劳动生产率和改善公司的经营质量成为高层管理者迫切需要解决的问题。2010 年初，三位骨干在外学习的时候了解到全员设备保全这一管理工具，回到公司后做了一些内部尝试。看到初步效果后，金洲精工就找了一家管理咨询机构协助推进。在推进全员设备保全的过程中，公司以设备为管理抓手，在生产制造环节中通过提案活动激活每一个员工的活力，推进勤俭节约和空间优化，大大提高了设备使用效率。金洲精工副总经理孙秋华介绍说，公司曾进口了多台瑞士设备，平均使用寿命已经超过 16 年，但由于维护得当，设备仍在满负荷运转，这是金洲精工抓设备管理工作的一个缩影。

精益化管理给企业带来了很大收益，也整体提升了金洲精工在国内外市场的综合竞争力。金洲精工从瑞士引进的关键设备，一台大约两百多万元。过去，一台机器一天的产量约为 4000 只钻头。通过 10 年的不断摸索，公司根据设备程序，对员工动作、流程进行优化，设备日产量可以达到 6000 只，效率提高了 50%。公司原来需要购买两百多台这类设备，经过精益化管理，节约了七八十台的设备购买成本。精益化管理带来的另外一个显著效果是人员效率的提升。2010 年，金洲精工生产员工接近 500 人，一年的产值约为 1 亿元；10 年后，经过持续的精益优化，生产人员不到 400 人，但产值接近 4 亿元。如果没有精益化管理，人工成本和设备成本降不下来，企业在市场上就没有竞争力。随着市场竞争日趋激烈，产品价格在不断走低，而通过精益制造，成本也在不断走低，就可以给企业创造较好的利润空间。有了这样的利润空间，企业才能更多地投资研发，持续增强企业竞争力。

金洲精工的实践证明，精益化管理是世界一流企业的重要基石。精益化管理是基础，精益化做不好，各种标准就做不到位，信息化、数字化、智能化的基础就不扎实。因此，在管理和运营体系中，一切应以精益化管理为基础。

精益化管理需要本土化调试

精益化管理源自日本企业，其环境、文化与中国企业有很多不同。中国企业在引入精益化管理时，如何取其精华又避免水土不服，是一个重要问题。

冀凯股份作为煤炭设备制造企业，其中高管理层在 2002 年左右就去丰田参观，在参观丰田生产线的过程中，丰田的精益化管理给企业的中高层留下了深刻印象。2010 年，冀凯股份系统引入了精益化管理的理念和方法。企业将精益化管理中的两大概念与企业的生产实践紧密结合：一是重视准时生产，二是强调全员参与改进。

虽然深刻体会到丰田的精益化管理和制度建设对降低市场运营不确定性的价值与重要性，但冀凯股份并没有盲目照搬，而是以丰田模式为对标对象，仔细分析丰田模式于中国企业的适用性。分析后发现，丰田模式在两方面不适合中国企业。一是丰田模式缺乏绩效管理；二是丰田模式未将绩效管理与团队收益相结合。在此基础上，他们对精益化管理做了本土化调试。在冀凯股份领导层看来，如果没有绩效管理，精益化管理在中国企业很难落地。日本企业采用终身聘任制，薪酬与年资相关，这一点并不适合中国国情。对中国企业员工的管理，需将工作量、工作要求与绩效紧密挂钩才能产生实效。

在推进精益化管理的过程中，冀凯股份领导层将精益化管理与绩效管理进行了整合。丰田模式将任务下达到个人，但中国市场和客户需求波动性大，必须通过团队协作才能应对不确定性。因此，他们将任务下达到由 2—3 人组成的最小作业单元，将日企的精益化管理和中国的模糊化管理进行整合和平衡。同时，在利益分配上保持一定的模糊性，为动态调整留出空间。小团队作战增强了成员的责任感和荣誉感，相互配合为应对订单的变化留足空间。在小团队中，如果有员工工作不认真，小团队可以把他踢出去；如果大家愿意一块搭伙干，就互相支持包容。这样，不论是加班、出差还是家里有事，都可通过模糊化管理进行团队成员间的相互支持。冀凯股份将精益化管理与模糊化管理进行结合，适应了中国文化和国情，有利于提升企业运营管理的敏捷性和柔性。在小团队协作中，所有工人都明白谁干活谁说了算，谁创造价值谁分享价值；激励政策与业务板块紧密挂钩，在激励机制设计中，将生产效率、节约成本和质量管理等多要素进行组合。除此之外，企业还将工人是否降低辅料消耗、是否保证品质纳入绩效考核范围内。比如，辅料（如刀具、磨轮）在成本中占30%，领料时记入信息系统，如果工人能够降低损耗，将辅料退还，所节约成本中的30%归个人所有，以鼓励员工对辅料的精细化管理和使用。

冀凯股份在认真学习、导入精益化管理方法，并进行本土化调试的基础上，还将其思想和方法融入到企业管理信息系统开发建设的实践中，将其与本企业的管理文化和制度建设有机结合起来，成为公司在信息化和数字化建设中的重要基础。

高管认知决定精益化战略

宇视科技在创立之初，董事长张鹏国就非常注重生产过程控制和产品质量。这种认知首先源于他在北京航空航天大学学习时搭建的双元知识架构，一方面是计算机课程，另一方面是系统可靠性课程。系统可靠性课程让他对计算机系统的管控能力有了认识。他在华为和华三的工作经历，也让他和高管团队在管理运营体系的建设运维上积累了很多经验。因此，在创立宇视科技时，他就将品质和创新立为企业生存之本，认为驱动企业长期稳健、可持续发展的双翼是"品质为本，创新为魂"。左翼是品质，右翼是创新。在宇视科技的战略愿景和组织文化中，产品的高品质是企业良心与信心的根基和来源，因此很早就被植入企业的发展基因中。在激烈的行业竞争中，宇视科技在行业领先者海康威视和大华两家企业面前，不惧艰险，不以低价方式寻求发展空间，而是始终坚持品质为本，进而从国内几千家设备制造商中脱颖而出，做到了行业第三。在张鹏国的带领下，宇视科技从两方面入手，推进精益化战略。

做好精益化管理的组织保障。为了确保品质为本，宇视科技在法务部的控制下设立了流程管理部。流程管理部的核心职责是对全公司的流程进行统筹管理，负责公司所有管理体系认证工作，并定期进行跟踪和闭环管理。除了不断对自己的管理体系进行优化和升级，宇视科技还将客户投诉和要求作为持续改进的动力。流程管理部负责接收外部客户的投诉，设立了接受外部客户投诉的公开邮箱。一旦客户发现宇视科技的产品有质量问题或员工的态度不好，随时可以发信投诉，而该部门会定期分析这些投诉问题，提出改进建议并跟踪改善成效。

打造"双基线"流程管理系统。宇视科技在国际化的进程中，既要面对欧美、日本等对质量基线要求较高的市场，也要服务南亚、东南亚、中东、非洲等对质量基线要求较低的国家。同时，国内市场对双质量基线也有要求。这就要求公司在流程、制度和文化上构建两套系统，对管理的复杂度提出了更高的要求。为了更好地满足不同市场和不同客户的要求，尽管双基线流程管理系统建设挑战很大、成本较高，但宇视科技坚持做困难但正确、有长期价值的事情，构建稳健、合理、符合商业逻辑的管理体系。在此基础上，将性价比做到极致，在质量、速度、成本三个方面做到综合平衡。

信息化建设

尽管精益化管理解决了企业流程优化、价值梳理、团队建设和部分数据采集的问题，但是随着市场环境和信息技术的快速发展，精益化管理需要以更大的范围、更快的速度、进一步量化和整合的方式拓展和深化，它的局限性也随之显现出来：一是管理过程难以量化；二是对人和团队高度依赖。在20世纪七八十年代，随着国际市场竞争加剧，企业需要对客户和市场做出快速响应。此时，随着计算机设备和软件技术的推广，管理信息系统应运而生。跟随信息技术的快速发展和应用，信息化建设由此展开。我国企业在20世纪90年代开始信息化建设和转型。在这个过程中，充满着质疑和困惑，很多人已经习惯于依赖人做事，对于管理信息系统的导入将信将疑。但是，在专精特新企业中，很多是信息化建设的先行者。

信息化助力企业战略升级

作为煤矿机械生产企业的二代接班人，冀凯股份的董事长冯帆留学时学习的是理工科，对科学管理有知识储备。他接班以后，认为企业虽然处于煤矿机械生产这一传统行业，但是，必须要用新的技术和工具武装自己才能上新台阶，他的想法也得到了父亲的全力支持。2001年，冀凯股份开始推进信息化应用，也是石家庄最早开始推进信息化的企业，是河北最早开始使用外购ERP软件的企业。2009年，公司下决心成立信息化组自主开发系统，这对一个传统制造企业来说是很大胆的决定。其具体做法包括：

系统设计以企业已有业务管理为核心。冀凯股份自主开发的管理信息系统将企业30年的管理经验和业务运营体系融入到软件构架中。冯董和企业高层认为，软件开发一定要真正以管理者和精益生产为视角，通过借鉴丰田精益化管理模式，将精益生产思想中国化；同时，将中国企业的过程管理和动态管理思想融入到整个管理信息系统的设计开发中。

用顶级业务人才做公司信息化规划。冀凯股份决策层认为，信息化系统规划的重要性远远大于系统开发本身。为了增强信息系统开发的顶层设计和规划能力，公司专门组成了由管理人员、业务骨干和技术开发人员共同组成的信息化规划部。参与规划的业务人员都非常精通业务和了解行业发展，他们对业务需求和痛点问题反复讨论、细致梳理和充分沟通，在此基础上形成对业务发展的高度共识和全面认识。

重视全价值链信息化架构的顶层设计。冀凯股份的信息化总体架构贯穿企业的全价值链。从研发开始，所有图纸、BOM、ERP、MaaS、财务都是一体化的，设计完图纸、BOM出来后，在信息化系统里可以看到工艺、任务分解、材料采购、加工生产、外协工作，这些工作全部分解到各个运营单位后，应付账款一目了然。在这个过程中，公司观察全过程、全员信息化，真正让所有员工都能参与到信息化工作中来。

循序渐进地推进信息化建设。冀凯股份的信息化建设经历了诸多发展阶段。第一步是管理控制基础业务流程，将信息化管理的重点放在供应链流程，包括计划、生产、销售、财务等环节。第二步是推进全要素信息化，目标是全程无纸化。把之前游离在信息系统之外的工作，如行政管理、研发管理纳入其中，通过版本迭代持续改进。第三步是自动化，用自动编制工艺、自动扫码设备等替代手工操作录入信息。第四步是智能化。信息系统从局部业务应用到完整业务应用，与绩效管理紧密结合，通过智能化分析，实现数据驱动决策和发展。第五步是外部连接，将信息系统与其他外部机构，如银企直联、金税系统等直接进行对接。

根据业务痛点推动信息系统开发。企业在推进信息化进程时，始终围绕着如何为业务和员工创造价值这一核心问题，解决业务中的现实需求和困难。例如，作为离散型制造业，制造工艺路线比较复杂，排产是一个令人头疼的问题和瓶颈。信息化规划部提出开发自动排产功能,按照产品分类、产品工序、任务饱和度实现自动排产。技术团队通过开发快捷排产界面有效解决了这一问题。目前,公司用信息化手段完成90%的自动化排产,另外10%可以动态调整和手工修改,极大提升了管理效率。

在累计投入一亿多元之后,冀凯股份通过自主开发管理信息系统进行自我赋能。近年来该系统应用日趋成熟,已经开始输出给其他离散型制造业同行使用。

信息化建设中的领导力

除了制造企业外,技术型企业同样面临着信息化管理问题。网络安全企业奇安信成立时间不到10年,已经发展到过万人的规模。对他们来说,如何利用信息化手段有效管理高速发展中的企业,是非常有挑战性的课题。

信息化、数字化同步推进。对于奇安信来说,信息化和数字化是两条主线。信息化与数字化的不同在于,信息化以流程为核心,目标是实现企业管理的系统互联与数据互通,但它只能解决业务流程的单向信息流动。数字化以数据为核心,实现全方位业务的系统关联和数据采集,以及全过程、多视角、多维度的数据分析与决策支持。数字化转型对企业内部的数据管理提出了更高的要求。企业需要通过建立统一的数据标准、整合数据、挖掘与分析数据,通过结构化、可视化呈现众多业务环节的实时动态情况,推进管理工作、业务流程再造或项目管理优化,这是一个闭环管理过程。

奇安信的信息化和数字化建设投入巨大。信息部门有专业人员100人,另外还有一百多人的外包团队。首席信息官陈晨之前在中国民航信息集团和香港航空负责过信息战略的制定和首席信息官工作,2019年加入奇安信，主要负责内部信息化建设以及数字化推进等相关工作。此时，奇安信的信息化建设处于起步阶段，信息管理的职能散落在公司的各个部门，未能形成合力。在企业高层的大力支持下，公司成立了专业集中的信息部门，将信息化建设与数字化转型整合起来，以整体规划、分步实施的方式，渐进式地完成信息管理的体系建设、核心系统的实施应用。

明确信息化领导小组的关键职能。奇安信作为发展不足10年的网络安全企业，信息化领导小组由总裁亲自挂帅，小组成员由集团的核心副总（如首席信息官、首席财务官、首席技术官和人力资源总监）组成。领导小组负责项目审核和推进，决策内容包括每年的预算、重点项目审批、项目实时回顾、系统效果和业务绩效改善等。奇安信为了确保信息化推进业务的高效集成，在推进信息化过程中以首席信息官为主导。这样做的主要原因是信息化与系统设计运维、数据管理和组织变革之间密切相关。工作上有很多重叠和冗余之处，如果管理岗位设置过多，会把数字化工作做窄，如信息化仅仅是对技术实施负责，而不对业务结果负责；如果设置首席数据官，他只看到数据，很难从数据来源和业务闭环全面思考问题，管理上的分离会让信息化工作难以落到业务实处。因此，奇安信以首席信息官为主导整体推进信息化和数字化进程，将战略、业务、流程、制度、IT建设，以及数据经营分析和决策进行整合并通盘考虑。首席信息官的核心工作是紧密配合公司整体发展战略的实施，其整个工作都围绕最高领导层的战略目标和预期结果展开，因此，首席信息官需要与董事长和首席执行官形成紧密的联盟。为了确保信息化建设和数字化转型达到预定目标，陈晨的工作主要有以下几点：

在项目立项过程中充分交流。关于与信息化建设和数字化转型有关的所有决策，有三点是最重要的：信息化和数字化项目投资多少；投资决策会带来哪些效果；项目推进过程中会有哪些疑难杂症。为了有效解决信化数字化投资回报问题，奇安信设立了专门的立项管理机制，任何一项投资都有人对结果负责。开始时，信息部门的工作重点是建系统，但业务部门人员不明白信息部门在干什么，导致业务部门与信息部门两张皮难以融合。经过不断沟通磨合，企业形成了一套方法论。在立项阶段，业务部门和信息部门充分沟通，彼此就大量问题进行充分交流，并在项目立项之初达成一致意见，对预期目标和结果基本达成共识。业务部门清楚信息部门具体要做的事情，据此确定项目组人员构成，实施项目阶段性推进，完成项目效果评估和投资回报分析。

在项目推进过程中全面沟通。在信息化建设和数字化转型中，大家的认识、能力和行为会对项目推进产生重要影响。有些人担心自己丧失权力、地位和优势；部门间业务压力和经营指标不同，对信息化和数字化项目的优先级看法也不同。当公司要重点推进数字化转型，并对时间节点有要求时，不同业务部门就要承受变革压力。针对这个问题，奇安信采取"上举拉齐"（指业务与技术高层负责人通过充分沟通，就信息化和数字化项目目标达成一致认识）的策略和方法，在充分沟通、达成共识后再启动项目。在项目推进过程中，各部门不断在资源投入、时间节点和进度上进行充分协同，以确保项目实施和管控落地。奇安信信息部门还以周报的方式用文字及时通报信息化和数字化项目的进展情况。

作为技术负责人，陈晨会在沟通上花费大量时间：用 1/3 的时间跟高层沟通，1/3 的时间与各业务部门负责人就产品设计、业务流程和管理进行沟通，1/3 的时间与团队内部就管理规范和人员能力进行沟通。陈晨认为，技术负责人的基本能力需要表现在一旦承诺就要做到，看到风险就要明示，哪怕受批评也要直言问题，不做含蓄的管理者。

构建数字化需求漏斗管理模式。数字化需求管理是数字化转型中信息部门最头疼的问题，各部门需求一大堆，纷至沓来且经常变更。陈晨采取的方法是将业务驱动作为需求排序的关键原则。在"上举拉齐"的过程中，陈晨和领导小组制定预算分配方案时通常是最痛苦的。为此，陈晨开发了一个数字化需求漏斗管理模式。其具体步骤包括：以集团整体优先级1—3级业务流程为主框架建立大资源池；将主框架分解到各业务单元级；在此基础上按照最终优先级进行整体需求设计。形成三级漏斗模型的信息和过程通过会议和文档分享给相关部门，让各业务部门负责人知悉。在确定需求优先级时，技术团队必须把业务要素和结构吃透，对业务需求进行分类，明确各类型业务部门的考核指标，如收益类部门考核现金流，服务类部门考核客户满意度，职能类部门考核核心技术等。在此基础上，信息部门还需考虑董事长或CEO制定的年度战略，根据公司每年的业务优先级对数字化转型需求进行排序，并将需求按管理变革优先级、经营落地优先级等进行划分。

在陈晨看来，企业在信息化建设中，如果发现不同业务部门的共性需求，那么可以将共性需求提炼出来做信息化的整体框架和指标体系，从而指导企业的信息化进程，同时还能看到信息技术对业务优化的重要价值。比如，通过数据分析业务经营和绩效结果，就会为业务部门做出大的贡献。推进数字化需求管理，说明业务部门迫切需要数字化转型对其赋能，而实现需求的过程是业务与技术团队价值共创的过程。根据企业资源局限性，通过多种因素对需求进行排序和取舍，是对数字化转型过程进行有效管理的重要方法。同时，陈晨还特别强调，在数字化转型过程中要让各个部门的需求有机会得到充分表达，不能把需求挡在一线而错失一些重要应用，或给业务发展带来信息化盲点。

制定信息化投资回报的评价标准。奇安信在评估信息化和数字化转型项目的投资回报率时不会只看一年，一个项目至少会看3—5年。在这个过程中，领导小组会核算项目可能产生的直接经济效益，但针对不同部门会根据其业务特性采用不同的评估指标，如评估服务能力要看效率；评估职能部门的工作效果要看管控结果；评估战略性投资要看核心技术和基础组件的贡献。因此，数字化转型的投资回报指标是一个综合性体系，要根据业务特性决定回报评价标准。

经过几年的共同努力，奇安信在信息化建设和数字化转型方面同步推进，完成了诸多重大项目，包括研发、产品、服务、营销及管理职能部门的核心应用平台建设，支撑了奇安信连续的高速发展，如打造产品许可证平台，实现了公司内部产品的统一管理与发放。在这些活动中，企业的数据平台发挥了重要作用，技术团队基于商务智能产品和服务，对平台上的数据进行处理、开发、可视化加工，以助力企业发展出数据驱动决策的能力，并利用人工智能，提供更多的智能化解决方案。作为网络安全企业，奇安信不断发现问题、完善产品，将零信任、椒图（服务器安全）、数据安全态势感知、数据库审计等经过内部实验后投入市场，都有较好的市场反响。

信息化支持企业扩大规模

随着企业规模扩大，在精益化的基础上，企业需要信息化手段，支持对管理跨度的定量化、标准化和规范化。当企业规模比较小时，老板可以管理几乎所有事情。但当企业规模扩大时，职能部门可以分工管理相关事情。但是，如果企业规模进一步扩大，这些职能和业务部门就会以自我为核心形成信息孤岛，很多重要数据和信息没有办法在整个企业传递、整合和共享。部门各自为政，相互扯皮，速度放慢，效率下降。所以，在这个阶段，企业必须要通过信息化，打破信息孤岛，做到部门间系统互联、数据互通。

金洲精工在对精益化管理进行大量投入的基础上，2004年开始推进信息化建设，2007年开始上ERP，在此基础上又自主开发MES、WMS系统。生产作业无纸化对企业帮助非常大，之前的生产检测技术都是依靠人工完成，质量出现问题要由几十位工人写材料，导致大量材料堆放在品保部。企业通过无纸化作业大幅度提升了效率，为下一步的数字化转型奠定了基础。

信息化建设着眼于持续改进。根据金洲精工的经验，在精益化基础上推进信息化建设时，不能简单地把以前的流程变成电子版，那就没有改进的意义了。金洲精工在推进信息化建设的过程中，先把各个业务系统流程进行精益化梳理，在精益化梳理过程中分析以前是怎么做的、现在有哪些问题、应该怎么做、怎样才能改进，然后再把它们以电子形式固化下来，这就是业务流程信息化。生产流程也采用同样的方法，分析以前的问题并提出改进方案。通过新设备开发、技术改进、流程优化、信息集成，提升整体效率。

信息化推进过程与业务活动密切相关。企业一开始是以财务信息化为主，紧接着与采购、库存、销售、生产制造系统、生产排程系统、产品生命周期管理进行连接。从采购端到生产端，从销售端到客户端，进而对上下游供应链进行系统化连接。当企业规模再大时，确保所有流程环节系统和数据畅通无阻，有利于企业实时、动态掌握运营的真相和问题。

对于制造企业来说，最看重的首先是提高效率、降低成本、节省人力。自动化是非常重要的工作，把以前好的动作标准化后，转化为自动化操作，就确保了品质的稳定性和效率提升。2022年，金洲精工高层提出公司的战略愿景主要包括三个方面：平安金洲、科技金洲和智慧金洲。其中智慧金洲就是数字化与智能化的中长期愿景。作为扎实的运营体系，其内在逻辑关系是：精益化是基础，信息化是前提，数字化是方向，智慧化是目标。金洲精工正在建设智能车间以大幅度提高工序的自动化程度和水平，建成后能够实现自动包装、自动物流；同时，通过数据驱动发展模式，能够实现智能制造系统、智能化仓库、工厂智能物流，最终实现智能综合运营平台整体调度，这就是智慧金洲的发展目标。

信息化推动组织变革

在信息化建设过程中，需要克服组织变革的阵痛。对于像冀凯股份、瑞德智能这样的传统制造企业来说，信息化建设的最大困难首先是人的问题，特别是老员工。他们跟随企业成长，从基层干上来，劳苦功高，积累了丰富的实战经验，很多经验也被实践证明很成功。所以，当企业在推进信息化的过程中要实施组织变革时，很多老员工对信息化不理解、不接受。一方面，他们担心新技术替代了自己原有的经验和地位，认为信息化变革就是革自己的命；另一方面，信息化技术要求年资较高的管理层和一线员工学习新的技能，这对他们来说很有难度。因此，反对声音强烈，抵触情绪非常明显，影响了整体士气。

瑞德智能刚推进信息化时，员工抵触情绪非常强烈。他们发很长的信息给领导班子陈述信息化可能带来的风险和问题，担心变革会伤害公司效率。面对这些质疑之声，瑞德智能领导班子认为组织变革要解决的问题首先是化解诸多矛盾，改善内部管理与外部拓展之间、提高品质与提升效率之间、信息化改造与绩效增长之间的矛盾。尽管这个过程中会有很多反对和质疑之声，但一把手必须有坚定的信念和决心才能把信息化推进下去。

瑞德智能领导层的做法如下。

第一，在认识上，领导层通过反复宣讲带领大家统一思想。为了疏通员工思想，企业高层领导把信息化的思路分享给核心骨干和员工，向大家解析信息系统的结构，说明信息化为什么不仅不会影响效率，还可以大幅度提升效率，让大家对系统上线产生积极预期。领导们做思想工作的过程比较复杂，有时晚上还有员工给他们打电话，但他们对员工的质疑耐心解答。

第二，在行动上，企业领导们身先士卒，在生产一线亲自推进信息系统实施。他们带领干部和员工对生产线和工位进行梳理。先在一个工位或工序做试点，取得成效后让员工看到正面效果，员工确实看到变化之后，就不再惧怕信息化，并开始积极接纳变革。

第三，在推进过程中企业采取了以点带面、以面带线、以线带整体的策略。在局部试点成功之后，开始建立新的生产线，初见成效后，再将新生产线拓展到整个车间、整个楼层和整个事业部。

第四，在激励机制上做到有奖有惩。尽管组织变革中有很多争议和争吵，大部分干部有抵触情绪，但还是有一些干部和员工愿意接受改变。公司的策略是整体以表扬和做思想工作为主，让员工真正看到变化。近年来，随着成本压力加大，盈利水平大幅度下降，瑞德智能预先在组织变革上做了调整，将技术变革项目组合起来集中试点并改善工艺，使生产线的劳动生产率大幅度提升，从而快速适应更加艰难的竞争环境。

第五，在高度变化的环境中保持理性和冷静。瑞德智能用的信息系统都是定制的，行业里没有标准化系统。在定制过程当中会有很多不确定因素和不稳定因素，所以对于制造企业来说，明确自身的需求非常重要。试用过程中会出现很多偏差，开发新的系统也会有很多问题，影响了企业运行速度，甚至达不到企业原来的预期，员工也有诸多怨言，这都是信息化实施中的现实问题。在这种情况下，企业高层管理者一定要冷静应对，与系统开发商保持有效沟通，系统梳理业务需求，逐步改善。为了确保万无一失，瑞德智能早期 OA 系统中的订单流程有两个系统同时跑，这样确保不会影响供应链和客户。

瑞德智能的信息化管理是基于精益化管理，其建设重点是生产和供应链管理。关键目标是做到内部各个环节互联互通，对外与供应商全部打通、与客户部分打通。通过这种方式大大降低沟通成本，加快了整个企业的供应链协同。在管理上，通过大数据分析，企业对成本、质量、运营效率等指标都可以有清晰的认识，管理的准确性大大提高，科学性增强，反应及时快速。但现实的难点是采集大量数据之后如何让其变得智能，并支持企业决策。由于环境变化速度太快，以前公司可以做 3 年预判，但是今天的市场环境使企业预判 3 个月就要调整，因此，数据的实时动态非常重要。为此，瑞德智能与高校专家合作对数据进行建模和分析。在将数据用于企业实战的过程中，企业仍有很长的路要走，同时也存在着很大的上升空间。

信息化助力全过程质量管控

传承领先企业的先进体系。企业对信息化建设重要性的认识与领导层的背景和经历有很大关系。宇视科技的创始人团队很多是从华为出来的，有些在华三工作多年，他们对华为集成研发系统（IPD）和其他管理信息系统的应用价值非常了解。华为和华三对产品质量的要求达到了苛刻的程度，通过多年的打磨和锤炼，将端到端的质量保障和维护系统尽可能做到极致。宇视科技根据自身的业务需求量体裁衣，非常认真地引进和优化华为的优秀管理经验，在成熟的 IT 系统和流程基础上做了简化，将质量标准做了适度调整。尽管整个过程仍很痛苦，但为了满足行业高质量标准，企业必须对留下哪些质量标准、减少哪些不必要的流程做大量适配与权衡工作。

做好研发流程管理。宇视科技的研发流程脱胎于华为的 IPD，但是在华为 IPD 基础上做了很多改良。华为的 IPD 流程的复杂度和精益度要求都非常高。宇视科技的业务体量相对较小，因此，在华为的 IPD 基础上精简优化，形成内部的研发流程 UIPD。改良的目的是"小快灵"。"小快灵"旨在支持产品的快速推出，让最懂业务的人在遇到问题时快速决策，而不用层层汇报。目前，UIPD 流程总共改了三版（最新版为 UIPD3.0），同时加入了安防行业的特定标准和要求。企业的内部 IT 系统都是根据 UIPD 的思路来建设，大部分研发工作都是在线上进行。

建设全流程质量追溯体系。2015 年宇视科技刚刚进入国际市场，对国际市场需求不十分了解，就按国内的渠道市场需求做了产品到国外出售，结果发现严重水土不服，很多客户要求退货。为了公司的品牌和声望，宇视科技决策者果断决定同意退货，虽然在经济上损失很大，但这件事使宇视科技深切意识到，质量与地域和文化密切相关，好的质量需要和不同国家的质量标准进行匹配。重视质量的核心逻辑是对客户负责任，负责任是质量好的重要组成部分。为此，宇视科技构建了全流程追溯管控系统，如果发现产品品质有问题，可以追溯各个品类配件的来源。如果客户不满意，可以申请退款。宇视科技的质量观可以说涉及产品质量、流程质量、经营质量和业务质量等所有环节。

数字化转型

数字化与信息化的不同

随着云计算、大数据、物联网、移动互联网和人工智能技术的快速发展和应用,全球企业的数字化转型进程加快。数字化转型是信息化建设的高级阶段,在信息化建设对已有资源和管理流程进行量化的基础上,数字化转型涉及对全要素、全过程和全域的数字化覆盖和数字孪生。数据已经成为企业的战略资产。

在数字化转型中,大家常提到的另一个概念是数智化。数智化中的数与智分别代表资源和能力。一方面,随着移动互联网、工业物联网的普及,数据的类型与数据量迅速扩大,大量外部数据(如社交媒体数据)、动态数据(如智能终端数据)、非结构数据(如社交媒体视频)和过程数据(如物联网和移动互联网数据)给数据管理能力提出了更高要求。另一方面,人工智能技术的应用,为解决从数据到知识的增值过程带来了新的思路、工具和方法。智的能力既包括数据—信息—知识—智慧的增值过程,将数据增值为可用的看板、工具、模型和服务;又包括人们在海量大数据中发现新的认知模式的能力——以更快的速度、更广的视野、更深的洞察获得全景式、精准化认识,弥补人脑的局限和不足,在人机交互中形成新的知识创造范式。

国内外学术界对于数字化转型概念的界定不同,但核心概念聚焦在以下几点:一是数字化技术应用影响企业的发展战略,支持企业的发展规划和蓝图;二是数字化转型可以匹配和优化业务,利用数字技术实现过程的数字化和流程的数字化,提升企业的业务效率、创新能力和绩效,推动产

表 6-2 信息化与数字化的不同

	信息化	数字化
时间跨度	1950—2010 年	2010 年至今
数字基础设施	局部的管理信息系统、商务智能（BI）	移动互联网、大数据、云计算、物联网、人工智能、5G、平台、区块链
竞争场景	行业内竞争	行业内与跨行业竞争
客户与市场	被动的、局部的信息消费	主动的、全方位的数字消费
推动管理变革的因素	内部决策者	外部因素、消费者
组织对象	单一组织内的管理流程和资源网络	组织内、组织间和跨组织的价值网络
组织结构	原有组织结构不变	原有组织结构模块化、平台化
软件和技术	ERP、MES、PLM 等	云计算、大数据、人工智能的组合应用
数据	结构化数据	半结构化、非结构化数据
目标	管理透明度、量化管理	全连接、全流程、全要素
结果	良好的管理工具	商业模式创新
范围	企业内部	企业内外部
项目时长	中短期	中长期

品结构和组织模式的改变；三是数字化转型增强数据驱动发展能力，通过数据分析带来的洞察，更好地改变产品研发、创意形成和客户体验，触发战略性资源布局与组织行动；四是数字化转型促进商业模式创新，通过数字技术改善企业整体运营效率和市场适应能力，形成新的商业模式。

近年来，与数字化转型关联的新概念应运而生，并形成了一系列新的企业形态和产业形态，如工业 4.0、智能制造、物联网、智能工厂、工业互联网等。与信息化建设相比，工业 4.0 的主要目标是沿着价值链建立完全连接的横向和纵向集成网络,这个网络可能在企业内,也可能在企业间。在以网络为依托的价值链中,整个产品生命周期过程以数字化集成方式呈现,支持车间和管理层之间的实时信息交换,以达到纵向集成。工业4.0的战略核心是建设未来工厂,即通过连接生产系统的所有资源（如产品、机器和员工）实现信息交换和交互自动化。这个过程由人工智能技术支持并自主完成,如机器的预测和维护、自动化控制生产、智能化运维等,其间人员的参与较少。与工业4.0有关的技术特点包括：一是"互操作性",描述了工厂内（产品、机器、工人）的沟通能力；二是"虚拟化",旨虚拟创建一个物理过程来监控数字孪生；三是"去中心化",使信息物理系统能够进行交互支持和决策；四是"实时能力",包括实时收集、发送和分析所必需的数据；五是"面向服务",考虑产品的使用阶段,通过传感器和互联网收集现场数据以支持产品优化和改善；六是"模块化",生产系统由模块组成,通过替换或扩展单个模块来进行更改,增强业务和组织的敏捷性和灵活性。

数字化赋能价值链

信息化与数字化是紧密相连的。数字化实际上是信息化的高级阶段,这一发展脉络在瑞德智能表现得十分明显。在推进精益化管理和信息化建设之后,瑞德智能并没有停下脚步。从2017年开始,瑞德智能每年投资一千多万元,持续构建覆盖全价值链的"733"项目。"7"代表着相继完成的营销系统、客户管理和供应链管理系统、产品生命周期管理系统、生产排程系统、仓储管理系统、生产计划排产系统及企业资源计划。第一个"3"代表三大管理平台,包括人力资源系统、企业门户系统和知识管理系统。第二个"3"代表三大决策平台，即绩效管理平台、大数据平台和财务决策平台。基于这些平台，董事长可以看到13个系统中的所有分析数据；员工可以看到当天计划——做什么单、做多少、有怎样的效率要求，生产产品电子版的标准作业程序，不良率占比，业绩是否达标，产品入库数据，以及收入情况。员工根据信息可以清楚地计算自己当月的薪酬，成为工作的主人。

数字化转型给作为制造企业的瑞德智能带来了很大改变。一方面，人员的减少和优化效果已经显现；另一方面，在整个运营体系中，管理和生产流程中信息系统建设应用工作完成之后，通过数字化转型，企业在产品规划、设备数据、品质管理、成本效率、及时反馈、决策看板、岗位评估和发展空间上，都有了改善和提升，沟通效率大大提高。作为数字化转型的重要组成部分，瑞德智能还通过AI实现自动化检测设备状况和生产过程，解决了生产线中出现的诸多问题。随着行业的管理升级和对设备的要求越来越高，企业的数字化系统可以自动对岗位进行能力分析，并输出合格证，标准作业程序也可以通过数字化看板展示。瑞德智能在生产线上用机械手替代人，效率不减，生产线更灵活，通过编程实现产品规格和型号的自动转换，对工人的技能和素质要求更高了。数字化转型后对车间主管的要求也更高，他们要重点管理无人工厂和智能工厂。

数字化赋能供应链管理。瑞德智能实现内部供销存一体化运营。随着信息化、数字化建设越来越完善，瑞德智能和上下游供应商信息实现了打通和共享，供应商可以通过信息系统了解下了多少单、何时交货，数据滚动七天，订单和交付期一目了然。下游客户在产品开发阶段就与瑞德智能进行数据共享，一些大客户可以做到与他们互联互通。但根据瑞德智能的实践经验，目前对供应链数据管理最严苛和最成熟的仍然是国外客户。像飞利浦和伊莱克斯等大品牌，他们要求如果出现不良产品就要写报告，分析到底是什么原因造成的，他们的产品品类来源可以追溯10年。国内客户对品质要求的底线都是弹性的，这与管理人员的需求有关。在国内客户中，华为和小米对供应链数字化的要求比较高。华为要求其供应链上下游必须使用其系统，华为作为链主可以看到上下游企业的数据并进行远程控制，如果发现上下游企业不良率超过其要求就会直接停掉对方的生产线。而其他大企业的供应链平台是无法互通的，企业需要登陆不同系统，在不同平台之间进行转换，因此增加了人员的工作量。

数据标准化是关键

冀凯股份的信息系统以自主开发为主，应用层100%自主开发。董事长冯帆将业务精兵强将调出做数字化，支持技术与业务深度融合。在系统开发过程中，每一行代码都是自主完成的，随时可以修改。在管理信息系统实施之后，系统产生了大量数据，冀凯股份开始进入数据管理阶段。

数据标准化工作建设。数据标准化是数字化转型中的基础和重要工作。企业每周需要处理大量单据（如销售订单、合同、发货通知单、签回单等），大约有700—800个表单，冀凯股份采用的方法是先开发一个共享平台，以确保表单指标与数据的标准化。参与数据管理的人都遵循相关标准，确保数据的一致性和可靠性。业务表单与流程作为不同载体均在平台上运行。

为了确保数据的准确性，所有任务都在系统中管理，系统行使了管理职责。如果员工订单没有及时完成或记录就属于延期，系统会自动对个人进行扣罚。如果员工的工作在系统中有记录，系统就自动生成工资。为了避免出现虚假数据，信息系统形成一个闭环：产品生产完成流转到上级，经确认后才算数。企业还在检测信息化上下了很多功夫，以避免检测设备造假，系统不认可手工录入检测设备的数据，只认可检测设备自动返回的数据。作为离散型制造企业，品质保障主要靠下游监督上游，质检监督生产，冀凯股份以这种方式杜绝数据造假，确保数据的及时性。

数据质量的自动化判定。冀凯股份年产值有几个亿，产品编码数达10万个，靠人管理已经不现实，必须靠信息化和数字化。煤机设备生产对质量要求很严格，针对扯皮现象，冀凯股份做到了质量判定自动化。把质量规则、质量缺陷（如涂漆的薄厚、颜色、均匀度等）在质量判定自动化处理平台备案，出现缺陷就可以清晰地了解哪一道工序出了问题，是哪个供应商的问题等。质量判定自动化的最大好处是，其结果比纸质和口头命令更客观、更真实，更有助于将质量要求落到实处，同时可以积累大量的知识和经验。随着设备不断使用，规则越来越完善，智能化应用越来越全面，对问题的甄别也越来越准确。随着自动甄别缺陷的案例和相应的处理经验越来越丰富，企业良好的质量体系逐步建立起来。

全员应用数字化与决策支持。冀凯股份的数字化转型优先在供应链生产部门和采购部门推进，接着走进其他部门。系统中聚合大量的基础数据，有利于企业对系统数据进行内部核算。内部核算的方法和机制类似于阿米巴[1]，各个部门独立核算，指标涉及成本、支出和利润等；在部门核算基础上对人员绩效进行管理。冀凯股份要求针对所有产品和人员实施数字化管理，工人上班的第一件事就是登陆系统，登陆后可查询每天的工作量。

---

1 阿米巴是日本知名企业家稻盛和夫通过长期的摸索总结出来的一种经营模式，是一种具备极强的实操价值又读懂人性的经营模式。——编者注

数字化是企业的神经网络

随着云计算、大数据、物联网、移动互联网和人工智能技术的快速发展和应用，全球企业的数字化转型进程加快。奇安信作为网络安全领域的领先企业和北京冬奥会唯一的第三方网络安全服务商，近年来全力推进数字化转型，并在最高层建立专门的委员会推进转型进程。奇安信将数字化作为贯穿组织的神经网络，使其联通企业各个部门，成为企业运营的生命线；在明晰数据标准和确保数据质量的基础上，将所有经营单位的数据可视化，实现全方位数字看板管理，推动经营可视化、透明化，通过数字看到企业隐藏的问题和风险，纠偏管理方针和行为。具体而言，奇安信做了以下工作。

制定数字化转型规划。在制定企业数字化转型规划时，奇安信通常确立未来三年的发展路线图，在一年半时对规划进行回顾、修订和展望。数字化转型规划由信息部门和集团管理部联合制定。在规划切入点上，团队先从企业级流程视角确定数据覆盖的范围、应用效果和衡量指标，以企业级整体大流程作为主分析框架，重点关注大流程上的断点。对业务覆盖的深度和广度进行权衡和研讨时，更重视横向拉通，而不是纵向深化，也就是说，数字化转型覆盖的广度优于在特定部门的深度。针对不同部门的需求差异，奇安信形成了充分沟通机制，确保业务部门与信息部门高管就数字化项目可能出现的误解和认知偏差进行充分交流，及时修正偏差并就目标达成共识，从而有效管理潜在风险。

有效管控数字化转型的风险和不确定性。数字化转型的风险之一就是技术解决方案无法服务于业务，企业的投入未产生效果和回报。奇安信的有效做法是通过业务部门与技术人员充分沟通降低项目风险。在沟通过程中，技术负责人需要注意的关键问题是，不要用技术语言和技术思维与董事长和业务负责人谈数字化，因为他们关注的核心问题是业务结果，特别是综合性的结果。因此，技术人员需通过换位思考和话语转换，把技术带给业务的转变作为沟通的切入点，就能有效沟通，继而降低项目风险。

在数字化转型中，另外一个大的风险是技术本身和技术应用效果存在大量的不确定性；同时，业务部门人员一开始并不清楚自身的核心目标是什么，但项目必须推进。在这种情况下，沟通就显得更加重要。针对不确定性高的项目，奇安信的首席信息官与首席技术官每周开会沟通项目进展状态，逐渐使项目的关键目标清晰化，在高管、中层和最终落实的人之间充分达成共识。坚持半年后，不确定性高的项目取得了非常好的效果。与此同时，技术负责人通过小步快跑、及时复盘、持续迭代，先从容易的环节和场景入手看到小效果，发现问题及时纠偏，确立方向和信心，从而把不确定性降到最低。

开发出让业务人员喜欢的产品。奇安信还将数字化赋能业务人员作为技术开发的核心使命，将开发出让业务人员喜欢的产品（而不是让他们反感或增加负担的产品）作为指导原则。以营销数字化解决方案为例，每次 IT 部门都会和销售部门高管开很多次会，共同探索销售系统的原型设计。针对企业产品众多的问题，为新销售员开发出一个类似于淘宝购物车的服务，让销售员通过可选择、可搜索、可分类的方式提供服务，授权销售联动，使那些尚缺乏培训、选择产品困难的销售员便于使用，从而降低了业务门槛，降低新销售员与中后台沟通的频次，给其工作带来了很多便利。在奇安信信息团队看来，好的信息系统就是让业务人员不用操心管理的事情，把主要精力放在发展专业能力上。

重视对数字化转型最有价值的关键人才。在对奇安信的访谈中我们发现，在数字化转型中有两类人才是难能可贵和稀缺的。第一类是信息化专业背景非常深厚的人才，这类人才对信息化经营管理有深刻的理解，应对业务场景非常专业，能把多年的行业经验与信息化和数字化应用有机结合起来，并在两种话语体系中自由转换，这类人才非常稀少。第二类人才具有很高的研发管理水平，在研发过程管理方面非常专业，在研发系统设计、质量管控和架构设计方面达到很高水平，并能带领团队协同工作。奇安信非常重视对这两类关键人才的使用与激励。

将数字化作为贯穿组织的神经网络。通过持续的信息化和数字化建设，系统联通了企业内部的各个部门，数据采集、共享转变成驱动业务发展的强劲动力。在此基础上，数字化转型在确保数据标准和数据质量的前提下，将所有经营单位的数据可视化，实现了全方位的经营数据看板管理（包括经营数据和分析结果），做到了全面展示企业主流层的数据。数字看板将企业隐性的过程显性化，助力企业进行人员效能管理，推动经营的可视化、透明化，并通过数字看到企业中的暗箱和潜在问题，从而可以动态纠正不当的管理行为和错配的管理政策，提高了人员的整体利用率，使企业真正成为由数字神经网络连通的整体化体系。这套系统对支撑奇安信的业务发挥了至关重要的作用。2022年，在北京冬奥会安全运维期间，通过奇安信研发的信息系统指挥大屏，冬奥会组织者可以调度和管理所有场馆资源和活动，遇到突发事件和问题可以随时应对解决。

平台化合作

随着数字化转型程度加深、范围拓展，平台成为企业资源与能力的聚合体。企业平台有企业内平台、企业间平台和企业外平台，是各方相关利益者交互的集合。平台可促进外部生产者和消费者之间的交互、参与及价值创造。它改变了传统的价值网络结构。

根据功能的不同，可将平台分为交易平台和创新平台。交易平台为双边或多边交易方提供了数字基础设施和在线资源，积累了海量客户和供应商；创新平台以工程或技术平台为主，可以为企业、行业或部门提供组件、产品系列，以及为子系统资产提供共享数字服务。在平台建设的过程中，企业将孤立的业务单元数字化、模块化，利用平台即插即用的开放性特征动态整合客户和厂商资源，利用数字产品的普及快速形成规模经济。在平台的运营中，企业通过平台聚合的数据管理与数据智能，实现对市场的快速响应和基于客户需求的产品供给。

平台化改变了传统的价值网络结构，其中一个重要特征是去中介化。在去中介化的过程中，平台企业绕过中介，使价值网络的参与者之间可以直接交流，平台的参与者之间可以密切协作和协调，从而加强了价值网络的耦合。在平台上，客户不仅是被动的消费者和信息接收者，更是价值网络中新价值的共同创造者。

在工业互联网环境中，随着平台的开放性和吸引力增强，客户成为平台价值共创的参与方。平台的开放性可以通过平台企业接入其他关联资源的容易程度进行测量，是平台企业撬动和利用平台生态系统中第三方创新主体蕴藏的资源、能力、知识等要素的关键指标。平台吸引力是塑造平台竞争力的关键因素。平台吸引力体现在平台的用户规模、服务水平及变现能力上，是平台所具有的保留和吸引第三方互补者接入平台的能力。在我们所调研的专精特新企业中，均有增强平台开放性和平台吸引力的战略举措。

表 6-3　平台开放性与平台吸引力的特征

平台开放性特征	平台吸引力特征
第三方开发者能够免费获得源代码	拥有很多的活跃用户
第三方开发者可以使用平台提供的软件开发辅助工具	提供数据资源及数据分析工具
会议的公开可以帮助第三方开发者理解与项目相关的决策	提供多种推广渠道，增加互补者用户流量
平台展示了互补者的贡献	创建互补者基金扶持计划，为优秀项目提供资金
平台与很多外部创新主体建立了合作关系	有专门为互补者答疑和交流的论坛
平台衍生品进入市场受到了限制	提供多种技术支持，帮助开发者解决技术问题
平台组织是扁平化的	举办各种类型的比赛，激发互补者创新热情
	有具体、明确的产权保护措施，保护互补者的产权

资料来源：参见吴义爽和孙方正（2021）。

铁打的营盘自由的兵

冀凯股份通过对信息化和数字化持续多年的战略投入，已经成为行业里数字化技术应用水平很高的企业，而对业务和管理的全链接，也为企业的发展打造了强有力的"营盘"，形成了组织层面的综合竞争优势。人才对企业平台具有依赖性，企业尊重人才，但不惧怕人才流失，因为大量的流程、系统、数据、平台、文化、跨部门协同和知识整合能力是支持冀凯股份可持续发展的互补性资产。

在访谈中，董事长冯帆特别强调"我们企业非常重视人才，人才在我们这儿很受尊重"。企业的设计原则和方法就是公司离开谁都能转，不管是技术人才还是研发人才，公司不依靠任何个人。各行各业人才流失问题难以避免，企业需要提前做好预案。冀凯股份很早就重视信息化和数字化建设，特别是软件系统是自主开发的，软件和成套信息化管理系统已经成为它的核心竞争力之一。依靠软件系统，负责财务、证券和审计的管理人员一共有 8 人；人力资源部门负责人事等工作的人员一共 4 人；每年负责数十万行编码工作及计划下达的计划员只有 3 人；数字化系统对管理员结构精简和效率提升有明显助益。每次软件更新上线需要两天时间，这两天全公司放假，因为整个公司已无法脱离信息系统工作。

数字化平台不仅给组织打造了"铁打的营盘"，也给员工带来了更大的灵活性和开放性。在市场拓展上，不管是销售人员还是研发人员都可以从市场上争取项目，项目经过销售高层确认后就可以推进。研发人员也可以承接项目，项目一旦承接，责权利就划分给项目团队。项目人员可以在平台上协同工作，同时，平台支持项目团队保持开放性和跨界合作。

构建乐高型平台组织

奇安信作为网络安全领域的领先企业，从 2020 年开始，通过建立大禹平台并推进开放平台战略打造产业生态系统。通过平台开放模式，吸纳大量外部中小网络安全企业入驻，使众多合作伙伴形成术业有专攻、技术有专长、专精特新协同组合的知识共同体，以群策群力的方式构建环境扫描和实战化网络安全态势的综合感知系统，打造全方位环境监测体系。当模块化、平台化之后，奇安信专注于深耕核心技术并打造服务基础。同时，奇安信整合各类中小企业的专精特新技术，再与自己的关键技术、底层能力和服务协同，形成了安全行业的战略联盟。奇安信通过开放自身能力，提供核心技术和综合服务体系，助力中小企业在平台中增值发展，实现网络安全领域的整体知识优势。

知识优势的形成需要知识积累、时间和平台化管理。为了有效构建大禹平台，奇安信借助平台即插即用、多元组合模式，形成知识的快速积累。公司通过将软件应用和解决方案函数化、模块化、组件化和平台化，打造乐高型组织。乐高型组织是综合知识体，以将函数组成模块，模块组成组件，组件组成平台，用平台来做产品，将隐性知识显性化，加速知识积累，使日积月累的项目技术、经验、知识和能力变成企业的智力资产，不断组合、迭代和复用。根据各类用户需求，即插即用，平台可快速形成定制化解决方案，兼顾规模化、差异化的双向需要和量产能力，有效形成差异化竞争优势的护城河。

开放平台价值共创

宇视科技不仅制定了平台开放战略，更推进了平台吸引力战略。作为物联网解决方案与全栈式产品能力提供商，以物联网、人工智能、大数据和云计算技术为核心的引领者，宇视科技的软件和硬件开发都是平台化的。为了将平台的价值发挥到最大，公司在硬件产品上做到标准化和规范化，所有的产品都可以统一归口和整合，由此形成规模化能力，这对实现上下游采购优势很有帮助。相比硬件，软件种类比较复杂，公司通过对软件的分层分类，也做到了有效管理。面对用户端不同的操作系统、界面和需求，宇视科技采用开放接口政策，把业务软件交给合作伙伴开发，避免让企业陷入定制化和差异化的旋涡中。通过给合作伙伴让利，确保客户对平台依赖并形成黏性。这种黏性既是对合作伙伴的保护，也是宇视科技打造生态的助力。一方面，宇视科技不需要做太多差异化开发，就可以确保其自身专注于核心技术优势，形成规模效应；一方面通过给合作伙伴开放资源和平台，增加了平台的吸引力，促进了规模化与定制化并行发展，使其既具有多样性、包容性，又具有通用性与整合性，达到双赢与多赢，从而确立了自身在业内的影响力和良好口碑。

为了增强平台的竞争优势，宇视科技非常重视核心技术和知识产权的保护，坚持平台建设中的品牌保护和核心操作系统的自主性。宇视科技每年在研发上的投入占销售额的10%—15%，研发体系由研究院和开发部门共同组成。研究院偏向于前沿研究，开发部门聚焦平台类开发和产品类开发。平台类开发主要是平台软硬件测试、知识管理和知识产权保护；产品类开发涉及摄像机、录像机、服务器、存储、雷达、视觉一体机等。为了有效提升知识创造效率，宇视科技将知识创造活动建立在平台上。

保护平台的核心技术和知识产权。宇视科技非常重视平台建设中的核心技术和知识产权。在2005年，平台由华三存储与多媒体事业部的150名工程师开发，他们之中，1/3是具有7年以上开发经验的资深工程师。2006年，华三开始使用IMOS inside作为操作系统的商标，十多年来，该系统一直支撑公司各种类型产品的开发与运营。与普通操作系统相比，它面向智慧城市提供网络转发、安全防护和大数据、智能、视频处理、云存储引擎等保障。2018年3月，宇视科技发布IMOS 7.0，该系统融入了大数据与人工智能，积累了超过1000万行代码、八百余项授权专利；基于可视智慧物联新架构，实现了视频监控全线各环节的智能化。IMOS是宇视科技扩展产业合作生态系统的重要基础，它开放了视频业务、大数据、智能分析、地图服务、云存储以及运维等接口开发，与910家合作伙伴实现了多场景应用。

在宇视科技内部，平台化也有力助推了价值共创。

平台化助力跨区域工作与协同。宇视科技有5个外研所，设于西安、天津、济南、武汉、深圳，其产品通常由一个或多个外研所协同开发。新冠疫情发生后，西安和天津研究所的500人都是居家办公，有了研发平台大家依然可以照常工作。线上的流程、系统和工具更多承载了研发的关键数据和关键过程，支持了隐性知识向显性知识的转化。每个人开发多少行代码，测试团队发现每千行代码有哪些问题，产品开发周期是多长时间等，研发系统中都有专门的数据统计。

平台化对知识管理颇具价值。对宇视科技来说，最有价值的知识是技术大拿的知识，他们如果离开企业，就会带来宝贵知识的流失，特别是他们的开发经验、对各类项目的选择判断能力都非常有价值。但是，技术大拿的判断力很难显性化，如项目的价值要从五个维度去判断，其中的隐性知识很难用文档固化。即便固化，后面的人照葫芦画瓢也很可能失真。判断项目的维度不同，权重也不同。这些隐性知识有时无法显性化，但研发人员每天的输出，包括周报、项目总结和测试代码都可以存储在系统里变成显性知识。

打造在线微创新体系。宇视高层认为，真正的持续改进做得好，创新应该源自每个员工和每个岗位，因为只有员工最清楚自己身边哪些东西是可以改进的。如果每个员工每年只提几个改进建议，其中一半得以实施，一年就有几千条能够落实。对企业来说，积少成多的创新是可持续优化的动力，价值不可估量。宇视科技通过线上电子流，助力每个员工对本职或周边岗位中出现的任何问题提出改进建议，这在企业内部叫"合理化建议之窗"。员工提交了问题和改进点之后，会有专门的责任人负责对接。负责人判断建议的合理性以及是否应该被采纳，对改进建议进行动态跟踪和闭环管理。如果建议得到落实，提出合理化建议的员工就会得到物质奖励。

人力资源部每个月会总结通报员工提出多少建议，有多少建议被采纳。从创新效果看，供应链生产线的合理化建议比例非常高，生产线对效率和质量要求精益求精，而且一线的员工感受更加直接。这是公司一直引以为傲的实践，相当于把持续改进落实到每一位员工。同时，通过IT系统支撑每个员工，员工可以很便捷地将发现、观察和经验分享出来，并助力企业落实改进。除了合理化建议流程，公司还有很多其他途径反馈问题，如反馈给业务主管，业务主管根据问题的必要性和紧迫性进行综合判断。如果改进涉及周边其他部门，可以通过直接的线下沟通进行交流。持续改进的合理化流程是非常高效的载体，它传递了来自基层80%的改进建议。

构建扎实的运营体系

通过对8家专精特新企业打造扎实的运营体系的过程、路径、方法和成效进行分析，我们总结提炼了扎实的运营体系构建模型（参见图6-2）。在这个模型中，我们从扎实运营的动力、过程和结果系统展现了这些企业打造该体系的艰辛历程。其中，扎实的运营源自外部竞争环境给企业带来的压力和要求，还有企业高层管理者对运营体系价值的认知、组织对未来发展的战略定位、组织对发展规模的期望和提高效率的指标等因素。外部压力与内在诉求共同构成了对扎实运营体系的需求与投入，而构建扎实的运营体系需要经过四个发展阶段，包括精益化管理、信息化建设、数字化转型和平台化合作。在扎实的运营体系构建的过程中，我们发现领导力、技术与业务协同、团队构建、沟通模式、规划方法、风险管控模式、数据管理等对这四个阶段取得成效都非常重要。扎实的运营为企业的可持续发

258　做　实

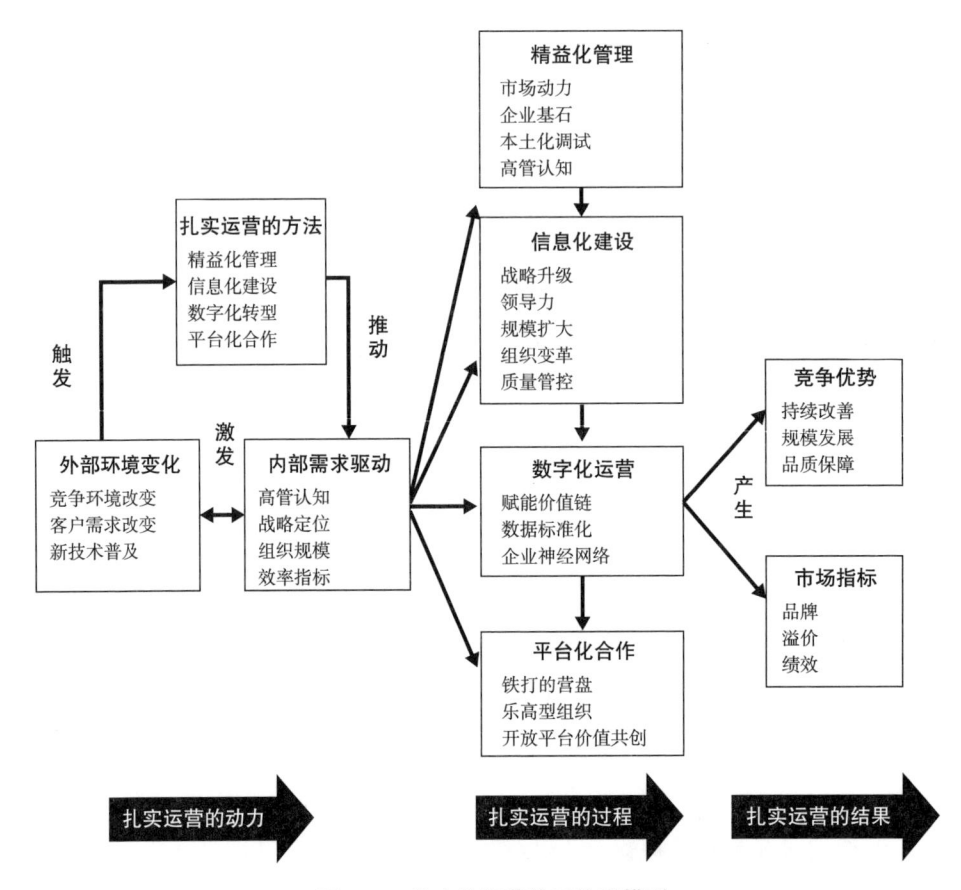

图 6-2　扎实的运营体系构建模型

展带来了诸多益处，大大提升了企业的综合竞争优势。

领导者是扎实的运营体系的核心构建者。基于作者对大型企业的深度研究，扎实的运营体系是区别大企业与中小企业的核心，也是中小企业从小到大、从弱到强的必经之路和重要桥梁，更是中国企业，特别是制造企业与美日德等国领先企业的差距所在（董小英等，2019；董小英等，2020）。领导者的背景、认知与远见卓识对构建扎实的运营体系至关重要，原因有三。第一，扎实的运营需要大量投入，且投资回报并不是短期可见的。因此，没有坚定的认识难以下这样的决心。第二，扎实的运营需要组织变革，而这个过程是痛苦的。引入新的管理工具会对人员已有的理念、技能和文化带来挑战和改变，需要大家走出舒适区，这个过程要经历组织变革的阵痛。如果没有"一把手工程"，很多人会在新的管理变革前望而却步。第三，扎实的运营需要技术与业务的紧密配合，需要调度企业的核心资源。如果没有一把手的战略举措，这部分资源很难被调到信息化和数字化的建设中。如冀凯股份将业务精英调入信息化规划团队，奇安信组成了由各级业务负责人参与的决策委员会等，这些方法都确保了信息化、数字化变革的成功。

扎实的运营体系需要持续更新升级。精益化管理、信息化建设、数字化转型和平台化合作是一个持续演进升级的过程，中间缺一不可。在扎实的运营体系中，精益化管理是底座和基石，确保企业服务与客户的路径流程是最优和最精的；没有精益化管理，信息化和数字化都会失去路径依托和价值网络。信息化管理就是打通企业的神经网络，让组织的部门、流程互联互通，使企业的各项业务运营量化，为持续精益化管理提供决策依据。数字化运营是全要素优化和资产增值。一方面，企业的资产（人、机、料、法、环）均被数字化，并以数字孪生的方式呈现；另一方面，海量的数据资源通过开发利用，为企业高效组配、利用内外部资产提供了前所未有的方便。平台化合作是模式创新与产业重构。当所有的资产被数字化后，拥有平台核心技术和影响力的企业通过开放平台增强平台的吸引力，形成内外部资源共生共赢的利益共同体和生态圈，成为数字经济时代的领军者。

扎实的运营是中小企业可持续发展的基石。中小企业在激烈的市场竞争中不仅需要对外在技术和产品上做到专精特新，还必须对内确保流程、生产制造、供应链运营、工程化拓展、质量管控、风险防范高效而卓越，才能保证企业的业务增长和可持续发展。卓越运营与内在能力建设密不可分，信息化、数字化与平台化是助力卓越运营的新技术赋能体系。

扎实的运营需要技术与业务的深度融合。在本章对精益化、信息化、数字化和平台化的案例分析中，我们发现，成功企业的关键是在构建扎实的运营体系过程中，非常注重信息技术和数字化技术与业务体系的深度融合。上述 8 家企业在数字化团队的组成，信息化、数字化规划，项目的立项与推动机制，风险和不确定性管理，指标设定等方面，都非常重视技术团队与业务团队的深度参与、充分沟通、协同配合和换位思考，这是信息化、数字化项目取得成功的关键要素。

扎实的运营需要广纳天下最佳实践为我所用。专精特新企业不仅要发展成为大企业，更需要发展成为具有国际影响力的领军企业。要达到这一目标，需要不断向全世界最优秀的企业学习他们的管理运营经验，学习他们如何打造世界一流的有韧性的供应链体系，如何有效地开发利用数据资产。在这些方面，我们仍有差距。从案例企业中我们发现，这些企业的领导者都心怀世界、放眼全球、志向远大，在向美日德等国企业的学习中虚怀若谷、快速成长。扎实的运营体系是企业"铁打的营盘"，也是一盘永远下不完的棋，只有持续改进，才能适应当前的高度动态环境。

参考文献

Jones, D. T., Womack, J. P., & Roos, D. (1990). *The Machine That Changed the World*. New York: Simon & Schuster.

Matt, D. T., & Rauch, E.(2013). Implementation of lean production in small sized enterprises, *Computation in Manufacturing Engineering*, (12):420-425.

董小英，晏梦灵，胡燕妮，2019. 华为启示录：从追赶到领先. 北京：北京大学出版社.

董小英，周佳利，余艳，2020. 思科实访录：从创新到运营. 北京：北京大学出版社.

邵云飞，范波，杨雪程，2022. 突破性创新视角下的互补性资产与企业绩效关系研究. 管理科学（2）：3-15.

徐哲，孙巍，2008. 浅谈精益制造与六西格玛的整合. 航空标准化与质量（6）：23-26.

吴义爽，孙方正，2021. 平台开放度、吸引力与双元创新：互补性资产的中介作用. 南京航空航天大学学报（社会科学版）（4）：46-53.

第 7 章

实用的创新

创新不仅是国家经济高质量、可持续发展的第一动力,也是企业取得竞争优势、赢得市场的重要原因。实际上"专精特新"企业就是走专业化、精细化、特色化和新颖化发展道路的一个中小企业群体(曹虹剑等,2022)。《中华人民共和国国民经济和社会发展第十四个五年规划和2035年远景目标纲要》也提到:"支持创新型中小微企业成长为创新重要发源地"。可见中小企业创新对国民经济和社会发展的重要性。

然而,我国仍然是新兴市场国家,由于制度环境和市场环境还未成熟和完善，而且专精特新企业作为中小企业不具备大企业的资源和实力，企业的成长和发展往往有重重困难（詹鹏辉等，2022）。所以，专精特新企业在制定创新战略的时候，会采用更实用的创新来帮助自己更好地适应环境和获得生存发展，其市场战略以及相关创新策略也和西方企业及大企业的创新策略不同。

专精特新企业创新的特点

在我们调研的专精特新企业中，跨越传统制造业和高科技互联网的这些企业（包括制造业和服务业）都体现出在研发和创新上与大型企业有着不同的创新理念、创新文化、创新过程和创新战略（刘昌年和梅强，2015）。我们梳理了一些典型特点，见表7-1。

专精特新企业创新的动力主要是谋求企业生存和获得客户的认可，从而真正推动市场销售、获得增长，并长期生存下来。这和很多资本雄厚的大企业以及受资本青睐的互联网企业不同。这些中小型专精特新企业由于早期外在财务支持较少，在发展中已经形成认知，即为客户和市场而创新才是真正的创新和实在的创新（Katila & Shane，2005；吕劲松，2015）。以冀凯股份的代表性产品铝带运输车为例，公司是先了解煤矿客户的需求才研发铝带运输车的，因此解决了井下工作的困境。以前是人拿肩扛，工作效率低、劳动效能大，通过研发这个产品替代了人工，而这个新产品上市时其他企业是没有的。

因此，大部分企业的创新理念主要是"实用"，满足不同客户的需求，以及客户不同时期和情境下的需求，因此追求性价比的创新、追求精益品

表 7-1 专精特新企业的创新特点

创新类型	创新维度	特征描述
贴近客户	创新动力	专精特新企业创新的动力是谋求企业生存,以及满足客户的需求和认可,而不是首先为了追求竞争优势和创新优势
实用性创新	创新理念	专精特新企业的创新诉求主要是够用和性价比,而不是原创和颠覆式创新
适应性创新	创新过程	专精特新企业由于资源和能力有限,因此特别擅长在不同环境和不同条件下灵活寻找适合的方式来研发和创新
针尖式创新	创新战略	专精特新企业只将有限的资源投入到重点创新上

质的创新在专精特新企业中就比较多见,只有这种实用的创新才能获得差异化竞争的核心能力(尚增健,2002)。除非企业本身是在一个新领域或新赛道发展,比如专注于氢能源汽车行业的亿华通和专注于医疗机器人的天智航,可能为了定义市场标准或赢得潜在客户而追求前沿领先的研发或颠覆式的创新,否则极少有企业一开始就做这样的研发或创新。

同时,在这些专精特新企业中,创新研发的过程也有适应性的特征,即不断根据外部环境和内部资源条件来调整研发团队、激励制度、创新目标和战略(张国良和张琼,2018)。比如快速响应的研发创新就很重要,并且在创新过程中不拘泥于埋头苦干,在不同情况下进行外部技术转化,以及与多方合作创新。不少专精特新企业都有着产学研合作的基因和基础。

当然,也正因为企业本身在产业链中往往专注于一个领域或环境,所以其创新战略也大都是针尖式创新,即把企业有限的人力和财力资源聚焦在某一个方向的创新上,比如专注生产小家电控制板的瑞德智能不断在此领域推进创新。这些微创新虽然不一定有突破性技术,但这种聚焦式的创新实实在在地给瑞德智能带来了稳定的市场和客户认可。在此背景下,大多数专精特新企业会体现出双元创新的战略特点,即除了基础研发和产业业务外，还会进行前沿技术和新领域的研发探索，从而去锻炼和培养自己的原创式创新能力（Tan et al., 2009）。比如冀凯股份的3D打印机应该是中国完全自主研发的产品。

接下来，我们将详细说明一下专精特新企业的创新特点。

贴近客户

专精特新企业的创新体现在其创新目的上，很简单，就是为了获取更多的客户和拿到更多的订单，更多是为了满足客户的要求，而不是首先为了追求竞争优势和创新优势。这点和国外的隐形冠军企业创新有相似的地方，创新都是为了更好地结合客户需求和技术。大多数专精特新企业，尤其是制造企业，其早期阶段更多是被动式创新，也就是为了拿订单或者满足客户需求，而不断改进产品和创新。比如金洲精工，其总经理罗春峰就说企业创新特别受益于客户，尤其是一些国外客户。他们公司产品的很多改进都是因为客户提出了一些要求，金洲精工当时做不了，所以需要进行一些改进和创新。金洲精工的早期创新不是主动式创新，而是出自客户要求。即便发展到了一定阶段，他们也仍然保留客户驱动式创新的特点，但这个新阶段更多是主动式创新，甚至和客户一起共创价值，共同创新（武文珍和陈启杰，2012）。

客户是创新的推动力

专精特新企业的研发能力有着这样的创新特点，即贴近客户，同时又持续不断地创新。市场导向一直是专精特新企业的目标，技术研发也好，科技创新也好，都是围绕这个目标去做的（Udriyah et al., 2019）。比如金洲精工就认为有快速响应的研发能力，才能真正解决客户的问题，才能研发出适合新需求的新产品和新服务。金洲精工的研发团队有一百多人都围绕着产品开发，客户提出现在这样的状态不适合了，金洲精工用一周的时间就能研发出新产品。相比之下，日本厂商虽然在东莞也设了厂，但响应速度要慢一点，可能需要几周的时间。

瑞德智能的研发创新动力也是客户。这家企业的主营业务是各类小家电智能控制器的研发、生产与销售。其客户所在的小家电行业的模具跟其他行业的不一样，最大特点就是厂家多，产品规格品类多，订单的批次多，每单数量又少，产品单价比较低。瑞德智能研发一年投产 1500 个项目，从大家电研发管理角度来说，这么多项目是不可能的，大家电或其他行业控制器的一个工程师一年就做一两个项目，而瑞德智能一个工程师平均一个月做一两个项目，这是瑞德智能的特点。小家电控制器的这种研发过程体现出专精特新的适应性特点：要跟进客户的需求来做创新和改变。瑞德智能能够适应这种快速迭代的模具，其实也是因为其整个生产或者产品创新，要符合客户的要求。

专精特新企业的研发思路也主要来源于市场和客户的需求。比如大清生物董事长在访谈中谈到，他们的创新理念就是要满足合理需求，满足病人和医生的需求，要是不满足，做出来的产品其实也没有价值和意义。比如做矿山设备的冀凯股份早期争取客户的时候，其他企业的研发人员不肯下井，但冀凯股份的技术人员和研发人员就会下井，有什么问题快速解决。只要客户一提出问题，冀凯股份当天就赶紧开车过去，早期的冀凯股份就是这样把口碑树立起来的。

偏向市场化和产业化的创新

由于创新推动力主要来自市场需求，专精特新企业的创新偏向产业化（蒋立，2022）。比如高科技企业宇视科技的研发总监也谈到公司的研发就只有一个目标，必须匹配用户需求，因此公司各个部门一线，包括研发，都会跟客户做充分沟通和交流，所有产品的搭载方向及创新方向都会紧贴着客户需求来做，这是产业化创新的特点。

新产品要为客户服务，不能脱离客户，客户的需求输入是研发非常重要的工作。在宇视科技，除了市场部每年反馈大量的需求之外，研发部门内部也会定期做一些需求分析，主要看客户最关心什么，避免企业的基础研究和研发大方向偏了。比如，宇视科技很早以前就做出了360度摄像机。但做市场推广时发现市场的需求量很小，后来宇视科技在这个产品的基础上做了裁减，把它做成180度的摄像机，这样需求量就变得很大。每一个会场肯定需要一台180度摄像机；在会议室里也是如此，圆桌会议室的人比较多，180度摄像机利用率也比较高，放两台就能满足360度的拍摄需要了。后来这个180度摄像机就卖得很好。

产业化的创新需要研发人员真正懂客户。比如做医疗器械产品的天智航，要求研发人员不能只靠填鸭式、干巴巴地输入，研发工程师、研发团队要跟客户走得很近，他们要从医生那里吸收营养，让产品从上市第一天就是可用的产品。天智航要求研发工程师要跟台服务，要看产品的反馈好与不好。

产品定制化要求高的 B2B 行业更是如此，更需要走近客户，结合客户的需求来创新。比如冀凯股份要求研发人员每个月至少要下井两次，下两次煤矿，这是基本要求；进车间至少有十次八次，必须在车间看产品是什么样的，在生产过程中会遇到什么样的问题；再去生产现场看两次，看产煤会遇到什么问题。这是一种产业化的研发中心，创新要求多样化、近距离。近距离就明确要求冀凯股份的所有创新，不管是管理创新还是技术创新，人必须到现场，不到现场肯定是解决不了问题的。

与客户合作创新和价值共创

专精特新企业的创新贴近客户还体现在另一个方面，即与客户合作研发和创新（Domi et al., 2020）。也就是说对于有些产品，客户也不知道这些需求该如何满足，但是这些企业愿意并花时间贴近客户、走近客户，或者说和客户一起去琢磨，能不能把产品和服务做得更好（刘德胜等，2022）。比如冀凯股份，其实有很多的小企业客户，这些小企业的很多需求点和大企业对挖掘机等煤矿设备的需求点肯定不一样，所以冀凯股份就会和客户企业共同探究怎么改进现有产品去满足新的场景需求。又如，瑞德智能通过跟电饭煲客户联合研发建议的产品改进，把两套控制器改成一块板，连接线的成本就节约了两个点，客户和瑞德智能都受益。

表 7-2 贴近客户的创新

创新特点	典型企业	企业创新策略
客户是创新的推动力	金洲精工	发展快速响应的研发能力，真正解决客户的问题
	瑞德智能	跟进客户的需求来做小家电创新和改变
偏向市场化和产业化的创新	宇视科技	从研发到市场，部门一线都会跟客户做充分沟通和交流，进行产业化创新
	天智航	从医生处吸收营养，让产品从上市第一天就是可用的产品
与客户合作创新和价值共创	冀凯股份	和多样化小企业客户共同探究怎么改进产品，满足新的场景需求

实用性创新

创新是所有业务增长的核心驱动力，多数专精特新制造企业创新的重要诉求是够用和性价比，而不是追求很多原创式或颠覆式创新（Rosenbusch et al., 2011）。大部分专精特新企业创新的动力来源于跟竞争对手比，把产品做好，性价比更好，更实用。所以大多数专精特新企业会以某种方式更加实用地改进产品性能，做到比竞争企业的产品性能还要好；竞争企业的产品价格低，那就利用生产工艺和流程创新来降低成本，做到比这个价格更低（Indrawati, 2020）。

甚至是高科技企业，比如宇视科技总裁张鹏国也明确说，他们这些小企业没有原创式创新，就是一步一步把这样的产品做好。张鹏国尤其说到，即便有很多专利发明和创新，宇视科技也远远没到无人区，也没有最原创的东西，宇视科技的创新其实就是不断完善的过程。

这种不断完善的过程也会从专精特新企业不同阶段的创新理念和特点体现出来。比如，冀凯股份最早做金刚石工具，这是成本工艺上的创新、追求性价比的创新；等发展起来以后做安全的锚杆机，还有后期的铸造设备，这是品质创新。冀凯股份的创新在每一个阶段都能给企业真正带来业绩增长和比较高的毛利。现在，冀凯股份开始有智能化的产品，加了无人驾驶、遥控、井上操作，就是这些智能化矿山设备让冀凯股份走得比较靠前，增加了市场话语权和利润比例。冀凯股份的创新在不同阶段体现了从性价比创新到品质创新的跨越。

侧重性价比

一些专精特新企业，尤其是制造企业在创新上追求性价比和低成本以获得客户认可。比如，瑞德智能的董事长汪军在访谈中提到："整个控制器的竞争力是核心竞争力。某种程度上，我们的研发是应用性研发，我们的技术跟着前端元器件来创新。然后我们把这些创新型的电子技术应用在满足客户的产品需求上，所以我们主要是应用型研发，涉及大量的技术积累，特别是侧重于性价比，看起来、听起来、说起来都不高大上，但就是这个小诀窍。你做熟了就可以很快搞定这些研发，而且搞出来的东西，按照一分钱一厘钱去算，是有优势的。"

追求品质创新的金洲精工早期也是以降低成本来体现竞争力。比如，早期的产品竞争要求非常高，金洲精工就开展了产品科技创新来降成本。利用焊接技术、不锈钢材料，通过整支对焊，然后插焊，把尺寸又进一步缩小，进行了五代改进，所以产品成本就大大降低了。

冀凯股份早期也是通过技术创新来降低成本的。1992年，整个金刚石工具市场由欧美垄断，所以当时价格非常高，而且他们的工艺相对来说确实是比较精致，但是很复杂，整个成本也很高。冀凯股份创始人觉得这个市场很有前景，而且产品的成本能控制得很好。当时，创始人团队想要拿下这项技术，于是冀凯股份把金刚石工具的一个热压工艺做了非常好的改良，成本降为原来的百分之十几，最终成功地攻克了这项技术。

精益流程化创新

大部分的制造企业一开始的发展都是简单生产，然后在某一阶段通过技改项目提升了效率，琢磨出来后自己再去做一些创新。能够脱颖而出的第一步就是靠技改的精益化管理提升效率，在此基础之上，再改进产品的质量，并降低成本。在这个过程中培养了大量的技术人员，生产线上的技师先有很好的想法，后有科技创新，这才使得企业能够在生产或者其他方面有一些创新（Sousa et al., 2018）。

这种精益生产的创新是一些企业得以发展和超越的基础。也就是要提高效率，降低成本，这也是企业活下去的必经之路。在这个过程中逐步形成了自己的核心竞争力，结合人才的培养，科技创新有了人才沉淀以后，研发的产品就有了竞争力。

精益生产创新也可以有一定的管理工具辅助。比如，金洲精工在其立体的创新体系中就使用了六西格玛。六西格玛是一个理念，是高要求。一家企业要想达到六西格玛标准，那么它的出错率不能超过3.4ppm。一个产品如果融入了六西格玛，那么质量波动就减少了，产品一致性也会非常好。同时它又是方法论，可以去做流程设计，甚至不单是做技术、做品质、做生产用的。它提倡基于事实和数据说话，尽量量化。这种量化的流程化创新也适用于解决跨部门的技术难题。如果是纯部门的技术难题，一般用技术研发的项目就解决了，而跨部门的难度相对比较大，用六西格玛标准就能解决跨部门的研发创新问题。

专注品质创新

还有一些专精特新企业寻求品质创新的差异化路线。比如，宇视科技的董事长在面对竞争时确定"品质为本，创新为魂"的发展理念，确定一个主线，不靠低价突围。因此，研发和生产会有严格的端到端的质量管理流程，任何一个产品出问题，宇视科技的追溯系统都可以追到：这个物料从哪里来，哪个研发组织研发的，哪个制造组织加工的。每台设备都可以追溯到原厂，追溯到研发组织，追溯到制造小团队，从制度和流程上确保每个人都重视质量。

金洲精工现在的定位也是高品质，以精密、高端的产品为主。比如小钻头，金洲精工比较领先的产品做得很小，不但做得小，0.15mm 以下的钻头，如 0.12mm、0.09mm 的却可以大批量生产。全世界能做到这一点的可能就那么几家，所以这是金洲精工的优势产品。不但要做好，大批量和品质稳定性也是金洲精工注重的。

研发需要一定的专业精神，要钻研客户的需求，甚至是客户的客户的需求。要做到全面领先，要有爆款产品，让客户感觉你家的产品就是比其他企业的好才行，否则你去追赶，其他企业认为你在模仿别人，这是不行的。所以金洲精工发展起来后走的路就是要高端，技术要领先，不是完全给客户平价的东西。既要有一些高端产品的布局，同时也要品质稳定性，

表 7-3　实用性创新

创新特点	典型企业	企业创新策略
侧重性价比	瑞德智能	发展应用型研发，特别是侧重性价比，看起来、听起来、说起来都不高大上，但会获得成本优势
	金洲精工	开展了产品科技创新，降低原材料成本
	冀凯股份	改良金刚石热压工艺，把成本降为原来的百分之十几
精益流程化创新	金洲精工	使用六西格玛理念和精益流程设计
专注品质创新	宇视科技	贯彻落实"品质为本，创新为魂"的发展理念
	金洲精工	开拓高品质产品系列，完善精密的、高端的产品布局

提高效率，并降低成本。因此，从质量和技术能力的突破上来讲，金洲精工这个品牌在印制电路板这个行业里建立了极大的美誉度。现在，在印制电路板（PCB）这个领域中，国内已经上市的企业应该有 40 家是金洲精工的客户，在全球前 20 强企业中有 15 家是金洲精工的客户，这些都是对精工产品品质的认可。有一家上市企业的客户曾经提过，允许金洲精工的产品价格比同行业高 5 到 10 个点是重视、尊重金洲精工在研发上的投入。

适应性创新

专精特新企业由于其资源和能力有限，因此特别擅长在不同环境和条件下灵活地找到适合的方式来研发和创新。适应性其实就是外部条件，也就是企业在不同的发展阶段，会用不同的方式创新（Bayarçelik et al.,

2014）。例如大清生物，一开始企业没有自己的创新，创新技术是从外部购买的，然后利用购买的技术进行转化。同时，在初步阶段，企业的研发预算通常比较少，就以小团队的形式来攻克技术难关。企业高管也亲自参与研发。这种特别的创新方式的结果是更短的研发时间。

关于企业创新的研究也表明，企业的创新活动是一个高风险和高投入的活动，专精特新企业灵活的适应性创新在有限的资源和条件下给企业带来了比较好的投入产出比。当然这也是因为企业的创新往往基于客户的需求，因此创新转化比较好，能比较容易和迅速地得到客户的接受与认可。

企业的创新和研发不但需要企业内部不同职能部门之间的合作，以及资源、信息和技术等要素的共享，而且需要企业间和企业与科研机构之间具有良好的合作关系，促使知识在关系网中传播和共享，使企业能够以更节约的方式创新，以更高效的方式利用创新提高企业绩效（李庚，2022；李琼和汪德华，2022）。

快速响应和灵活性创新

快速响应作为适应性创新的特点在制造企业身上尤其突出。比如，金洲精工在行业当中的核心竞争力之一是其快速响应机制，甚至国外竞争企业日本联合工具公司的高层在2015年到2017年频繁地在展会期间向金洲精工请教，问金洲精工到底有多少研发人员。在一个月的时间内，日本企业可能才完成根据收集的客户需求制作研发样品，如果要在内部进行测试，最后到客户端测试，形成一个闭环还需要至少一个月的时间，而金洲精工会在一个月时间完成上述流程。相同的一个月，日本企业完成一次产品测试，但是金洲精工产品完成三到四次测试。金洲精工这样的产品迭代和满足客户需求的能力就非常突出。

冀凯股份也在访谈中表示，对于创新的这个点的反应速度，他们比其他厂家都要快，而且对于一个新商机、新卖点有快速、积极的反应。这种快，从激励机制上更鼓励以创新人员为主体来做这件事，所以冀凯股份的研发人员主观能动性更高一些。而针对客户的新需求，冀凯股份会派研发中心主任或高级工程师组织团队出方案。

亿华通的剥洋葱式创新也是基于灵活性创新。其研发创新的目标归根到底是要实现技术突破和技术自主，燃料电池十大核心技术就是一个突破。董事长张国强在接受采访时说："因为我们的现实情况就是这样，所以必须因地制宜，根据企业或者根据我们的团队来选择实现目的的路径。"亿华通由表及里，先做整车，因为清华的创始团队主要是做整车、做发动机的。先研究整车，优点在哪儿，缺点在哪儿。然后在这个基础上提出动力构型，再提供系统。实现了企业自主以后，亿华通再做里面的核心部件，包括燃料电池发动机，目前核心部件也实现了自主。再打开发动机里面的核心部件，成本在5%以上的部件叫电堆，亿华通又通过四年的努力把电堆技术攻克了。把电堆打开，里面有三个核心零部件——膜电极、催化剂和双机板。双机板是基于物理的，可以自己干，但是催化剂和膜电极已经偏化工和化学，所以亿华通在这方面通过战略合资，组建新的团队来攻破。

这些快速响应的创新不仅体现在产品研发上，也体现在生产流程上。比如，由于小家电控制器的行业特点，研发面对新产品的项目特别多，瑞德智能的新产品项目一年接近2000个。这种定制件本身就很多，每个客户都不一样，每个客户的不同产品又会不一样。小家电产品的更新换代特别快，基本一年就淘汰了，所以这也决定了瑞德智能的研发也要很快，快速地承接项目，快速地给客户打样、送样。反应要快，研发配合也要快。

为了配合这样一种高效率,瑞德的研发也采用了工业化流程化方式。硬件、软件和测试都分别由专门的人来做,电路板也是由一个专门的业务组来画,目的是优化专业性流水安排。

借助外力和技术转化

专精特新企业大多数都是中小企业,他们在创新的过程中会灵活采用多种方式。其中借用外力就是一种方式,毕竟企业研发团队很小,而且企业成立初期竞争力也弱,想招到特别高层次的人才是有困难的,所以光靠企业研发团队是不够的。比如,大清生物董事长介绍,他们通过介入一些外力,去接触一些创新基金孵化的前沿技术,然后请这些技术团队来到企业,看看技术转化项目的可能性。这种技术转化的思路就是借用一些外力去做研发创新。不仅如此,大清生物还通过投资以及和一些创新基金合作,一起去做一些投资项目。这种外延式的"并购"也会提升大清生物的创新性。

技术转化也是借助外力的一个重要方式。大清生物的研发队伍主要还是做转化,很多技术是从外部拿过来经内部研发转化后做出产品。大清生物早期的技术来自收购,包括前文提到的骨科产品,当初都是从四川大学华西医院转化来的。当时大清生物一次性花了五百多万人民币,从四川大学华西医院买了三项专利。从 2001 年创业到 2005 年,大清生物用 5 年的时间拿到产品注册证,但不会做市场。此时大清生物的创业团队正在做产品研发,研发周期很长。在医药行业没有三五年时间很难拿到药监局的注册证。大清生物原来就是一个实验室,工厂在海淀区上地的开拓路,即海淀生物医药中心,整个公司不到一百平方米。原来一批只能生产几十片药,无法工业化，其实就是做实验室产品。并购后用了两年多的时间做工业放大，从每批几十片，做到工业化生产。这个过程挺痛苦的，因为去放大实验室的产品，无论从成本还是技术来说，方方面面都挺难的。

合作创新

产业合作。首先，和供应链的合作伙伴共同创新是比较常见的。由于专精特新企业在产业链中起到承上启下的作用，因此这些企业和上下游企业的合作创新很重要。比如，亿华通在汽车的八大关键部件上跟上游企业合作形成专利。它的上游有家公司叫上海神力科技，是亿华通的控股子公司，是跟山东东岳未来氢能材料股份有限公司合资的。亿华通会对上游产品提需求，在合作的过程中产生的需求型专利是属于亿华通的，上海神力自己的零部件专利是属于上海神力的，但无论是上海神力还是东岳未来氢能，这些公司都是子公司、合资公司，不会有专利侵权问题。2018年和2019年，燃料电池有两个最难解决的问题，一是空压机，一是膜电极，后来都被解决了。空压机要求高转速和无油，所以轴承要用空气轴承，并且车上有颠簸，空压机对空气轴承的要求很高。亿华通后来跟石家庄的一家空气轴承公司合作，把技术难题突破了。原来从国外买一台空压机需要花费二三十万元，亿华通自己做出来以后一下降到3万元，现在批量大了以后降到两万多元。可见，空压机技术跟上游企业是相关的。

其次，与友商合作也是专精特新企业学习提升研发创新能力的一个路径。在亿华通做调研时我们发现，他们还和丰田合作。这两家企业之前在氢能源汽车上都有布局，在某种意义上存在一定的竞争关系。这也是丰田成立八十多年来第一次在海外成立这种关键技术的合资公司。到今天为止，在零部件级，丰田没有第二家合作企业，亿华通是唯一一家。在核心竞争方面，日本在材料领域很强大，亿华通与日本企业的差距很大，但是整车集成、系统集成、系统控制方面是亿华通的强项，因为丰田已经有很多年不做商用车了，它对商用车的了解也不是很透彻。所以在2022年，两家企业第一次实现了相互的技术授权。亿华通付费使用丰田的一些技术，丰田也付费使用亿华通的一些技术，这也是合作之初没想到的一种情况。

产学研合作。在一些高科技行业的专精特新企业中，产学研的合作很常见，尤其是在创始阶段和发展早期。对于一家企业来说，实践能力会强一点，但理论研究能力会弱一点，这就需要跟高校合作，最后达到"产学研用"的效果。比如，亿华通的创始团队就出自清华大学汽车工程系欧阳明高院士的团队，甚至到现在在汽车电池研究方向，还在和清华大学进行校企合作。再比如天智航董事长张送根在总结企业创新时说，第一个阶段是科学阶段，他们很幸运参与了北航承担的国家"863计划"项目课题，引入了北航的相关技术。

大清生物董事长一直强调产学研相生相长，他觉得整个中国的研发与市场脱节：高校的目标是发文章、提职称，是以发高水平文章为导向去做一些技术研究；客户这边的临床医生，对临床可能有一些需求，但是临床医生每天忙忙碌碌，他的需求也不知道该跟谁说才可以做研发创新，所以这些实际需求可能就被埋没了；厂家有什么，临床医生就用什么，如果不好用就凑合用，临床医生不会主动说想要什么样的新产品，也不会建议厂家怎么去做产品提升。所以整个过程需要产学研协力合作（Protogerou et al., 2017）。比如，大清生物早期的一些技术来自华西医院的杨志明教授团队。虽然早期的技术是从大学研究室转化来的，但是后续这些技术股东也对大清的研发创新有帮助。杨教授团队也认为应该思考，在原来技术的基础上，应该怎么样去衍生，怎么样进一步改进技术。大概在2015年，杨教授被聘为大清生物的首席科学家。

冀凯股份与中国矿业大学（北京）、河北科技大学、河北工程大学都有项目合作。比如，和中国矿业大学（北京）合作做全自动石孔钻车机器人；跟河北工程大学合作发明专利——空机动力单轨吊运输车。冀凯股份还与武汉大学和武汉科技大学做了一些关于 3D 打印机的前期交流，梳理出一个框架，接着做出了自己的 3D 打印机，这应该是中国唯一一个从头到尾自主研发的 3D 打印机。

国际合作和国际参与（团结一切可以团结的力量）。现在国家也重视通过国际合作来推动中国企业的创新发展，企业也是如此。比如大清生物和德国合作研发。国内现有的很多口腔产品生产企业是模仿欧美品牌做种植体，不太做研发。现有种植体利用的是 SOA 酸蚀技术，成本较低，技术基本还行。但大清生物就愿意去做技术创新，目前和德国汉堡大学医学中心及 NMI 公司研究中心一起合作研发一个新的口腔种植体技术。

大清生物发起了国际合作过程，进行投入，也有一定的政府补贴。跟德国研发的产品是涂层的一个纳米技术，就目前来说国内外都没有这种技术。国内有大清生物、北化工和北大口腔，德国有一家企业、一家研究中心，还有汉堡大学医学中心，一共 6 家在做这个产品。这些都是产学研合作。前期，6 家合作研发，这项技术如果最后做起来，那在国际上就是最领先的。最终在德国和中国都有转化的产品，同样一个产品会切割市场。在国内就会区分中国市场、南亚市场和美国市场，在德国主要面向欧洲市场。但是现在正处于研发阶段，整个知识的研发过程是多方分享的。

做医疗器械的天智航是强生在中国唯一的合作伙伴，2019 年 10 月，天智航的董事长跟强生全球总裁一起签订了战略合作协议。强生一开始从全球 5 个地方组队来天智航调研，分别是中国的上海和苏州团队，新加坡亚洲总部团队，瑞士负责数字化的团队，以及美国波士顿负责专业化方向的团队，这 5 个团队一起来考察天智航是否值得合作。在合作的过程中强生充分了解天智航内部的质量体系、研发体系。强生对天智航的投入深度和广度越来越大，甚至把美国要上市的产品放一边，觉得天智航的优先级更高。全球合作没有那么神秘，国外企业也尊重商业，尊重实力。

不仅如此，天智航也积极参与国际活动，是中国参与世界手术机器人性能和安全国际标准制定的唯一一家企业，也是"国家机器人标准化总体组"成员单位，中国第一个拿到北美手术机器人 CSA 认证的公司。其产品天玑骨科手术机器人是全球唯一可以开展创伤手术的机器人、全球唯一能做全脊段手术的机器人。上脊椎手术是危险性最高的手术，全世界能做上脊椎手术的机器人只有天智航的天玑。

灵活创新的组织逻辑

这种适应性创新需要企业进行一定的管理和组织调整，如此才能产生这种快速响应和灵活转换的创新方式（Gentile-Lüdecke et al., 2020）。

全员高度参与创新是不少专精特新企业的特点。比如，瑞德智能从董事长开始，领导班子、集团全体高管及经理级全员参与提出创新立项，这也是绩效考核的组成部分。就是说如果没有创新项目的立项，那么高管和员工每个月的绩效考核得分会少 10 分（占比 10%）。瑞德创新的文化特点就是全员创新，全员创新就是每天做，实时做，每个人都做，这是瑞德智能所谓的竞争力。

瑞德智能的全员创新要求全体人员开展跟自己本职工作相关的微创新。创新项目的立项、实施周期可以有 6 个月到 1 年的时间。比如，董事长汪军的创新项目就是集团创新体系的其中一个。他也是按月接受考核，有一定的定量目标。在这个过程中，不仅仅是研发人员非常积极主动地去参与创新，市场人员也去参与市场创新，其他的运营人员则进行技术创新，管理机构人员会更加侧重组织创新和资源配置创新。

为了推进品质创新和全员创新，金洲精工使用了三个科学管理工具。第一个叫作全员设备保全（total productive maintenance，TPM）。TPM主要是在生产制造系统里激活每一个员工的活力，让大家通过提案活动，推进节约和改造，提高设备的使用效率。第二个是六西格玛（6 Sigma），它是美国通用的管理工具。六西格玛主要强调制定极高的目标、收集数据以及分析结果，通过这些来减少产品和服务的缺陷。第三个管理工具是全员生产力创新（total productive innovation，TPI），即通过组织创新活动使生产力产生飞跃性的提高；通过不断地降低成本，提高质量，增强生产灵活性；通过不间断的小团队改善活动激活工作团队的士气等手段，确保企业在市场竞争中的核心优势。金洲精工这三个工具分别由高管进行专职管理和推进。从2010年推进TPM开始，2011年推进六西格玛，2012年左右推行TPI，至今已经有十余年的时间。

这里面的组织逻辑还体现在新业务和创新与既有业务之间的分配上。比如，宇视科技的总裁张鹏国认为，任何大公司都做不好新业务。要想把新业务做好，最好把新业务拆成一个单独的公司，让每个"人"都无依赖地工作。任何人只要对别人有依赖，这件事就做不好。所以宇视科技做任何新业务时，都会把新业务拆成一条独立的产品线。宇视科技把这个产品线的决策权交给产品线的总裁，做什么，不做什么，平台总裁、研发总裁和市场总裁就不要发言了，让产品线总裁来发言，因为平台的人容易有老思维。平台更容易为维护主业务存在，而不是为新业务的逻辑存在。新业务的逻辑是独特的，所以它必须有一个专门组织来决策，这是组织逻辑。

在此之下的激励和考核逻辑是，宇视科技会给一个新业务战略投入期，5年内可以不盈利，因为任何新业务不可能上来就挣钱，一般需要3—5年。但是，这5年时间里宇视科技会提很多核心技术积累的问题，所有业务必须具备核心竞争力。公司会给出核心竞争力的要求，而不是能力要求，这样就比较好地给新业务一个成长的窗口期。任何业务都不可能一蹴而就，必须有一个培育期，不能太功利，所以对新业务考核的逻辑，最早不应该以数字、利润来考核，应该以核心竞争力进行考核，这也是宇视科技的创新组织逻辑。

灵活创新的组织架构和管理

整个瑞德智能集团的研发是横向和纵向同时管理的。一个是集团的研发中心，它会统筹瑞德智能事业部的日常研发；同时集团研发也下设科技中心，它的主要任务是去培育新的业务方向和技术方向，针对短期内未必能够形成的订单突破，或者是战略上已经决定做规划和布局的，做前瞻性运研，并部署对应的研发人才。科技中心于2008年成立，当时是做智能家居和芯片，以及一些家电互联互通的标准等。因为有政府科研项目的研究需求，所以企业内部有一些研发与这种需求相匹配，这样科技中心每年能给公司带来几百万元的科技收入，然后用这些钱去做一些科技创新。

集团科技中心的这些研发人员基本上都是以高薪从外面聘请过来的。比如，变频技术类的专家级研发人员以及锂电方向的人才是通过猎头挖来的。这些人才直接进入集团科技中心去做管理和项目跟进。日常研发是下沉到各个经营单位的，并归各个经营单位总经理直管，而集团研发中心做统筹。日常的研发是通过项目组的方式。项目组里一般有一个项目组组长，有一些主管工程师和助理工程师。项目组跟项目组之间，研发部里的项目组内部都会开会交流。在集团层面，各个事业部的研发部由研发中心来统筹。

宇视科技要推出新产品时，它的模式是这样的：不会像互联网企业一样一下子建立一条产品线、做一个团队，宇视科技会在相近的团队里，先去尝试建立一个三级部门，然后在三级部门里做相关的产品研发，请相关市场做推广。如果成功了，在这种模式下，技术、市场都成熟了，方向又比较明确，那么才会单独拉出来建立一个产品线，形成产品开发团队。这种模式的好处在于比较稳，不会突然建立一个团队，不会因为市场不成功而解散。总体模式是这样，但宇视科技也不会墨守成规。如果突然间有一些比较明确的市场机会，也会专门成立一个团队去做。但这种情况属于特例，时间、时机和公司积累刚好比较匹配，宇视科技的动作就会比较快，不会"稳扎稳打"。

有着互联网基因的网络安全企业奇安信则采用互联网的平台化思维去组织研发团队和架构。董事长齐向东看到了目前业务线的各种问题。如果说每条业务线都是50人，那么其中20人是做研发的。20个研发里有10个前端人员、5个服务端人员、5个测试人员。如果有20条业务线都是这样配置，实际上是不能集中力量去做事的。客户越来越多，技术复杂度要求也越来越高，因此奇安信提出要搞平台战略。在2019年提出时，公司大概有二十多条业务线，基本上每条业务线都会有前端人员，就是写页面的。因为这种前端需求变化量最大，客户对能看到的内容最爱提需求，所以将这些业务线中的人都放在一个大组合中的时候，实际上就对组织管理提出了技术要求。比如，大家用的前端技术必须统一，因为前端技术五花八门什么都有。当时分的时候光框架就有十几个，维护都维护不了，所以一定要有组织调整和平台。

这个平台化战略其实本质上是将人员做分层，因为能做平台的人其技术水平和解决难题的能力一定与其他人不一样。同时，组织结构也按这个战略做调整。其实主要就是将人才和整个构建软件分层，调整组织，也调整人员，把那些有能力，但是可能更愿意做技术的人都放在平台里，给他们一个比较长期的目标。这个长期目标是相对于业务线的，因为业务线是

表 7-4 适应性创新

创新特点	典型企业	企业创新策略
快速响应和灵活性创新	金洲精工	金洲精工在一个月内可以完成多次产品测试，有突出的产品迭代能力来满足客户需求
	冀凯股份	发挥研发人员的主观能动性，对新的商机、新的卖点有快速而且积极的反应
	瑞德智能	小家电产品更新换代快，企业研发也要很快，快速地承接项目，快速地给客户打样、生产
借助外力和技术转化	大清生物	通过市场获得外部技术，进行内部研发转化成为成熟产品
合作创新	亿华通	与上游企业、友商开展合作，合作创新，共同生产
	大清生物	强调产学研相生相长，与高校开展合作，聘请高校教授团队进行技术开发
	天智航	跟强生签署全球战略合作协议，开展全球合作研发
灵活创新的组织逻辑	瑞德智能	全员高度参与创新项目，创新立项纳入绩效评定体系
	金洲精工	使用了多种科学管理工具激活每个员工的创新活力
	宇视科技	把新业务拆成独立的产品线，其决策权归属产品线的负责人，从而形成新业务逻辑并进行考核
灵活创新的组织架构和管理	瑞德智能	横向和纵向同时管理，实现研发突破
	宇视科技	形成新的产品开发团队组织模式，及时捕提市场机会
	奇安信	采用互联网的平台化思维去组织研发团队和架构，重构人才和技术格局

版本规划、客户需求，把这些人放到这儿是做长线投入。这几年平台陆续出来，现在有大大小小好几十个平台，比如业务平台，有一些是业务的基座，因为很多业务是有共性的，不需要每个平台都去做同样的事；也有技术上的共性平台，比如现在的所有前端，它们的工作其实都是一套代码、一套框架，这个是可以做到的。

这些组织逻辑和组织架构调整的背后其实都离不开高层管理者的决定和作用。不少专精特新企业的董事长或总经理，无论是有技术背景还是业务出身的，都意识到研发创新是企业长期发展的核心因素，需要从上到下的支持和配合。这样的全员创新需要一些组织管理能力，或者在思想意识上进行一些建设。比如，瑞德智能在内部周会上不断强调创新是一把手工程，一把手不一定是分管副总裁，可能是研发经理，可能是班组长或研发组长，大家都要重视创新。

针尖式创新

专精特新企业只能将有限的资源投入到重点创新上，这点和国外的隐形冠军企业创新有相似的地方。其中只有少数创新属于重大技术突破，更多的创新属于对现有技术的持续完善。这种创新战略特点符合针尖法则，即集中全力突破某一点。它的核心是把有限的资源聚焦在一些关键领域，实际上是一种资源配置的方法和策略，就是在有限条件下的一种创新策略（Walter et al., 2019；梁福海，2020）。

换句话说，专精特新企业从某些点上是非常能钻研的。比如，为了降低生产成本所做的各种微小创新，为了提高效率和产品品质在生产流程上做的创新等。他们的创新特点体现于在某个技术特点上的深度应用与挖掘。比如，亿华通在新能源汽车板块，其实就是集中专研氢能源这一块，当然也有现在新能源和新材料市场比较火的原因。但是，在新能源汽车板块火之前，他们的创始团队也是集中资源，甚至董事长张国强曾抵押房子去支持企业在氢能源汽车领域的研究和应用。而基于专精特新企业在技术上的钻研性，市场会检验它在这个细分技术或细分方向上的一些创新和产品。

聚焦细分领域

专精特新企业由于资源和体量有限，大部分会寻找行业里的细分赛道来建立竞争优势。比如做大型器械的冀凯股份，在访谈中就和我们谈到，与头部企业三一重工相比，冀凯股份的优势就是在煤矿板块的细分赛道。这个赛道对三一来说应该是很小的板块，而且在这个版块三一真正成功的只有掘进机，三一在煤炭板块的掘进机已经是全国第一了。但是其他煤矿器械，如锚杆机、高管式洞机，冀凯股份则更为领先，因为在矿山设备上，在这些细分领域，冀凯股份进行大量研发投入，并有着很多的客户洞察。

金洲精工也是如此，三十多年专心做微钻研制，现在做到全球行业的规模，其创新项目还获得了 2019 年全国质量创新最高奖，专利和市场影响维度评分的最高分验证了金洲精工在微钻行业的影响力和质量控制水平。谈到这个奖项时，金洲精工的高管分享了他们获奖主要得益于这个行业确实比较细分，竞争对手不是特别多，单靠这个维度可以得到最高奖。

微创新

还有一些专精特新企业，比如瑞德智能，其大多数产品创新和技术创新都是微创新，也就是研发设计需要针对这些产品形状、电路方案、软件、传感器或者驱动等的改变。这些改变听起来不是那么高大上，没有什么太多的逻辑算法，没有那么多的门槛，但是这种诀窍实实在在能创造价值。微创新是应用性研发的特点。比如，瑞德智能变频项目的创新主要关注变频技术在家电上的应用，其实不算是企业对这个技术的创新，只是研发人员结合瑞德智能的新业务方向做了突破。也就是研发人员集中精力去突破变频技术在家电上的应用，对于瑞德智能来讲，这也是一种创新。

重视研发投入和人才获取

大多数专精特新企业与同业企业相比，都有着舍得投入研发，或者逐年增大对研发创新投入比例的特点。比如，瑞德智能每年的研发投入在营业收入中的占比在逐步上涨，2018 年是 4.66%，2019 年是 4.88%，2020 是 5.46%（当年投入资金已经超过 6000 万元）。研发工程师有两百五十多人，技术人员有四百多人，分散在工程、品质、车间等不同部门。冀凯股份也是逐年提升研发费用。在 2020 年之前，销售费用是高于研发费用的。销售人员去矿场交流时，没有技术人员跟随，只是销售人员在说产品怎么好。但从 2020 年下半年开始，技术带动销售，也就是研发人员跟客户做技术交流。研发的目的是解决矿山生产过程中的难题，解说产品的特点也是为了应用。冀凯股份 2021 年的研发费用在 2000 万元左右，占公司全部费用的 5%—8%。

高科技企业更是如此，甚至有研发投入红线和研发高位的做法。比如，宇视科技画了一条明确红线，现在每年研发投入占销售收入的比例一直维持在12%上，投入占比还是比较高的。大清生物的研发投入从来没有低于整个营收的10%，甚至之前营收在一个多亿时，研发投入就有2000万元。亿华通的研发投入近几年也是高位状态，基本上在20%左右，对于正常的大公司来说不应该这么高。

天智航的研发投入占比也非常高。从逻辑上讲，研发投入占比30%、50%是不合理的。天智航的逻辑是，机器人行业在起步阶段仍然需要研发投入，因为医疗设备的研发周期太长了，不能觉得两年三年才能实现，现在就把费用停下来砍掉，砍掉就没有未来了。天智航高管认为，现在在研发上的投入，从纯粹的商业来说是非理性的，但背后有更大的理性，如果看三五年的发展，就只有走这条路了。

除了研发投入占比高之外，这些企业对研发投入产出比也不会看短期绩效。比如，奇安信是上市的安全企业中唯一一家亏损的，其他公司全都是盈利的。网络安全行业的平均毛利率在60%左右，其他企业都盈利，只有奇安信亏损，主要原因是其他家的研发投入是20%多，奇安信是40%多。奇安信有员工3000人，花了近100亿元，用5年时间才把产品体系研发出来。整个公司战略从研发角度看，竞争力一定要体现在核心能力上，也就是说"产品+技术"永远是网络安全最核心的东西。只有在这上面保持领先才有可能不断发展，这是奇安信一开始就愿意在研发上高投入的原因。网络安全本身是技术密集型的，而且它又是一个在不断变化的行业。

除了研发投入外，人才投入也是重中之重。首先，从总量上看，研发人员的比例较高，尤其是一些高科技企业更为明显。比如，宇视科技的研发人员占比一直超过50%；奇安信的研发和技术人员也能占到将近40%；

天智航的员工中有 1/3 是做研发的。

其次，研发人才在企业中的地位也比较高。比如，奇安信的合伙人中技术研发人员人数较多：合伙人中 80% 是研发合伙人，做销售工作的只有不到 10 个人。研发费用远远超过同行一倍，收入水平也是这样。企业里的研发人员地位远远高于销售人员。

研发人才除了内部培养，也可以从外部获取。比如，瑞德智能科技中心的研发人员，尤其是新技术方向人才，基本都是外部聘请的。其中的大多数专家会直接进入科技中心，管理和跟进项目。

注重研发激励和利益共享

由于发展阶段和所处行业的不同，专精特新企业对研发的激励政策各有不同。有的企业是以结果和市场转化为激励导向。比如，冀凯股份对研发的所有奖励都跟销售挂钩，叫销售成果奖。研发部门的每个项目都有研发奖金，只要按目标完成就有奖金。如果项目在研发完成两年内，有一个很大的销售额，能作为前头的主导产品，冀凯股份还会从销售额中拿出一部分作激励。

瑞德智能研发团队的绩效激励也都是以结果为导向，但是最近两年也在做过程激励，比如月度绩效和一些项目超产奖。其实项目研发出来最终的贡献和结果是要能够产业化，能够带来客户认同，之后能够带来订单增长，订单增长了，也就形成了销售额，这是最终目的。在 2016—2017 年，瑞德智能为了鼓励研发团队申请专利，对实用新型专利奖励 2000 元，对发明专利奖励 5000 元。后来发现，这些专利产生不了产业化的增长，研发激励就变成一个发明专利配一个实用新型专利才进行奖励。另外，发明专利比较难，要两三年时间，所以现在董事长不鼓励继续申请发明专利了，放弃一些感觉意义不大的专利，原因是找不到专利发挥的商业价值。

一些高科技专精特新企业则非常重视基础研发和专利研究，非常鼓励创新。比如，宇视科技鼓励员工申请专利，鼓励员工创新，有一个员工靠专利在杭州买了一套房。在亿华通，对专利的奖励也很多。一项发明专利被受理后，发明者就能拿到一半的奖金，即两三千元，授权后再拿另一半奖金，一个专利能拿到五六千元。随着员工申请数量的增加，奖励额度会再变高。你今年申请超过10项以后，前10项每项奖励5000元，10项以后就是每项6000元，20项以后就是每项8000元。有的员工一年拿到了20多项专利，相当于每个月多了1万元。

越来越多重视研发和技术的专精特新企业意识到，除了这些常见的创新激励，为了更好地激励当下，尤其是年轻一代的研发人员，还需要更多共享的激励方式。比如，亿华通有五条铁律，其中有条铁律叫"吃苦在前，享受在前"。其实就是要重利益分配。好多核心员工都有股权激励，公司一上市，好多人手里的股票价格翻了许多倍。公司还计划再做一轮股权激励。随着市值升高，这些员工拿到的收益比工资高多了。天智航从2010年开始做股份制改革，把员工持股当成很重要的事情。整个员工持股平台是第二大股东，第一大股东是创始人，现在员工持股11%，员工股东有300人。这里有不少长期利益，股份锁定和长期利益回报也是员工看重的。对于员工来说，对股份投入更多是所有者的心态，也是愿意长期合作的心态。

大清生物在研发员工流动性高的情况下，也发现必须把个人成长，也就是个人利益跟公司利益绑在一起，才能真正激励和留住人才。激励也不是完全有结果和成果了才激励。比如一个项目在立项阶段，前面可行性调研已经完成，前期实验差不多了，公司决定立项了，就给这个项目一个项目奖励包，明确告诉大家项目组有谁，每个人大概负责什么工作。根据项目水平不同，公司可以给不同的奖励包。比如技术在国际领先，这个奖励包就要大一点，可以有 100 万元到 200 万元；技术在国内领先，就有 50 万元到 100 万元的奖励包；在国内属于正常水平，就有 20 万元或 50 万元的奖励包；其他的小项目可能就是 20 万以下的奖励包。公司根据不同的项目难度和周期，还有未来有可能给公司带来回报的日期，来确定这个项目的奖励包。

这样研发团队就明确了：做了研发就能拿到奖励包，奖励包也不是一次给或者都压到最后才给。因为大清生物的项目研发时间经常较长，5 年都不算长的，5 年是比较顺利的，六七年都很正常，所以奖励都压到后面，那么前期大家就没研发动力了，所以会有一些关键时间节点。比如做质检、做完临床、拿到注册证这几个节点，公司会以不同比例给研发员工发这个奖励包，这是在满足研发人员的现有需求。

另外在产品上市之后，按照销量给提成，提多少比例到时可以再商量，但是会有这么一个奖励提成，比如给研发团队提成 5 年。为了促进创新，不能让有的研发员工吃老本，吃起来没完没了。连续提成 5 年也还是回馈给这个团队，这样可以解决研发人员的长期动力问题，员工就越来越愿意在公司干，因为技术研发其实是需要知识积累，需要时间积累的。

双元创新（寻找产业和技术的结合点）

大多数专精特新中小企业的研发是在寻找更多产业和技术的结合点，给某种新技术寻找一个场景，把它场景化、产品化。大部分创新没有原创技术突破，但并不代表这些企业不会去做布局。产业发展是不断积累的过程，技术发展和需求发展需要相互之间做匹配，进行迭代升级。

大多数专精特新企业的研发都有两条线，一条线立足当前，侧重当前技术的改进；一条线布局未来，关注前沿技术的研究。比如，亿华通的研发布局是预研一代、研发一代、推广一代。预研性是预研下一代的下一代产品。

在调研中，天智航的高管就谈到，除了要做出市场满意的手术机器人产品，研发得有点志向，要改变一些事情，得有这样的壮志和目标，而不只满足于迭代式研发。所以，一条线追求线性变化越来越好，另外一条线要追求跳跃式变化，希望比所谓的好跳上一个台阶，而不是好上加好。要从导航定位一步跳到智能机器人，这样的产品没有先例，只能靠自己，所以要有雄心和野心做创造性的事情。

金洲精工的创新也是如此，用 20% 左右的研发费用投资用于未来的潜在技术，即基础研究。因为企业主要是做应用研究的，基础研究大部分是由高校科研机构和研究所在做，但是金洲精工有些研发也牵涉未来技术。举个例子，金洲精工做涂层技术，首先要分析材料磨损，然后就是研究其形成的机理、要如何提高结合率，这相当于是研究怎么设计和要求、怎么进行调控，这都是非常基础的，牵涉原子核技术、物理技术和材料技术。再比如金洲精工本身对这个材料要求很高，会参与一些材料的研究，会思考怎样用新材料去设计。其实这项研究也有一部分是应用技术研究。金洲精工的应用技术研究，大部分放在未来的技术这一块。

另外金洲精工还没推向市场的项目，也是偏向未来的。举个例子，金洲精工对电路板的 3D 打印技术投入也比较大，已经做了几年，但是现在还没推向市场，因为难度确实很大。它牵涉相关材料，比如纳米的打印材料、打印机基底材料。金洲精工也有一些信息化项目都还没有往外推出，这块投入其实也是比较大的，这些都是为未来做准备的。

表 7-5　针尖式创新

创新特点	典型企业	企业创新策略
聚焦细分领域	冀凯股份	在强势细分领域进行大量研发投入，并有着很多的客户洞察
	金洲精工	深耕微钻行业，创新项目获得了全国质量创新最高奖
微创新	瑞德智能	并非实现完整技术创新，企业研发人员结合新业务方向去及时调整产品细节
重视研发投入和人才获取	瑞德智能	逐年增大研发投入在营业收入中的占比
	宇视科技	明确研发投入占比红线，保持高位研发水平
	奇安信	研发投入高于同行业其他公司，同时重视人才投入
注重研发激励和利益共享	冀凯股份	对研发的所有奖励都跟销售挂钩，颁发销售成果奖
	宇视科技	鼓励员工申请专利，给予丰厚奖励
	大清生物	在研发人员流动性高的情况下，把研发人员个人成长跟公司利益绑在一起
双元创新（寻找产业和技术的结合点）	天智航	做有志向的研发，一条线追求线性变化越来越好，另外一条线要追求跳跃式变化
	金洲精工	在应用研究之外，用 20% 左右的研发费用投资用于未来的潜在技术研发（基础研究）

总体而言，客户为先的市场驱动一直是专精特新企业的创新推动力，因此这些企业在不同的行业领域中推行的是实用性创新原则和理念。无论是追求性价比还是品质创新，是跟随式创新还是前沿式创新，都是以实用为先，而不是一味超前领先。在创新的过程中，不断根据客观的内外部环境和资源条件来调整企业的研发投入和研发战略，这种适应性、灵活性的创新特点也和其客户驱动的创新推动有着一定关联。因此，这种创新特点

要使专精特新企业的发展建立在一个认准的方向上，并在这样的发展方向和领域里不断研发，类似于华为倡导的针尖式创新，也就是在成功的关键因素和选定的战略点上，集中配置资源朝着一个方向前进，在聚焦的方向和领域里实现重点突破。

参考文献

Bayarçelik, E. B., Taşel, F., & Apak, S. (2014). A research on determining innovation factors for SMEs. *Procedia-Social and Behavioral Sciences*, (150): 202-211.

Domi, S., Capelleras, J. L., & Musabelliu, B. (2020). Customer orientation and SME performance in Albania: A case study of the mediating role of innovativeness and innovation behavior. *Journal of Vacation Marketing*, 26(1): 130-146.

Gentile-Lüdecke, S., Torres de Oliveira, R., & Paul, J. (2020). Does organizational structure facilitate inbound and outbound open innovation in SMEs. *Small Business Economics*, 55(4): 1091-1112.

Indrawati, H. (2020). Barriers to technological innovations of SMEs: How to solve them. *International Journal of Innovation Science*, 12(5): 545-564.

Katila, R., & Shane, S. (2005). When does lack of resources make new firms innovative. *Social Science Electronic Publishing*, 48(5): 814-829.

Protogerou, A., Caloghirou, Y. D., & Vonortas, N. S. (2017). Determinants of young firms' innovative performance: Empirical evidence from Europe. *Research Policy*, 46(7): 1312-1326.

Rosenbusch, N., Brinckmann, J., & Bausch, A. (2011). Is innovation always beneficial? A meta-analysis of the relationship between innovation and performance in SMEs. *Journal of Business Venturing*, (26): 441-457.

Sousa, P., Tereso, A., Alves, A., & Gomes, L. (2018). Implementation of project management and lean production practices in a SME Portuguese innovation company. *Procedia computer science*, (138): 867-874.

Tan, J., Fischer, E., Mitchell, R., & Phan, P. (2009). At the center of the action: Innovation and technology strategy research in the small business setting. *Journal of Small Business Management*, (47):233-262.

Udriyah, U., Tham, J., & Azam, S. (2019). The effects of market orientation and innovation on competitive advantage and business performance of textile SMEs. *Management Science Letters*, 9(9): 1419-1428.

Walter, C. E., Veloso, C. M., & Fernandes, P. O. (2019). The determinants of innovation in micro and small enterprises in the northeast of Brazil. *Calitatea*, 20(172): 84-88.

曹虹剑, 张帅, 欧阳峣, 等, 2022. 创新政策与"专精特新"中小企业创新质量. 中国工业经济（11）: 135-154.

蒋立, 2022. 新时期关于促进科技型中小企业创新发展对策研究——以南京市玄武区为例. 中外企业文化（10）: 108-110.

李庚, 2022. 基于孵化器视角的科技型中小企业创新能力提升对策分析. 江苏科技信息（24）: 1-4.

李琼, 汪德华, 2022. 支持中小微企业创新的财政税收政策梳理与借鉴. 财经问题研究（3）: 72-82.

梁福海, 2020. 利基战略在中小企业中的应用研究. 北京: 北京交通大学.

刘昌年, 梅强, 2015. "专精特新"与小微企业成长路径选择研究. 科技管理研究, 35（5）: 126-130.

刘德胜, 谢明磊, 张鲁秀, 2022. 关系作为中小企业创新资源的来源——客户共创的中介效应. 科研管理, 43（11）: 134-142.

吕劲松, 2015. 关于中小企业融资难、融资贵问题的思考. 金融研究（11）: 115-123.

尚增健, 2002. 渐进式技术创新: 科技型中小企业的成长路径——成长型中小企业成长机理的个案分析. 管理世界（6）: 124-133.

武文珍, 陈启杰, 2012. 价值共创理论形成路径探析与未来研究展望. 外国经济与管理, 34（6）: 66-73+81.

詹鹏辉, 周奕嘉, 李伟军, 2022. 社会资本、进入壁垒与小微企业创新——来自中国小微企业调查（CMES）的经验证据. 产业经济评论（4）: 139-159.

张国良, 张琼（2018）. 新时代中小微企业科技创新理念与发展对策研究. 科学管理研究（3）: 72-74+79.

第 8 章

以实应变的市场营销

顾名思义,"专精特新"企业的首要特点是"专",即专注于某个特定的细分市场和核心业务,从产品、服务、工艺、技术等方面追求专业性,形成自己的专长和核心竞争力。大多数专精特新企业是2B型企业,处于产业链的某个环节,其核心业务是专注于该环节为其他企业提供配套产品和服务。

对于企业的生存和发展,以"专"为特征有利也有弊。专的好处是集中资源和注意力,在某一细分领域深耕细作,成为该领域的高手。但是,专的风险也显而易见。与多元化发展的企业相比，专注单一领域的企业对客户和产业链的依赖程度更高；必须在产业链中赢得自己的稳固地位，才能获得展示自己专长的空间和时间，也才能在产业链中获得提升自己的机会与营养，与产业链共同成长。因此，在竞争激烈的市场中，专精特新企业不仅需要过硬的技术，而且必须具备很强的市场开拓和营销能力，以赢得客户，确保可持续发展。

谈到专精特新企业的客户拓展和市场营销，不少人都有这样一个误解，觉得专精特新企业都有自己的独门秘籍，有高精尖的技术，有特色化的产品，有很强的创新能力，因此自然会有客户与市场，没必要费钱费力去搞品牌建设与市场营销。这种认知类似于古人"酒香不怕巷子深"的说法，也有点20世纪80年代"学好数理化，走遍天下都不怕"的味道。这一想法在几十年前没有问题，但是在今天就明显不合时宜了。在竞争激烈、技术与产品快速迭代的新时代，这种想法肯定是站不住脚的。道理很简单，在今天，优秀的专精特新企业都不可能离开产业链独自发展，都不是那些深藏不露、闭关修炼多年后突然横空出世的黑马，而是在市场上摸爬滚打、与客户持续沟通并共创价值、与竞争对手共同进步的开放式创新企业。因此，专精特新企业需要建立系统的客户管理与市场营销能力，逐步打造健全的市场营销体系。这个结论并非理论上逻辑演绎的结果，而是我们课题组通过对多家优秀的专精特新企业进行深入调研得到的发现。

为了说明市场营销能力的重要性，我们不妨多说几句。当我们说一个人"没有用"，通常是说其"不可用"，属于没有可用价值的"废物"。事实上，在现实生活中还有另外一种"没有用"，即"没有被用"，虽然有可用之处，却没有得到选择，被"废弃"了，所谓"英雄无用武之地"说的就是第二种情况。人才如此，产品与技术也是如此。值得注意的是，不少高新技术企业的创始人是有技术专长的理工男，他们中的一些人多少有点恃才傲物的心态，相信"是金子总会发光"，相信"天生我材必有用"。在这种心态的影响下，他们往往在市场面前比较被动，甚至有点傲慢，有点过度自信，其结果是在市场上很不顺利，要么交很多学费才融入市场，要么在市场上到处碰壁，由自命不凡的"圣男"变为无人问津的"剩男"。对高新技术中小企业来说，要由技术上的高手变为市场上的赢家，就必须全面系统地提升客户拓展和市场营销能力。

以访谈调研为基础，再结合相关的理论和文献，我们认为，专精特新企业市场营销的核心是"以实应变"——以客户的真实需求为起点，以企业自身领先的技术实力和厚实的文化价值观为基础，为客户提供卓越的实效方案。在具体的营销实践中，每个企业的环境不同、资源不同，具体的营销思路和方法也需要随机应变、不断进化。但是，在千变万化的实践背后，仍然有很多共同之处，有可以梳理提炼的营销模式。为了方便记忆，我们将这套营销理念和模式总结为"四功十六法"，其要点如表 8-1 所示。

这套功法的精髓是"实打实"，实事求是，实实在在，不玩虚的，不搞花架子。专精特新企业以实应变的市场营销需要过四关，每一关都面对一个生死攸关的难题，需要运用切实可行、系统连贯的功法来破解。我们先对表 8-1 做简要的说明。

第一关是市场进入关，其关键问题是如何把握市场的真实需求，从而结合自己的专长找到自己在细分行业市场的切入点或立足点。它需要的基本功法是市场研究功：看清楚行业市场，看清楚关键客户，同时也看清楚自己的专长，找到自己的能力与客户需求的匹配点。面对这一关，最容易出现的误区是跟风口、追热点、随大流，这种做法最终可能导致陷入同质化竞争，无法持续发展。概而言之，市场研究功是以专求实，即通过专注行业、专业洞察来明确需求之实。

第二关是客户信任关，其关键问题是如何赢得客户信任。只有与关键

表 8-1 专精特新企业市场营销的"四功十六法"

四功	应对的核心问题	解决方案	具体功法	参照案例
市场研究功	如何把握市场需求（需求之实）	以专注深耕市场（专）把握真实需求 提升市场适应能力	深耕行业 敏锐洞察 依靠专家 管理需求	金洲精工 宇视科技 奇安信 亿华通 天智航 冀凯科技 大清生物 瑞德智能 艾勒可
客户信任功	如何赢得客户信任（价值之实）	以精诚赢得客户（精）提供实效方案 提升客户共生能力	诚意服务 精工产品 专业销售 本真品牌	
竞争进化功	如何超越竞争对手（能力之实）	以特长超越竞争（特）创造领先实力 提升竞争进化能力	专精技术 良性竞争 危机意识 自我进化	
生态共建功	如何强化行业地位（生态之实）	以创新持续发展（新）强化厚实根基 提升行业共创能力	长期主义 价值共创 行业优化 生态共建	

客户建立了持续稳定的关系，企业才能真正立足于市场。要练好客户信任功，需要在看清楚客户的真实需求之后，为客户提供实效方案，创造真正的价值。概而言之，客户信任功是以精求实，即通过精工产品、诚意服务为客户创造价值之实。

第三关是良性竞争关，其关键问题是在合法合规的前提下，如何超越竞争对手。要练好竞争进化功，需要有健康的竞争观念，处理好竞争与合作的关系，与竞争对手共同成长。概而言之，竞争进化功是以特求实，即通过领先的特色产品、特长技术来凸显能力之实。

第四关是生态优化关，其关键问题是如何在积极参与行业生态建设与优化的同时强化行业地位。要练好生态共建功，需要有长期主义的价值观和大局意识，通过价值共创来实现持续创新，确保多方共赢。概而言之，生态共建功是以新求实，即通过开放创新、持续创新来打造生态之实。

接下来，我们结合调研实例和相关研究，具体阐释"四功十六法"。

市场研究功：以专注深耕市场，把握真实需求

绝大多数专精特新企业都是在市场中逐步成长的中小企业，没有大企业大机构作为自己的背景或靠山，自创立之日起就需要在市场中靠自己打拼。因此，专精特新企业能够立足的首要任务是练好市场研究功：找准自己可以生存发展的市场空间，了解细分行业市场的现状、特点、竞争格局与发展趋势，把握细分市场中目标客户的真实需求，选择自己进入该细分市场的切入点，明确自己的定位，并逐步建立自己的竞争优势。

通过总结我们调研的案例企业的成功经验可知，要练好市场研究功，需要从四个方面努力：深耕行业、敏锐洞察、依靠专家、管理需求。

深耕行业

"隔行如隔山""外行看热闹，内行看门道"，这两句很朴实的俗话，说明了行业研究的重要性。在咨询业发达的今天，大体了解一个行业似乎轻而易举。网络上有大量免费的行业信息，花点钱就可以买到看起来很专业的行业分析报告。但是，这种基于网络信息或行业报告的知识，往往只是入门级的了解，离真正实用的行业研究、市场研究还有十万八千里。

深耕行业是一种需要持续投入大量时间、精力和企业资源的苦功，不能走马观花，不能走捷径。从案例调研中，我们梳理出专精特新企业深耕行业的几条重要经验。

企业主要创始人长期的行业经验

在调研访谈中，我们有一个非常深刻的感受：每一家优秀的专精特新企业都有几位对自己的行业如数家珍、知其然同时知其所以然的高管。他们堪称是细分行业的百科全书，对行业中的人和事、发展历史、重要技术问题、国内外主要的竞争对手、各个利益相关方、未来发展趋势，都可以娓娓道来。这种行业知识不是来自于书本或行业报告，而是基于很多年亲力亲为的行业经验。

这些企业家丰富深厚的行业经验积累，需要长期的苦心坚持和用心思考。他们是行业的"长情人"，也是行业的"有心人"；不仅在一个细分行业中长期坚守，耐得住无人问津的寂寞，经得住其他行业热闹的诱惑，而且对于这个行业特别用心钻研，有深入的思考和梳理。我们调研企业中的掌舵人，都是这样的"长情人"和"有心人"，比如：

宇视科技总裁张鹏国

张鹏国毕业于北京航空航天大学计算机系，从事安防行业20余年，先后就职于中国航空计算技术研究所、华为技术有限公司、杭州华三通信技术有限公司。2011年11月30日，张鹏国创立浙江宇视科技有限公司。此时，视频安防行业已经有海康、大华两大龙头企业，宇视科技是夹缝中求生存的"后进者"。令人钦佩的是，十年时间，宇视科技见证了行业"模拟化—数字化—智能化"历程，营收比成立时增长近18倍，成为全球第六、中国第三。对于行业政策、技术趋势、竞争动态，张鹏国都高度关注、深度思考。为了解决宇视科技在技术、业务、市场、资本等多个层面的难题，他经常坐在办公室里苦思冥想很多天。

张鹏国在《十年磨一剑，再战仍少年》这本记录宇视科技 10 年的书中提到，10 年间，从最初 3 年的"自大之峰"、中间 4 年的"绝望之谷"，到后面 3 年的"开悟之坡"，他们完整实证了邓宁 – 克鲁格效应[1]，更印证了"板凳要坐十年冷"。张鹏国说："10 年前，一个有着强大 ICT 背景和学院派基因的组织开始了懵懂的单飞生活——从单一的中国市场到全球五大洲，从计算、存储、传输、视频、音频到射频，从城域网、广域网、局域网再到家庭，从总包商、集成商、工程商到经销商，从 IaaS、PaaS、DaaS 到 SaaS，从机房内场景到露天场景，从繁华都市到县城再到乡村……从没想过，一条条学习曲线居然如此漫长，know how 的过程居然如此痛苦。"[2] 张鹏国的这段肺腑之言，让我们想到了"路漫漫其修远兮，吾将上下而求索"，也想到了"纸上得来终觉浅，绝知此事要躬行"。行业经验来自深入市场的摸爬滚打，来自追根究底的上下求索，来自专心致志的冥思苦想，也来自管理团队的集思广益。

大清生物董事长李次会

李次会毕业于清华大学化学工程系。在清华校友圈中，李次会最突出的个人标签是"长跑健将"，在行业中，他也是一位长跑者。在访谈中，李次会谈道："从 1988 年大学毕业到今天，我没有离开过生物医药这个行业。虽然换过工作，但是没有换过行业。我在这个领域里待了很长时间，这是我觉得特别幸运的一点，因为专业化对这个行业的理解很重要。"

李次会是技术型企业家。他对于行业的深刻理解和洞见有三个重要来

---

1 邓宁 – 克鲁格效应，是指能力不足者容易出现认知偏差，明显高估自己的能力。
2 https://cn.uniview.com/About_Us/News/Media_Boardcast/202112/808696_140493_0.htm

源。其一，直接参与行业领域中的科研项目；其二，经常参加生物医学材料方面的学术会议和行业展会，及时跟踪最新的行业动态；其三，与行业相关领域的高手经常沟通交流，包括医学专家和医学相关领域的投资人等。他在生物医学材料、再生医学和组织工程、干细胞和生物治疗领域，开展了一系列创新型的技术研究，尤其在组织工程技术产业化探索上，在国内率先取得成功。他作为项目负责人承担了8项国家及省部级以上科技计划项目，其中产品"可吸收止血膜"已经完全实现产业化。该产品2014年被纳入国家重点新产品计划，市场占有率排在前三位，终端市场累计销售额超过20亿元。他作为项目负责人，与中国人民解放军总医院及第三军医大学研发的"引导骨组织再生关键技术及产品研发"项目，被列入"863计划"。同时他受邀参与了国家卫健委和药监局的行业标准制定工作，先后参加了同种异体组织库、动物源和天然生物材料、组织工程支架材料等十几个产品标准的制定工作。他作为专利发明人拥有专利9项，在科技部举办的2012首届中国创新创业大赛中取得北京赛区第一名、全国总决赛第二名、个人排名第一的好成绩，得到业内一致认可；他于2014年6月获得"科技北京百名领军人才"称号；2015年被评为北京市劳动模范。

金洲精工总经理罗春峰

罗春峰本科和研究生就读于中南大学材料学专业，2006年毕业后进入了金洲精工，先做了6年的技术研发工作，然后转战营销管理，2015年开始担任公司副总经理，2018年起担任金洲精工公司总经理。这种从基层做起，先做研发，再做营销，再做综合管理的经历，有助于对行业更深入、更细致的把握。

专注细分行业中的一个领域，集中攻关，而非分散精力，多面出击

在一个细分行业中，也会有很多需要解决的问题，中小企业的资源有限，不可能成为行业中的全能冠军，如果能够解决行业中需要突破的一个重要问题，就可能建立自己的竞争优势，得到客户的认可。

以冀凯股份为例。1992年成立时，冀凯股份从研发、生产金刚石工具起家。根据市场的变化，2002年正式成立了矿山设备公司。当时我国煤矿安全事故非常多，根据官方发布的数据，2002年煤矿事故4344起，死亡6995人（作为对比，2021年煤矿事故91起，死亡178人）（许鹏飞，2022）。安全事故频发的一个重要原因是煤矿技术装备落后。针对市场的迫切需求，冀凯股份借鉴国际先进技术，开始研发有助于提高煤矿安全水平的矿山设备。第一个产品是锚杆机，后来国家相关部门出台相关文件，要求全面推广锚杆支护技术，为冀凯股份的产品提供了广阔的市场。此后，冀凯股份围绕煤矿安全这一核心需求，运用最新的科技手段，继续开发多种矿山设备，包括智能型3D打印整铸刮板输送机产品、安全智能钻探装备、掘探掘锚装备、辅助运输装备和高效钻锚支护装备等矿用机械产品，成为领先的专业矿山装备的供应商与服务商。在发展过程中，冀凯股份遇到了很多跨行业发展的机会，但是都抵制住了诱惑，专注于自己的本业。例如，当冀凯股份成长为石家庄民营企业十强时，正值地产行业黄金期，冀凯股份有很多机会做地产行业，但是冀凯股份明确谢绝，坚持做制造业不动摇。

关注细分行业的前沿发展

在技术快速迭代的今天，创新必须永不停步。关注行业的前沿发展、

关注客户的新需求、关注竞争对手的新动态及关注相关技术的新趋势，都是专精特新企业的必修课。在关注前沿发展时，尤其需要关注细分行业的革命性变化，及时跟进甚至引领颠覆性创新。细分行业的长期经验和历史地位固然重要，但是也可能让一个企业产生惯性思维，故步自封，优秀的专精特新企业则敢于自我革命、自我进化。

以宇视科技为例。该公司基于行业洞察，把握技术发展与市场变化相互促进的趋势，明确提出了"安防 IT 化 3.0"。安防 IT 化 1.0 是部件技术的 IT 化，把模拟系统转化为数字系统，安防视频监控解决了"看到"的问题。在随后的数字联网和高清阶段，解决了"看清"的问题。安防 IT 化 2.0 时代是应用和建设模式的 IT 化，实现车辆大数据、视频网闸、场景智能等方面的业务融合。2016 年开始，安防 IT 化进入 3.0 时代，即人工智能与安防行业融合的时代。随着视图智能分析技术的到来，我们现在可以依靠机器来"看"视频，而且机器比人眼能够看得更加准确；在大数据的帮助下，我们还能看懂智能分析得到的结构化数据。总的来说，融合了 AI 后的安防 IT 化 3.0 将看得更清、更广、更准、更稳、更懂。基于这样的洞察，宇视科技把自己定位为全球 AIoT 产品、解决方案与全栈式能力提供商，是以"ABCI"（AI，人工智能；BigData，大数据；Cloud，云计算；IoT，物联网）技术为核心的引领者，以确保自己在细分行业的领先地位。

关注细分行业所依存的生态变化，保持开阔视野和开放心态

专注很重要，但是专注并不意味着视野狭窄，对其他方面不闻不问。"不识庐山真面目，只缘身在此山中"，对行业的透彻理解往往需要跳出行业看行业，从多重视角、从生态全局来看细分行业的发展，从而找到行业

发展的创新路径。

奇安信公司的发展经历，充分说明了开阔视野、与时俱进的重要性。2005 年，齐向东和周鸿祎一起创办了奇虎 360 公司。2006 年 7 月，奇虎向外界正式发布了 360 安全卫士，中国第一大安全软件诞生，主要是为消费类个人用户提供安全软硬件与服务业务。2015 年 5 月，360 正式宣布成立企业安全集团，360 总裁齐向东出任 360 企业安全集团 CEO。2019 年，奇安信从 360 集团独立出来，专注于企业级和政府级的数字安全服务，拥有众多知名客户，如京东方、吉利汽车、中国电信等，在安全市场上占据着领先地位。2021 年 12 月，奇安信成为北京市第一批"隐形冠军"企业，在《中国网络安全企业 100 强》中，奇安信以 92.2 分占据榜首，并在技术创新、用户认可、行业贡献三个细分维度均位列第一。

奇安信虽然已经取得了行业领先地位，却有很强的危机意识，时刻关注行业的最新趋势。在 2023 年北京网络安全大会上，齐向东明确指出，数智化时代，安全防护面临新的变化，遇到了新的挑战，老方法解决不了新难题。为此，奇安信提出了内生安全的理念和方法，既要实现安全技术和 IT 技术的融合、安全数据和 IT 数据的融合、安全人才和 IT 人才的融合，还要从关注 IT 转向关注业务，从关注设备转向关注人，从关注建设转向关注运营。齐向东提出，网络安全行业要快速跟上时代变化，结合新场景，面对新挑战，提出新的解决方案。相应地，奇安信与时俱进地提出了新的发展思路：坚持"四个牵引"（研发投入牵引、数字场景牵引、攻关任务牵引、国际竞争牵引），争做世界一流的网络安全企业。

敏锐洞察

市场研究功以深耕行业为基础，主要目的是洞察客户的重要需求，找到客户需求与企业专长之间的匹配点，从而抓住市场机会。波士顿咨询公司客户洞察中心（BCG's Center for Customer Insight）的研究报告表明，超过 75% 的企业高管都认同客户洞察对于企业增长的关键作用。但是，真正能够基于充分的市场和客户洞察来做决策的企业却相当少。根据波士顿咨询提出的"客户洞察成熟度模型"，客户洞察可以分为四个阶段：阶段 1，传统市场研究提供者只是围绕战术层面的具体问题进行传统的市场调研，通常委托给调研公司进行；阶段 2，业务贡献者围绕某业务部门的发展战略进行市场调研，比较关注解决当前的问题；阶段 3，战略伙伴有更多的战略性洞察、跨部门合作，试图改进原来的产品和服务模式；阶段 4，竞争优势来源则以提高竞争优势为目的，关注长期的创新和发展，公司高层直接领导和参与，公司内部也有专门的团队负责，而非外包给调研公司。波士顿咨询和耶鲁大学客户洞察中心 2015 年发布的联合研究表明，在客户洞察方面处于这四个阶段的企业分别有 48%、33%、15%、5%。达到第四个阶段的企业非常少，只有 5%。要达到第四阶段，需要站得高看得远，企业高管直接领导，多方面收集丰富的信息（包括政策走向、技术趋势、行业发展、竞争动态、客户动向等），与相关各方充分交流，由此来确定企业的发展战略。

从我们的案例调研来看，优秀的专精特新企业都高度重视市场研究和客户洞察，以此为基础，他们往往能够敏锐捕捉到行业中的四种机会。

源自客户难题的机会

如上所述，冀凯股份 2002 年成立了矿山设备公司。当时煤矿安全事故频发，是行业中的一大难题。事故的主要原因是矿山设备落后。冀凯股份引进国际先进的锚杆技术，生产高效钻锚支护装备，有效解决了行业难题。

天智航选择骨科手术机器人为核心业务，也是为了解决骨科手术的三大难题：看不见、拿不稳、打不准。不同于对表面软组织的手术，骨头包裹在肌肉里，手术中医生无法直接看到，更像是在坚硬的暗箱内操作。医生需要在头脑中建立深层三维空间，才能精确定位。骨科手术要借助光学成像（如 CT），通常需要用大切开方式做手术，对患者损伤比较大，同时对于医生的手术能力要求很高。好的骨外科医生要练就高水平的能力需要很长时间，还要在有大量病例的医院（如北京积水潭医院），经过 10 年的锻炼才能成为能开展比较复杂的骨科手术的医生，所以成长过程非常漫长。如果没在好的医院，没有足够的病例积累，就没有办法成长起来。此外，骨科行业有个特点，对于人的体力、手的稳定性要求非常高。一个医生有很好的经验时已经到了四十多岁，生理特征已经开始下降了，眼睛可能会花，手上的稳定性也会受到影响，所以骨科医生的黄金时间就 10 年。有了骨科手术机器人以后，外科医生只要有两三年的骨外科经验，就可以用机器人做原来需要 10 年以上成长时间的医生才能做的手术，等到四五十岁有很丰富的经验但动手能力受到影响的时候，骨科手术机器人也可以帮医生解决这个问题。

源自技术升级的机会

以金洲精工为例。随着电子信息技术的高速发展，电子产品趋向轻薄化、微型化和高性能化，电路板材越做越精致，钻孔孔径越来越小，孔密度越来越大，相应地对精细刀具的技术要求也越来越高。金洲精工抓住了这个机会，主动对标和追赶世界标杆企业，先后突破了0.01mm微钻和0.01mm铣刀的关键技术，达到行业的世界领先水平。

源自竞争升级的机会

以宇视科技所在的视频安防行业为例。安防行业从模拟时代到数字时代，再到智能时代，不仅意味着安防模式的进化，也意味着企业竞争的升级。1.0时代的安防企业以设备制造商为主，产品的质量是竞争的焦点；2.0时代的安防企业多为解决方案提供商，针对行业与场景的解决方案的有效性是竞争的焦点；3.0时代则更多转向运营服务商，企业需要大幅度转型，跨界融合、构建智慧城市、建立雪亮工程、搭建生态、注重大数据与云技术应用等都成为常态，综合的智慧运营服务能力成为竞争的焦点。竞争升级带来的机遇，给以"更专业、更超值"为品牌宗旨的宇视科技创造了更加广阔的市场空间。

源自行业升级的机会

例如，在汽车行业越来越重视新能源转型升级的背景下，亿华通专注于燃料电池动力系统研发及技术突破，持续提升自主创新能力，不断推动产品迭代更新，成为氢能领域的质量标杆企业。

依靠专家

市场机会只是一种可能性,由机会捕捉到产品研发创新,还需要经过科学细致的评估。很多专精特新企业都重视开放式创新,尽可能听取各方面专家的意见,主要是四类专家的意见。

细分行业专家。行业中的难点、堵点、痛点、机会,需要借助行业专家的经验和智慧来判断。

核心技术专家。他们了解该行业及相关领域的核心技术和发展趋势,尤其是对于新技术、新趋势有很好的敏感度。

产业链专家。能够从产业链、价值链、生态链的大局来看企业、看技术,识别短板和机会。与细分行业专家相比较,产业链专家更了解全局性的产业生态。

管理专家。发现需求只是第一步,评估需求,判断潜在需求中的商业前景,将可能性转化为现实、转化为持续的商业,是一个系统的创业创新和管理问题,它一定需要管理专家。

在依靠多领域专家集思广益方面,天智航提供了一个很好的示范。天智航是一家专注从事骨科手术机器人及其相关技术自主创新、规模化生产、专业化营销及优质临床应用的高新技术企业,是国内第一家、全球第五家获得医疗机器人注册许可证的企业,也是全球首家拥有全面覆盖脊柱、创伤、关节三大骨科术式机器人产品的公司。天智航创始人张送根原本在中科院电子所从事科研工作,2001年下海创业,进入数字超声领域;2005年创办天智航,致力于骨科机器人的研制和产业化。在访谈中,张送根董事长提到了创业初期给天智航巨大帮助的多位专家。

第一位是朱德权老师,北京清华工业开发研究院副院长,任多家企业的董事长、总经理。朱德权从清华大学毕业后留校工作,曾经担任清华同方的副总经理和诚志股份的总经理,是学者型的企业家。张送根进入医疗器械行业、创办天智航的很多想法都是和朱德权一起聊天聊出来的。用天智航人力行政部邢玉柱的话来说,"朱老师是张总的创业导师,这不是瞎说的,是真正意义上的创业导师,我们对朱老师特别尊重"。朱德权老师长期担任天智航的董事,为天智航的发展提供了很多管理建议和实际支持。

第二位是王田苗教授,现任北京航空航天大学机器人研究所名誉所长,是我国最早开始手术机器人研发的专家。近年来主要从事嵌入式智能感知与控制研究,并在医疗外科机器人、特种服务机器人等方面做理论技术和应用研究。1997年在国内率先开展了医疗外科机器人研究,并成功应用于上千例临床病人。按照真格基金创始人徐小平的说法,在中国机器人界有"南湘北苗"两位大家。"南湘"是香港科技大学教授李泽湘,他孵化了大疆创新和固高科技等知名项目;"北苗"则是王田苗。从学术、孵化到投资,近年来王老师已参与了60个项目,涉及天智航、9号机器人、埃夫特等多家已上市或即将上市的公司。事实上,天智航就是王田苗教授带领团队与北京积水潭医院合作研发的骨科手术机器人的成果转化。张送根谈到,当时看到这两个团队都很强,机器人技术方面有王田苗教授,在国内做到最前沿;骨科方面,北京积水潭医院是全国最强的,因此相信可以做到国内最好。

第三是北京积水潭医院骨科专家团队。1997年北京积水潭医院创建了全国第一个脊柱外科,骨科专家团队从临床视角出发,联手北京航空航天大学、天智航及中国科学院深圳先进技术研究院,开启"医工企联合攻关"模式,在首创计算机辅助脊柱外科微创手术(CAMISS)理念的基础上,花费十余年的时间,研制出骨科手术导航机器人 TiRobot 系统,完善并规范了影像导航的临床应用,创建了以影像导航和机器人技术为核心的智能骨科手术体系。他们用天智航自主研制的骨科机器人,成功挑战了世界脊柱外科手术领域的"禁区"——针对"生命中枢"的上颈椎畸形手术。这标志着公司第三代产品"天玑"的产品性能达到国际领先水平。

在后来的发展中，天智航又引进了多位专家型高管。2014年，清华大学博士毕业的徐进进入天智航，历任公司研发中心总监、副总经理，2021年担任公司总经理。2022年1月，全球骨科巨头史赛克医疗中国区董事、总经理马敏入职天智航，并担任公司总裁。马敏1967年出生，毕业于浙江大学生物医学工程专业，曾任职于中国惠普有限公司医疗部、GE通用电气医疗集团、柯惠医疗、美敦力医疗、史赛克医疗，拥有30年医疗器械行业的从业经验。

毫无疑问，多领域专家的助力、多位业内资深人士的加盟，对于天智航的持续发展具有重要意义。

管理需求

在了解关键客户的真实需求之后，企业当然需要以客户为中心，为客户创造高质量的产品和服务。但是，客户导向并不意味着要对客户言听计从，满足客户的所有需求。事实上，受制于技术发展阶段、资源限制及成本控制，客户的一些需求可能是不现实的，企业需要对客户需求进行深入分析，有效管理客户需求。

在实际的企业经营中，客户的需求可能复杂多变。除了对于产品性能与质量、价格、供货期、服务保障等的常规需求之外，客户还可能提出一些额外的要求，这些要求如果应对不好，也可能造成很严重的后果。瑞德智能2002年遭遇的情况就是如此。作为国内较早从事家用电器控制器研发、制造和销售的企业之一，瑞德智能1997年创立，经过两年的艰苦创业，1999年终于拿到大订单，2000年和2001年业务高速增长，2002年买地建新的工厂。正在准备大干快上的时候，突然遭遇危机。当时瑞德智能最大的客户（占80%以上业务份额）取消了订单，原因是这家客户把瑞德智能的前端芯片供应商搞定了，又抄了瑞德智能的设计，这样就跳过了瑞德智能，把瑞德智能踢掉了。其实，这个大客户之所以"无情无义"，起因是瑞德智能没有满足他的要求：他看到瑞德智能发展势头很好，已经成为他重要的供应商，于是想投资参股瑞德智能，以强化双方的关系，一方面加强对供应商的控制，另一方面也分享瑞德智能的发展成果。这个要求本身听起来是好意，但是，当时瑞德智能的第一大股东（不参加公司经营的本地投资者）却不愿意，使瑞德智能管理层夹在大股东和大客户之间无法兼顾。所幸，瑞德智能凭借过硬的技术能力又赢得了新的大订单，终于走出危机。在这次事件中，瑞德智能管理层也得到了很重要的经验教训，即对于客户的需求，无论是外部客户，还是内部客户（如股东、关键人才等），都需要进行全面的洞察和分析，及时有效地应对其中的变化和风险。

要实现系统有效地管理客户需求，就需要对客户需求进行系统分析。这里我们介绍一下客户需求管理的八方格模型。

本模型的出发点是借用社会心理学人际沟通中的"约哈里窗户"来分析客户需求。约哈里窗户（Johari window）是心理学家约瑟夫·勒夫特和哈林顿·英格拉姆提出的，在人际沟通包括跨文化沟通中得到了广泛的应用。它的基本思想是根据沟通双方掌握的信息不对称区分四种情况（甲乙双方都知道；甲方知道乙方不知道；乙方知道甲方不知道；双方都不知道），然后分析不同情况下的沟通特点和策略。

在一定程度上，客户服务关系也是一种信息沟通的关系。因此，借用约哈里窗户，有助于梳理客户需求沟通中的各种不同情况。我们首先将客户需求区分为以下四种情况：

（1）白色区域：客户知道／意识到，服务者也知道／意识到的需求；

（2）蓝色区域：客户不知道／没有意识到，但是服务者知道／意识到的需求；

（3）红色区域：客户知道／意识到，但是服务者不知道／没有意识到的需求；

（4）黑色区域：客户不知道／没有意识到，服务者也不知道／没有意识到的需求。

一般来说，白色区域是双方都知道的需求，似乎只要满足这些需求就可以了；蓝色区域中，服务提供方比较主动，可以满足客户不知道的需求，从而给客户带来惊喜；红色区域中，服务方比较被动，很可能出现服务失误造成客户投诉；黑色区域似乎可以不着急处理。事实上，问题没这么简单。根据对企业客户服务实践的访谈，我们发现对这四个区域需要进一步细分，才能更好地管理客户需求。我们将每个区域都细分为两个子区域，得到八个方格，由此形成了客户需求管理的八方格模型（彭泗清，2008），如下表所示。

白色区域的常规区与难题区

常规区：客户需求为双方所了解，而且是现实与合理的需求，这时服务方的基本任务就是满足客户的现实需求，保证客户的基本满意度。

难题区：客户需求为双方所了解，但是，可能有不合理的地方，或者在当前条件下不是现实需求。例如，客户基于自身的竞争需要，向供应商提出降价15%，如果接受这种要求供应商就会亏损很大，那么这显然是不现实的需求。这时，如何应对客户的不现实需求就成为需求管理的重点。面对难题，如果能够站在客户的角度考虑问题，与客户真诚沟通、友好协商，就有可能找到新的解决方案，从而推动企业的创新和进化。

表 8-2 客户需求管理的八方格模型

	客户知道/意识到	客户不知道/没有意识到
服务者知道/意识到	白色区域 （1）常规区：满足客户的现实需求 （2）难题区：应对客户的不现实需求（难题引发的创新与进化）	蓝色区域 （3）喜悦区：合理成本，客户惊喜（客户洞察引发的创新与进化） （4）陷阱区：过度成本，不一定讨好（陷阱引发的创新与进化）
服务者不知道/没有意识到	红色区域 （5）失误-补救区 　A.灾难区：忽视客户的重要需求 　B.瑕疵区：忽视客户无关紧要的需求 （失误引发的创新与进化） （6）价值共创区：客户知识转移，双方共创价值（新需求引发的创新与进化）	黑色区域 （7）风险区：竞争者先知先行，构成威胁（风险引发的创新与进化） （8）休眠区：短期内没有威胁

蓝色区域的喜悦区和陷阱区

蓝色区域中服务方处于先知先觉的状态，客户处于不知不觉的状态，所以服务方掌握了主动权。在这个区域中如果为客户提供服务，就很有可能给客户带来惊喜。但是，在这样做之前，企业至少要考虑两个问题：第一，带给客户惊喜的成本是多少？企业能够承担吗？第二，惊喜之后怎么办？客户的期望值可能水涨船高，接下来如何应对？因此，我们有必要区分蓝色区域中的两种情况。一是喜悦区，该区域中客户自身没有意识到的需求可以用合理的成本来满足，结果是该需求超越了客户期望，给了客户惊喜，并且从长期来看有很好的效果；二是陷阱区，该区域中那些客户自身没有意识到的需求比较复杂，如果企业要满足这些需求，难免会付出过高的成本，虽然可能给客户一时的惊喜，但是企业却得不偿失，难以持续，客户的收益也难以长期保持。企业要创造喜悦，避免陷阱，就需要对客户进行深入研究，找到稳健的可以持续的创新措施。

红色区域的失误–补救区与价值共创区

红色区域是企业需要特别关注的区域，这个区域的存在反映了企业对客户需求的了解还不够全面、深入。当然，在快速变革的时代，客户的需求在不断变化，服务企业很难完全消除这一区域。要及时跟踪客户需求的变化，服务企业应该建立灵敏有效的客户信息系统，保持与客户之间沟通渠道的畅通。对于红色区域中的客户需求，企业应该及时掌握，但是这并不意味着要及时满足客户的所有需求。

红色区域可以区分为失误–补救区与价值共创区，其中，失误–补救区又可以进一步区分为灾难区与瑕疵区。灾难区是客户的重要需求被忽视的区域，容易导致客户严重不满，需要高度重视。瑕疵区则是客户无关紧要的需求被忽视的区域，虽然客户有时对此很不满意，但是企业不能被客户不满意的声量大小左右，对这个区域要及时了解和应对，却不必花太多的时间和精力。

价值共创区是指客户的一些需求虽然没有被满足，但客户不会不满意，因为这些需求并没有包括在原来的服务合约中。这些需求似乎可以不被关注，但是，从动态发展及服务创新的视角来看，这些需求很有价值，如果可以多沟通，了解客户的新需求，就可以实现客户的知识转移，与客户共创价值。

黑色区域的风险区与休眠区

黑色区域是双方都不知道的区域，因此很难发现，似乎可以不必在意。但是，如果竞争对手首先了解了这个区域中的客户需求，并采取相应的服务措施，就可能形成领先优势，对企业构成很大威胁。所以，客户需求管理中的一个重要方面是及时了解行业的发展趋势和竞争对手的动态。相应地，我们可以将黑色区域细分为两个部分。一是风险区，即竞争对手先知先行，构成威胁；二是休眠区，即该区域中可能存在的客户需求近期内在行业中不会被关注，一段时间内对企业没有威胁。对于风险区，应该及时了解，采取对策，以创新的方式来预防或化解风险；对于休眠区，则保持适当的关注就可以了。

客户信任功：提供实效方案，以精诚赢得客户

如上所述，专精特新企业对客户和产业链的依赖程度更高，需要与关键客户成为战略合作伙伴，共同成长。成为伙伴的前提是赢得客户的信任。为此，需要从四个方面修炼"客户信任功"：诚意服务、精工产品、专业销售和本真品牌。

诚意服务

诚意服务的核心是替客户着想，与客户真诚沟通，为客户解决问题，与客户共创价值。我们调研的企业，都把"诚信""合作""共赢"等作为自己的核心价值观或企业文化的关键要素。举例如下：

- 冀凯股份的企业文化：正德诚信、创新进取、以人为本、和谐共赢。

- 宇视科技的核心价值观：务实创新、合作共赢、简单公正、持续改进。
- 瑞德智能：(1) 企业愿景——协同共生、价值共享、共建智慧新生态；(2) 企业使命——创新智造、成就客户、让智能更简单；(3) 企业价值观——诚信、尊重、包容，专业专注、变革创新，以优质高效的服务为客户创造增值。
- 大清生物的企业文化：激情投入、坚韧不拔、持续创新、合作共赢。
- 天智航：把全面服务医生作为立身之本。

对于优秀的企业来说，诚意服务不仅要写入企业的价值观与企业文化手册，更要落实到企业经营的方方面面。

以天智航为例，公司不仅提供高水平的创新产品，而且创办了"天玑学院"，专注打造医生针对骨科手术机器人临床应用的学术交流平台，助力医生在智慧骨科领域的成长与发展，最终造福患者。

天智航的产品设计，充分考虑医生的使用体验和相关需求。以天玑关节骨科手术机器人为例，其适用范围是成人全膝关节置换术。膝关节置换术通过使用人工假体替代已经破坏的关节软骨，达到解除关节疼痛、改善关节功能、纠正关节畸形和获得关节长期稳定的目标。膝关节置换术的操作复杂，难度较高。在美国，以 Mako 为代表的关节手术机器人上市和推广后，得到了临床的高度认可，使关节置换术更加标准化。在开发自己的关节手术机器人时，天智航没有照搬 Mako 的技术路线，而是根据临床医生的手术心得、自己沉淀的医工交叉产品经验，收集骨科医生真正的需求，细细打磨出了自己原创设计的、适应中国国情的关节手术机器人。

这里特别值得借鉴的是，天智航真正替临床医生着想，通过和一线医生沟通，得到了"什么是医生想要的"和"什么是医生不想要的"两个详细清单，并开发出对应的解决方案。

什么是医生想要的

- 自由的截骨体验。解决方案：无固定截骨顺序、无须固定针；非必要使用腿架；自定义 CORA，精准高效的间隙平衡调整，尽可能减少软组织松解。
- 真正的动态平衡。解决方案：全角度 –10°—130°动态展示力线和间隙；实时反馈膝关节屈曲过程中股骨的 roll-back 情况，指导软组织平衡，指导合理的假体选择。
- 提高精度。解决方案：动态体位追踪技术，截骨误差 ≤ 0.5mm；配准过程实时精度提示，配准误差 ≤ 0.5mm。
- 简捷规划。解决方案：术前智能规划 10 分钟内完成；术中自适应配准算法，自由选点。

什么是医生不想要的

- 不希望由于机器人的出现改变太多原有习惯。解决方案：自由选择习惯的截骨工具，机器人只做引导。
- 不喜欢老是抬头看屏幕，须移位到控制台操作。解决方案：加入光线和声音提示；在机械臂前端加入方向键，医生只需专注患者，随时手动调整。
- 不想反复校验、调整。解决方案：机械臂头端 360°主动红外，无惧任何姿态，毫秒级动态体位追踪技术，机械臂与患肢位置全程相对锁定。

精工产品

赢得客户信任的关键是高质量的产品和服务,高精尖的产品和卓越的服务是专精特新企业的核心竞争力。在精益求精做产品方面,宇视科技与金洲精工的实践尤其值得关注。

宇视科技的"精工之路"

宇视科技长期坚持践行"精工之路",以品质为本,以创新为魂,以比肩德国制造为目标,旨在提升安防产品质量、方案创新度和企业竞争力。精工制造已经成为宇视科技的品牌属性,赢得了广泛的国内外客户。

有了质量过硬的精工产品,就不怕与竞争对手同台竞技。2015年,宇视科技进入澳洲市场,以高质量的精工产品和解决方案打开销路;2017年,宇视科技与澳洲规模最大的安防和摄影器材进口分销商 C. R. Kennedy 公司签订战略合作协议,做资源战略整合;2019年,宇视科技环澳洲五城路演,与客户保持零距离沟通。难能可贵的是,路演采用创新模式,由以往厂商单独路演升级为联合路演,包括宇视科技在内,共有20个品牌的产品现场展示,让当地客户亲身感受。路演期间,除了前后端精工产品和最直观的全球品质,宇视科技还分享了最前沿的智慧物联技术。针对海外需求,宇视科技为客户量身定制门类齐全的解决方案,覆盖零售、住宅、商超连锁等多个场景。

金洲精工:在毫厘间较真 36 年

金洲精工于1986年在深圳成立,1988年引进德国印制电路板(PCB)

微钻生产技术和设备，形成年产 PCB 微钻 30 万支的产能，开始进军 PCB 微型钻头铣刀产业。金洲精工聚焦"精密、精细、精确"，奋力追赶并超越微型刀具领域的世界一流企业。

微钻和铣刀是 PCB 加工制造专用的耗材，其市场需求也与 PCB 行业的发展紧密相连。金洲精工在 2009 年成功实现了 0.1mm 钻头的批量生产，这在当时已经达到世界先进水平，但金洲精工并没有止步，而是主动对标和追赶世界标杆企业，攻关更小尺寸的微钻。在研制过程中，金洲精工先后突破了易折断、精度高、结构设计难等一系列挑战，钻头越做越细，从 0.10mm、0.045mm，再到 0.02mm，直至 0.01mm。此后，金洲精工又成功研制出 0.01mm 的极小径铣刀，并实现了上机加工，能在一粒米上铣出 56 个汉字，在一根头发丝上铣出 7 个字母。0.01mm 微钻和 0.01mm 铣刀被誉为"最精致的工业牙齿"。这项技术的突破，打破了该领域长期以来寡头封锁的局面，使中国制造有了更坚实的话语权。

谈到金洲精工的成功经验时，总经理罗春峰指出，公司树立了想做行业第一的目标，但是，不能空喊口号，或者简单地以价格战拿到更多订单去做销量第一。公司追求的是以技术领先、质量过硬为基础的行业第一。为此，他们有两个主要抓手：第一，是金洲精工一直在强调的产品质量，要向日本的领先企业佑能工具看齐，所以公司一直坚持跟这家企业的产品对标。金洲精工现在在行业当中的品牌美誉度之一就是质量稳定。第二，是始终坚持科技创新，以研发能力作为驱动力。金洲精工不是以成本作为差异化的竞争点，而是以科技作为差异化的竞争点。金洲精工坚持走自主创新道路，先后成立了技术中心、产品测试中心、钻孔分公司等，在技术开发、应用研究等方面已建立起相当完备的体系。公司拥有一支以博士、硕士为主体的技术研发队伍近 300 人，每年研发费用占营收的 6% 以上，并且将持续加码。金洲精工产品的丰富程度很高，能够满足行业的一站式采购，而且在一些先进的产品方面，金洲精工是最丰富的，日本的企业实际上在这方面已经比他们落后了。正如金洲精工精密刀具事业部总监王剑所说，"首先研发要坚持高投入，不遗余力地培养和留住人才；其次要比市场走得快，具备超前研发的能力，布局前瞻性技术"。

专业销售

专精特新企业往往面向组织客户，销售成功主要不是靠感性传播，而是理性的专业的顾问服务，以为客户提供有效的解决方案为基本目标。对于专业销售的理论和方法，学界和业界都有很多探讨，得到广泛认同的是"顾问式销售""解决方案销售""B2B 销售"等（哈南，2013；伊兹，2019；张烈生，2020）。专业销售是在充分了解客户业务的基础上找到客户面临的问题，挖掘客户的需求，说明自己的产品与客户需求之间的关联性，从而促进销售。

顾问式销售中一个被广泛采用的方法是 SPIN 销售方法，创立者为尼尔·雷克汉姆。雷克汉姆是销售咨询、培训和研究机构——哈斯韦特公司的创始人兼首任总裁，被称为"研究提高销售效率和成功率的先驱者"。雷克汉姆和他的研究团队与全球销售效率很高的 IBM、施乐、摩托罗拉、BP 石油等 27 个公司合作，对这些公司遍及全球 23 个国家的销售人员的三万多个销售过程进行了跟踪后，得出了结论——与传统的小订单销售方法不同，大订单的销售要取得成功，往往是采用了一种叫作 SPIN 的销售模式。在雷克汉姆 1988 年出版的 *SPIN Selling*[3] 一书中，他对这种方法做了详细的说明。SPIN 销售分为四个步骤：第一步是在充分研究客户的基

3　该书的英文版由 McGraw-Hill 出版，中文版《销售巨人》由企业管理出版社在 2006 年出版。

础上，询问了解客户业务的状况（实情探询）；第二步是发现和理解客户在当前状况下的问题、困难和不满（问题诊断）；第三步是揭示客户的这些问题，如果得不到解决，就可能给客户带来不利后果（后果揭示）；第四步是询问客户基于这些问题的需求，以及对于解决问题后的回报与效益的看法（需求认同）。由此可以判断客户需求与公司能够提供的解决方案之间的关联。SPIN 法通过实情探询、问题诊断、后果揭示和需求认同这四步沟通，来发掘、明确和引导客户的需求与期望，从而不断地推进营销过程，为成功营销创造基础。

在访谈中我们可以观察到，优秀的专精特新企业事实上都在自觉或不自觉地使用类似 SPIN 的顾问式销售方法，并根据企业自身和行业的实际情况做了创新。当然，企业由小到大的发展过程中，营销和销售方法也会不断更新。

瑞德智能的营销进化

作为从零起步的创业型企业，瑞德智能的营销和销售有一个不断发展和进化的过程，经历了三个阶段，由起初的关系营销，到生产营销，再到技术营销，现在开始向第四个阶段——品牌营销迈进。

瑞德智能的营销副总路明介绍，从 1999 年公司起步一直到 2016 年，瑞德智能都是在做关系营销。"当时市场的需求非常大，只要你能生产出来就有人来买单，而且毛利非常高，对成品要求也很低。2005 年我们去浙江开厂的时候，我们的产品品质是 1% 的不良率，100 个里面有 1 个不良品，而当时这个市场对于产品的要求是允许 10% 的不良率。此时市场无限大，只要你有关系，就能赢得采购人员或者工厂管理者的信赖，就很容易做生意，这时候基本上靠关系营销在运作。

"从2009年开始，靠关系做营销这套就不太灵了，市场对于品牌、性价比的意识越来越强。我们中间也停滞了几年。2016年开始，我们整体转型，回归制造业的本质。我们就用生产营销，把我们的产品做好、质量做好、工艺做好，来赢得客户的认可。这个过程中，整个生产系统也及时跟客户生产系统对接，来赢得客户生产系统的认可，获得客户稳定的订单。

"2019年以后进入了新的阶段，整体上看，市场对于创新、技术和产品迭代的要求越来越高了，就需要技术人员，需要创新的东西来支撑我们的整体规模发展和市场突破，这时我们就转型到技术营销了。这三个阶段的发展，主要来源于外部市场的推动，当然也有我们内部希望提升营销水平和专业销售能力的需求。"在技术营销阶段，"我们的工程师跟客户的工程师之间长期合作以后，形成了默契，知道他们的需求，知道他们的一些关注点。"

在营销和销售进化的过程中，瑞德智能一方面学习先进企业的经验（例如，学习日本松下2B的销售经验）；另一方面请专业的咨询公司帮助企业提升产品管理、客户管理与销售管理水平。其主要措施包括数字化升级完善企业管理；通过打造专业的CRM系统来实现客户协同与内部协同；系统化构建高效的营销体系等。

值得注意的是，很多2B企业做的是定制化服务，需要靠整体实力服务客户的需求，要赢得客户，需要企业各个部门协同作战。以瑞德智能为例，公司强调销售人员应该具备技术营销的能力，而且由产品经理来补充销售人员在技术上可能存在的不足。瑞德智能现在实行的客户"接单模式"中，由项目经理或者产品经理牵头，与来自不同部门的业务人员、研发人员和采购人员一起建立项目组，突击性解决客户的前期开发需求，赢得客户认可以后再批量接单。这种模式把后台人员推到前台，一体化服务客户。

瑞德智能由关系营销到生产营销，再到技术营销的进化，对应的是中国家电产业从改革开放初期的供不应求、粗放式生产，到大规模生产、同质化竞争，再到精细化生产、差异化竞争的发展过程。差异化竞争要求创新、快速迭代，自然就需要技术营销。在这个阶段，以 SPIN 为代表的顾问式销售方法就变得非常重要。

本真品牌

专精特新企业的品牌建设往往强调求真务实，态度上真诚服务，技术上有过硬的本领，产品和服务的质量稳定可靠。在访谈中，我们感受到专精特新企业的领导者都很厚道、踏实。他们也一致强调靠产品质量积累品牌效应，靠真诚服务赢得品牌美誉。

值得注意的是，不少创业者信奉"快鱼法则"，即现代竞争已"不是大鱼吃小鱼，而是快鱼吃慢鱼"。据说这句话源自思科的前 CEO 约翰·钱伯斯。他认为，在互联网经济下，大公司不一定打败小公司，但是快的一定会打败慢的。互联网时代与工业革命的不同点之一是，你不必占有大量资金，哪里有机会，资本就很快会在哪里重新组合。速度会转换为市场份额、利润率和经验。

"快鱼法则"当然有一定的道理，但是，其适用范围相当有限。当大家都一窝蜂争先恐后做快鱼时，什么样的鱼才能成为真正的快鱼？即使真的成为快鱼，当一大堆快鱼一起抢食时，什么样的快鱼才能吃掉慢鱼？在长期的市场竞争中，真正的胜者可能不是行动更快的，而是更准、更稳和更有耐力的。对此，浙江省浙商研究会执行会长杨轶清教授有很中肯的论述："谁比谁快似乎成了市场竞争的基本准则。但对创业全过程来说，'快鱼吃慢鱼'未必就是四海皆准的真理。在获得领先优势之前，速度的确是抗击规模赢得对手的不二法门。但在完成原始积累之后，如果继续追求速度第一，企业就可能积累更多的问题。企业若一味地求快，矛盾和问题就容易被掩盖和积累，心态也容易浮躁，从而让对内外形势的判断失真，往往因过于乐观而盲动。基础没有打实，外部形势一旦变化，或者有突发事件，就会带来灭顶之灾。自然界的道理告诉我们，几个月就能成材的是竹子，而竹子是空心的；楠木很名贵，可是要几百年才能长成。所以做大规模要比快，做长寿命要比慢，对我们很多浙商来说，已经开始到了比慢的阶段——谁比谁活得长。"[4]

与"快鱼法则"相对应，在品牌领域，也有一些人提倡要建设"快品牌"，即那些在较短时间内实现品牌价值飙升的品牌。不少企业也在追求"快品牌"，希望在短期内让自己的品牌横空出世，成为"爆品"。在市场上，我们确实看到一些品牌异军突起、风行一时，但是，接下来的故事往往是"其兴也勃焉，其亡也忽焉"，令人叹息。

造成品牌大起大落的原因很多，其中一个根本原因与品牌建设的基础有关。在思考如何将品牌做大做强之前，我们首先需要考虑如何将品牌做实，为品牌的成长壮大打下坚实的基础。没有可靠的基础，品牌就会成为无源之水、无本之木，难逃夭折的命运。

品牌建设，立基何处？最直接的回答是要修炼品牌之道，而非巧用品牌之术。古语有云："有道无术，术尚可求；有术无道，止于术。"不少流行一时的品牌快速建设法宝看似很灵验，其实可能只是效果难以持续的品牌之术，而非有助于基业长青的品牌之道。

一个企业的品牌建设是一项系统工程，通常包括三个层面：（1）外在

---

[4] 杨轶清：浙商成败七大规律，见 http://emba.zju.edu.cn/show-23-2049.html。

可见的器物层面，如公司的产品、建筑物、品牌形象等；(2)内在的制度层面，如公司研发生产产品的制度流程、管理客户关系的方式、员工的行为规范等；(3)价值观层面，如公司的核心价值观、企业文化等。产品的设计可以求新求快，打造"爆款"，快速迭代。但是，品牌暴发户往往都是短命的，品牌的打造还是需要诚意正心，慢工出细活。基于这样的原则，专精特新企业需要打造的是"本真品牌"，其具体内涵可以参考全球知名的传播咨询机构 Cohn & Wolfe 在评选"全球 100 个最可信赖品牌"时所运用的 3R 标准。该标准强调"本真性"，从 3 个维度（3R）7 个指标来衡量品牌的可信赖程度。

- 做事可靠（reliable），指企业提供的产品与服务要好，涉及两个指标——信守承诺和质量过硬。
- 敬人可亲（respectful），指企业真诚管理与客户的关系，包括两个方面——善待客户和保护客户隐私与数据。
- 真实可信（real），指企业不弄虚作假，诚实本分，包括三个方面——与客户坦诚沟通、诚实无欺和行为正直。

访谈中我们感受到，优秀的专精特新企业都具备上述品牌本真性。我们可以通过几个故事来说明。

奇安信：保障上万冬奥终端"零事故"

2019 年 12 月，奇安信正式成为北京 2022 年冬奥会和冬残奥会官方网络安全服务和杀毒软件赞助商，承担完全彻底的、端到端的安全责任。在短短两年时间里，北京冬奥业务和网络安全从零开始建设。面对北京冬奥系统建设周期短、生命周期短的艰巨挑战，面对涉及 306 个场馆及服务设施、62 个业务系统、37 家开发商、10 000+ 台终端的复杂形势，奇安信最终圆满完成网络安全保障工作，实现冬奥上万终端"零事故"。

奥运会全球瞩目，也因此成为一些网络黑客"炫技"的舞台。近几届奥运会中，黑客从未缺席。2020 年日本东京夏季奥运会、2018 年韩国平昌冬季奥运会、2016 年巴西里约热内卢夏季奥运会……历届奥运会都是网络攻击的目标，无论是以经济利益为目的的黑客组织，还是国家级黑客，都会运用各种手段发起攻击。2018 年平昌冬奥会开幕期间，黑客攻击使互联网和广播系统中断，奥运会网站瘫痪数小时，奥林匹克场馆周围的本地 Wi-Fi 短时无法使用，开幕式直播信号中断。近年来奥运会的网络安全威胁呈现升级态势，网络攻击数量、影响范围和威胁等级猛增。面对严峻的挑战和艰巨的任务，奇安信全力投入，充分体现了本真品牌可靠可信的特点。这种可靠性主要体现在人员可靠、技术可靠和管理可靠三个方面。

可靠的人和可靠的团队。为了冬奥会的精彩，早在八百多天前，奇安信就已经启动了冬奥网络安全保障服务；30 天前，启动了北京冬奥会网络安全保障中心，成立了 11 支保障团队。一千五百余名员工放弃春节假期，坚守岗位。冬奥会媒体中心给驻守主媒体中心的奇安信团队准备了三张现场观看开幕式的门票，但他们为了坚守岗位都放弃了。

可靠的技术体系。在奇安信冬奥"零事故"终端安全经验分享会上，奇安信集团副总裁、冬奥终端安全保障负责人张庭为大家分享了终端"零事故"背后的成功经验——"体系化防御，数字化运营"。这是奇安信倡导的终端安全新思路，以确保各类终端"可信、合规、安全"的核心目标；通过"体系化防御"健全终端安全能力，运用"数字化运营"保障终端安全效果，从而确保终端安全能力的持续有效和稳步提升。

可靠的运营管理。在冬奥会开幕前，奇安信为冬奥专门规划设计的八大安全防护工程实现了一体化设计和运行，并先后经历了两次测试赛、2

次技术演练检验、10 轮次网络安全攻防演习，以及 3 场沙盘推演……所有保障人员，提前 10 天进入"7×24"战斗模式。实战攻防有效检验了集团整体安全防护体系建设和安全运营运转的有效性。

宇视科技：善待客户

善待客户是本真品牌的重要特征之一。这里的客户是广义的，包括用户、合作伙伴，也包括作为内部客户的员工。善待客户的核心是尊重对方，充分考虑对方的需求和利益，不是把对方当作可以利用的工具，而是共生共赢的伙伴。宇视科技的做法值得借鉴。

善待合作伙伴。宇视科技将合作共赢当作企业的核心价值观之一，强调与客户平等互补。宇视科技主张去中心化，尊重商业逻辑，为了生态的良性发展，明确哪些做和哪些不做，头部厂家必须懂得取舍，懂得让自己成为黑土地。基于这样的宗旨，宇视科技坚定只做设备商，不做集成商，不做工程商，不做经销商，不跟合作伙伴抢生意。这一点特别难能可贵，因为不少企业自己做大之后，就开始往上下游扩张，跟原来的合作伙伴抢生意，破坏整个生态。

善待用户。宇视科技 2015 年开始进入国际市场时，对国际市场的本地需求了解不够，只是基于国内渠道市场需求做了一个英文版本去国外卖，收到了大概两千多万美元的订单。按照国外的销售模式，国外用户先给宇视科技付了钱，然后宇视科技再发货，结果发现产品水土不服，很多客户要求退货。宇视科技没有犹豫，把货款全退了。当时宇视科技认识到，作为一个负责任的公司，只要客户不满意就要退货。虽然退了两千多万美元的货，但是宇视科技获得了很好的品牌口碑。宇视科技的总裁张鹏国谈道："作为一个重视质量的公司，背后有一个大逻辑叫负责任的公司，你要很负责任，别人也会说你质量好。所以质量是一个更广泛的概念。一个高质量发展的公司，其实也是一个有信用的公司，也是一个对客户负责的公司。在这一点上我们确实做到了，包括国内很多用户，如果产品质量出问题，会打电话到我这儿，说你的设备有问题，我会全流程追溯。如果是我们的问题，马上全流程退款。"

善待员工（内部客户）。在企业内部，宇视科技倡导"简单公正"的价值观，强调宇视科技没有公司政治，通过内审和投诉机制，引导各级组织反对山头帮派；主张员工心里不长草，专注、专心、专业地做好一件事。要求主管要对员工公正评价，强调虽然世界上没有绝对的公正，但越靠近公正，才能客观评价员工，才能更好地激发组织活力，才能提高组织效益，才能对外聚焦产品技术，创造客户价值。

竞争进化功：创造领先实力，以特长超越竞争

专精特新企业一般处于充分竞争的行业，它们的客户基于供应链稳定等方面的考虑往往同时采用多家供应商，因此，竞争是常态。如果没有竞争优势，企业就会被淘汰。从案例企业的实践来看，竞争进化功包括专精技术、良性竞争、危机意识和自我进化。

专精技术

专精特新企业通常是技术高手，以技术制胜不仅可以赢得客户，而且

可以赢得同行的尊重。为此,这类企业往往有比较高的研发投入,也特别重视技术创新人才。当然,高技术不是为了炫耀,而是要为客户提供更好的解决方案,与合作伙伴更好地共建生态。我们调研的企业都有自己的技术专长,这里仅举两例。

艾勒可的"环保黑科技"

深圳艾勒可科技有限公司是一家完全拥有核心自主知识产权、新环保材料达到国际领先水平的高科技公司。针对家具行业挥发性有机化合物和甲醛污染的痛点,艾勒可推出超低温静电粉末涂装的整体解决方案,用"环保黑科技"帮助家具企业迈过环保关卡(减排95%以上)。这不仅提升了效率,降低能耗(人均工效提高4—5倍,成本降低30%以上),而且将油漆45天的净化周期缩短至3天。

艾勒可的"环保黑科技"是公司创始人伍明17年潜心研发的成果。伍明1990年毕业于清华大学化工系,2000年加入比利时联合化工集团,开始了粉末涂料树脂技术开发的历程。2011年,伍明离开外企开始创业,致力于深入开发低温粉末喷涂技术的涂料配方、设备及工艺。此前粉末喷涂技术应用于木制家具面临着两大难点:一是如何降低固化所需的温度,二是如何确保木材受热不会受损。经过多年的潜心研究,伍明成功解决了密度板在固化中降低温度以及板材开裂两大世界性难题,将良品率提高至99%,并成功实现超低温(80—115℃)喷涂,突破粉末涂装应用于实木的瓶颈。2016年,伍明创办了艾勒可,开始大规模商业化推广"环保黑科技"。

宇视科技的 AIoT 行业大模型"梧桐"

在技术变革日新月异的今天，企业的技术创新必须与时俱进。以宇视科技为例，当生成式人工智能（AIGC）来临，宇视科技及时跟进。宇视科技总裁张鹏国认为，AIGC 是一次非常大的技术跃迁，本质在于技术平权和知识平权。具备通识能力的大模型，在解决长尾需求时，所需的场景标注数据量更小、开发周期更短，这意味着做细分行业算法和业务软件的成本更低。AIGC 和 AIoT 的结合，将带来新的市场机会，给行业带来巨大而长期的变革。因此，宇视科技快速响应，强调"改变旧格局、发现新蓝海、提升运作效率，拓宽产品线"。借鉴通用大模型训练的优秀算法，以十余年的深度学习、技术积累和行业经验为基础，宇视科技从客户实际需求出发，以通用大模型＋行业场景＋训练调优为架构，推出了宇视 AIoT 行业大模型"梧桐"。"梧桐"集计算机视觉、自然语言处理及多模态机器学习于一身，能够充分满足多样化的任务和场景需求，更能为合作伙伴共建生态，实现更多跨领域发展赋能，驱动计算机视觉行业二次变革。

良性竞争

专精特新企业的竞争策略不同于快消品企业，通常不会采用价格战等手段，主要是靠技术、产品和服务取胜，而且往往与竞争对手建立竞合关系，共同进步。这种良性竞争是相互尊重、相互促进的竞合关系，是公平的竞赛，而非残酷的战争。

以金洲精工为例。在总经理罗春峰眼中，金洲精工的竞争对手目前大致有三类：一类是日本企业，市场占有率虽落后于金洲精工，但技术与品控水平排第一，曾长期是金洲精工的对标公司；第二类是台资企业，它们强调成本领先，不舍得为研发、为未来花钱；第三类是大陆的民营企业，成本控制做得好，但研发投入低。

金洲精工所在的PCB微钻和铣刀行业面对的是充分竞争的全球化市场，金洲精工的竞争策略是完全按照规范的市场规律办事，建立和不断提升自己的竞争优势。罗春峰总结了金洲精工实现增长的两个引擎：一个是科技创新能力，意在"开源"；另一个则是精益生产能力，追求成本控制，即"节流"。金洲精工注重差异化竞争策略，在快速响应机制方面远超竞争对手。在行业展会上，金洲精工的高管会与竞争对手友好沟通，交流各自的经验。对手也很关心，金洲精工的研发投入怎么达成，资产周转率怎么提高，双方的差距到底在哪儿。

危机意识

对于专精特新企业，"不进则退"尤其明显。如果跟不上产业链的成长和客户的要求，就不仅是退步，而是退出，被市场淘汰。因此，专精特新企业的管理者往往都有比较强的危机感。

金洲精工总经理罗春峰说："金洲精工之所以对客户的需求响应得特别快，原因之一是我们有比较强烈的市场生存危机感，如果我们不努力，不抢抓机遇，我们就会丧失机会，也会丧失一些后续的市场订单。"

作为老华为人，宇视科技总裁张鹏国在谈到向华为学习时，特别强调危机意识："任老板的危机意识是一流的。居安思危，这个能力只有极少数极有天赋的企业家有，任老板就是其中之一。大部分老板喜欢歌舞升平、歌功颂德，但是任老板不会，他永远都有危机意识、忧患意识。我觉得危机意识和忧患意识是企业家非常可贵的品质，他永远都能看到问题，看到忧患，永远看到组织的懈怠和组织的危险，这是一个非常强大的企业家能力。所以，如果说我们一定要继承什么，我觉得还是继承点忧患意识。"

自我进化

在激烈的市场竞争中，如果只是被动应付，很可能被竞争对手牵着走，不仅辛苦，而且随时面临被淘汰的风险。要超越竞争，企业就需要自我进化。

宇视科技的持续改进

宇视科技的总裁张鹏国将宇视快速发展的原因归结为三个方面：专注；足够内省，虚心向优秀厂商学习；持续改进。宇视科技的核心价值观之一就是持续改进，具体包括三个方面：（1）积极变革。一是通过新技术、新工具驱动组织变革；二是通过建立数字化营销平台和数字化销售管理，驱动营销变革；三是通过机器视觉带来的工业自动化，驱动供应链变革。（2）拥抱变化：驱动多种薪酬模型的并存，驱动新业务的员工跟投模式，驱动多种经营模式的变革（合资，吸引外部人才），驱动更量化的干部考核和选拔体系。（3）终身学习——多记笔记、写总结，胜利复制方法，失利定位问题，善于归纳总结的组织才能前进。以求真务实的态度试验、总结、积累，复盘改进，形成 PDCA 循环[5]。

金洲精工：由全球第一，到全面领先

2019 年，金洲精工 PCB 微钻年销量达 4.1 亿支，生产规模和市场占有率均居全球第一。同时，该公司参与的"高端印制电路板高效、高可靠性微细加工技术与应用"项目，破解了微细钻头易磨损、易折断及微孔群加工质量差、效率低等行业难题，获得了国家科学技术进步奖二等奖。面对全球第一的成就，董事长向大家提出了一个新课题：金洲精工是不是全面的领先和第一？真正的领先，不仅是市场占有率，在科技创新、安全环保等方方面面都要走在行业的前端。

精细化是基础，信息化是前提，自动化是关键，数字化是方向。为此，金洲精工近年来紧跟智能制造、数字化转型大趋势，启动"智慧金洲五年行动计划"，按下数字化转型快进键——不仅建成了微钻行业首个规模化应用自动化车间，并且在大力建设智慧金洲园区，为智能工厂夯实基础。目前，金洲精工自动化一期车间已稳定运行，二期车间投入生产，2023 年 4 月三期车间开始建设。未来 5 年，金洲精工将努力实现其在品质、技术、效率和智能化等方面的全行业领先，这也将成为金洲精工后期的核心竞争力之一（吾言，2022）。

---

[5] PDCA 循环是美国质量管理专家沃特·阿曼德·休哈特首先提出的，由戴明采纳、宣传并普及，所以又称戴明环。全面质量管理的思想基础和方法依据就是 PDCA 循环。PDCA 循环的含义是将质量管理分为四个阶段，即计划（plan）、执行（do）、检查（check）和处理（act）。——编者注

生态共建功：强化厚实根基，以创新持续发展

专精特新企业在产业链中生存发展，产业链本身的强弱自然会影响企业的成长。因此，积极参与行业和产业生态的共建，是夯实根基、确保可持续发展的重要条件。生态共建功包括长期主义、价值共创、行业优化和生态共建。

长期主义

优秀的专精特新企业是天生的长期主义者，因为没有长期主义的价值观，就难免投机取巧，就没有稳定的战略，就没有定力，无法专注。

长期主义是一种价值选择。冀凯股份的董事长冯帆在谈到公司为什么专注制造业时，与国家的长期发展联系起来。"我觉得制造业还是一个国家能长期发展、长期领先必须坚守的一个重要产业，中国的制造业不能落后。所以我们想，不管是从为国家的层面，还是从我们自己比较熟悉、有一定优势的角度来说，我们还是想做制造业。"

长期主义不能空谈，要真正落地，落地的体现之一是对客户的承诺，要对客户长期负责。以宇视科技为例。访谈中总裁张鹏国谈道："我们有一个非常强大的IT系统，我们出厂时每台设备，哪怕小到一个鼠标、一个电缆，都带二维码。出厂的时候需要扫描，全程扫描，它去哪儿我们都知道。任何客户说到问题，你报一下条码和二维码，我们就知道，就能告诉你是从哪条生产线出去的，所以端到端的流程我们非常完备。这背后是强大的IT系统支撑，我们建立IT系统已经有十年了，每年都会花大量的

资金进行维护。有了这个质量追溯系统，我们就有了长期的质量文化和制度流程保障，我们的客户满意度及与合作伙伴的贸易量快速提升，所有人都觉得宇视科技这个公司非常靠谱、非常好。"

在访谈中，奇安信的管理者谈到，公司不仅自己需要长期战略，而且要帮助客户一起做长期规划，同时研发人员也要有一个长期目标。在为客户提供网络安全服务时，"不是给他一个'创可贴'就可以了，我们必须跟他一起做长期规划，了解客户需要的是什么样的安全架构。经过沟通，确定一个长期可行的架构和规划，并提供有效的解决方案"。

价值共创

与客户协同创新、共创价值，是专精特新企业发展壮大的重要方式。

天智航联合北京积水潭医院，建立了骨科手术机器人北京市工程研究中心——智能骨科实验室，围绕骨科手术机器人的技术开发、工程化、临床验证和示范应用进行合作研究，提升了骨科手术的精确性、可靠性和高效性。

作为中国智控行业的先驱，瑞德智能是米家生态链的重要服务商，为电饭煲、破壁机、烤箱、洗碗机和空调等产品提供控制器。除了传统的业务，瑞德智能还积极拓展有利于提升公司的行业地位、促进公司经营规模持续上升的新赛道。目前公司的智能控制器产品在服务机器人领域已形成应用，例如，与小米生态链企业纯米合作推出了炒菜机器人。

宇视科技将合作共赢作为企业的核心价值观之一，并从三个方面对合作共赢做了具体阐释：(1)平等互补。去中心化，尊重商业逻辑，为了生态的良性发展，明确哪些做和哪些不做。头部厂家必须懂得取舍，懂得让自己成为黑土地。（2）长期主义。对于 SaaS、PaaS、DaaS 和 IaaS，有的企业定位是全做。宇视科技的定位是坚持只做硬件，代码开源，其余的丰富业务由上万家 SaaS 公司分头做。（3）成人达己。安防的仗貌似基本打完，物联和智能的仗刚刚开始。他们做 AIoT，20 年饭碗无忧，也要组成大部队拼搏奋斗。专注专业的公司会赢得局部战役甚至整个战役。

行业优化

作为产业链中的重要环节，专精特新企业是强链补链的生力军，有助于把行业做优、做强、做大。

例如，2019 年奇安信提出"内生安全"理念，把安全能力内置到信息化环境中，通过信息化系统和安全系统的聚合、业务数据和安全数据的聚合、IT 人才和安全人才的聚合，让安全系统像人的免疫系统一样，实现自适应、自主和自成长。基于这种新的安全理念，奇安信打造具备内生安全能力的协同联动防护体系，成为新一代网络安全领军者，为行业带来了全新的面貌。

天智航的核心产品天玑系列骨科手术机器人，可广泛应用于骨科脊柱、创伤、关节置换手术。临床精度达到 1mm 以内，能够显著减少术中辐射，提高手术效率，使常规手术精准微创化、复杂手术标准化、关键操作智能化、医疗资源均等化，临床优势显著。截至 2023 年 3 月 31 日，天智航手术机器人累计开展手术数量已超过 4 万例，是一款成熟的应用型产品，帮助传统骨科进入智慧骨科的时代。

生态共建

很多专精特新企业都积极参与产业生态的共建，推动行业生态的升级与发展。举例如下。

亿华通打造氢能生态

作为氢能产业这种新兴行业的领军企业，亿华通积极推动全产业链协同发展，与三十多家整车厂、三百多家供应商建立了深度合作关系，逐步深化产业链上下游综合布局，协同推进行业发展，打造氢能生态。

奇安信打造网络安全生态体系

在数字化转型浪潮的大背景和新网络安全形势下，奇安信秉承"共享、共生、共赢"的生态合作理念，聚合不同领域、不同行业、不同类型的合作伙伴，共同打造国内最全面、最开放、最先进的网络安全生态体系。

宇视科技的生态赋新

宇视科技以"生态为先，繁荣共生"作为与合作伙伴共同发展的宗旨，面对 AIGC 带来的技术升维和竞争加剧，宇视科技以更开放的姿态牵手合作伙伴，构建 AIoT 新生态。在 2023 年宇视科技合作伙伴的大会上，宇视科技针对不同类型的合作伙伴（细分行业合作伙伴、经销合作伙伴、商显合作伙伴），推出不同的合作政策和思路，从产品方案底座、效率赋能、开放生态等多个维度携手合作伙伴共享 AIoT 新机会点的增值红利。

- 以智慧交通为例，宇视科技就智慧城轨、智慧停车、智慧民航、智慧高速等场景的不同需求构建针对性方案，助力合作伙伴抓住交通智能升级的机会点。
- 针对经销商合作伙伴，宇视科技通过营销与产品双轮驱动助力合作伙伴实现业务增值，将合作伙伴纳入宇视科技的销售体系、服务体系、培训体系和信息化体系中，打造四位一体的新型厂商一体化模式。
- 面对显示行业的变革，宇视科技强调，在大数据时代，显示是一个系统、一个场景解决方案，而不仅仅是一块屏。显示是大屏+控制+场景应用的多维度融合。因此，宇视科技以场景触达客户，以生态驱动成长，从指挥中心、数据中心、会议场景和户外场景到数字展厅、3D创意、XR和舞台，打造多样化场景解决方案。

宇视科技的生态赋新促进了合作伙伴的共同成长和快速发展。例如，杭州彩泰电子有限公司自2020年与宇视科技合作后，两年的营业额分别增长50%和160%，团队规模扩大了150%，已具备重大体育赛事场馆、全国连锁商店等重大屏幕项目建设能力。深圳臻烨发展有限公司与宇视科技合作共拓智慧办公市场，宇视科技针对合作伙伴的团队扩建、业务架构、销售模型、商机转化和执行落地等进行了全方位赋能，并推出"宇视帮"应用，提升了合作伙伴的经营效率。从厂商共创1.0输血阶段、厂商共建2.0活血阶段和厂商共赢3.0强血阶段，到厂商共生4.0造血阶段，宇视科技和臻烨共同寻找办公市场的出海口，推出样机测试体验与样机包套餐，在新零售市场互动营销、智慧医疗、银行信息发布等众多应用场景中做转化。

需要说明的是，以上我们梳理总结的"四功十六法"只是专精特新企业市场营销的一些要点，十六法之间并非相互独立，而是需要整体协同的。数字化时代的营销千变万化，我们的总结也有待迭代优化。

参考文献

哈南，2013. 顾问式销售：向高层进行高利润销售的哈南方法. 郭书彩，闫屹译. 北京：人民邮电出版社.

彭泗清，2008. 客户需求管理的八方格模型. 大连：国家自然科学基金委员会管理科学部"互联网营销与关系营销学术交流暨重点项目中期检查会".

吾言，2022. "三精"辉映璀璨"金洲"——中钨高新金洲公司高质量发展纪实. 中国有色金属报，11-25.

许鹏飞，2022. 2000—2021 年我国煤矿事故特征及发生规律研究. 煤炭工程，54（7）：129-133.

伊兹，2019. 新解决方案销售：第 2 版. 武宝权译. 北京：电子工业出版社.

张烈生，2020. B2B 销售原理与实践. 北京：人民邮电出版社.

第 9 章

走向世界的中国专精特新

只有中小企业具有充分活力,中国经济才可能持续向好。中小企业联系千家万户,是推动创新、促进就业、改善民生的重要力量。"专精特新"中小企业聚焦主业,精耕细作,在提升产业链供应链稳定性、推动经济社会发展中发挥着更加重要的作用。2021 年 1 月,财政部、工业和信息化部发布《关于支持"专精特新"中小企业高质量发展的通知》。截至 2022 年 9 月,工信部已培育 4 批 8997 家专精特新"小巨人"企业,带动全国范围认定的省级专精特新中小企业四万多家,入库培育专精特新中小企业十一万多家。

高度重视国际化发展与全球市场是中小企业逐步升级为领域内领军者的重要支柱（西蒙，杨一安，2015），但中国的专精特新企业（包括专精特新中小企业、专精特新"小巨人"企业、单项冠军企业）与赫尔曼·西蒙教授提出的"隐形冠军"相比（Simon, 1992），存在短板，尤其在国际化方面。随着贸易保护主义抬头以及随之而来的供应链问题，外部环境的不确定性与日俱增。我国企业的海外市场面临生存难题，这对企业规模和资源禀赋不占优势的中小企业更是严峻挑战（薛荣久，2009；焦红浩，2013；吴晓波等，2021）。在过往以劳动与资本密集型企业为对象的研究中，社会网络嵌入与组织学习（吴先明等，2018；许晖等，2021）被视为克服知识匮乏、技术落后、组织孤立、制度与文化差距等国际化壁垒的有效手段。但专精特新企业多处于重点高科技行业，在民粹主义、地缘政治、新技术民族主义思潮等非市场排外力量的加持下（Luo, 2022），技术溢出效应更低，仅仅以学习为主色调的国际化路径不再契合需求。同时在全球化的条件下，跨国公司是企业生存发展的常态，不管企业愿不愿意，都在不同程度地国际化或者被国际化。所以，专精特新企业要成为全球冠军，就要加强跨国经营能力的锻炼，也要从自身特征出发走出一条个性化的国际化道路。

本章在梳理专精特新企业禀赋与发展需要的特征的基础上，考察参与深度访谈的8家案例企业走向国际市场的过程。案例企业来自不同行业，处于不同生命周期，其国际化战略和尝试兼具失败和成功经验。我们发现，在国内竞争空间有限与国际局势复杂的"内忧外患"下，专精特新企业国际化转型的确面临启动困难（Teece, 1986；Figueira de Lemos et al., 2013；许晖等，2021）。而支撑一些专精特新企业迎难而上、在国际市场上赢得成功的精神支柱，是志存高远、敢于走出国门开拓新市场的志气，自强不息、勇于自主创新、坚持打造国际认可的核心技术与品牌的骨气，笃行精进、拥有核心竞争力、塑造伟大企业的底气。

在管理实践层面，由于专精特新企业的国际化起点往往在企业成长早期，资源禀赋相对薄弱，因此这类企业的国际化转型往往需要对有限资源灵活配置，选择适合市场环境、行业特征、自身需要的海外市场进入时间、进入模式、价值链定位，以期在短期营收与长期发展之间动态权衡（Almor, 2013；Day, 2011；许晖等，2014）。同时，这类企业在海外"边打仗边建军"，也借助国际化跳板（Luo & Tung, 2007）、全球人才引进与研发布局、业务多元化等契机"弯道超车"，逐渐形成了内外双向发力的双循环发展模式，成长速度显著提升。

我们将从动因、路径、能力等角度归纳各企业的异同点，对案例企业的国际化过程以及能力培养机制这两个核心问题进行分析，总结提炼其国际化路径的一般模型，进而为其他创新型中小企业向国内国际双循环发展提供参照与借鉴。

从本土走向世界

首先，我们对 8 家案例企业的国际化现状做一个总结概览。整体上专精特新企业都走出了以品质树立品牌的道路，在经历了为期数年的阵痛期后，在市场份额、品牌声誉、研发布局、国际合作等各个方面从国际化中受益。访谈中我们发现，我国专精特新企业的产品质量与技术水平并不落后于国际顶尖企业，或至少拥有追赶的潜质，在某些细分领域，如天智航的手术机器人，甚至处在绝对领先地位。但因为缺乏海外积累，所以需要一段时间去获得认可。部分企业采取了与西方隐形冠军企业相似的"搭便车"方式——通过与国际企业合作间接外销，或专注于技术专精的利基市场（邹立凯等，2021）。另一部分企业则坚持直接接触市场，在国家政策的助力之下，在自身高效的产品迭代服务升级能力的加持下，进行国际化转型的不断深化。各家企业的国际市场表现都不断进步，收益保持高增长，路径也越来越明晰。

在我们的企业调研中，各家企业多少都有与国际化相关的业务或尝试。大清生物大概2015年就筹备了国际化队伍，但因为CE注册、FDA注册过程特别长，且中国的产品，尤其中国的医疗产品出口需要下很大功夫，所以这么多年来国际化一直比较艰难。直到新冠疫情后，主要面向欧洲集采的口罩产品盈利超2000万元，并开始在中东、东南亚等诸多地区有所涉足。

冀凯股份的国际化已经趋于成熟，销售网络覆盖欧洲、中东、北美、南美和澳洲，在非洲南部也有涉足。俄罗斯已经成为冀凯股份在海外的第一大市场，此外冀凯股份在澳大利亚也有两家分公司。

金洲精工凭借高质量在国内市场上从跟跑、并跑再到领跑，在行业里树立了极大的美誉度，在北美市场也有不凡的成绩。

奇安信的国际化从2021年开始大规模推进，年底就收到了一个大订单。2022年开始配合国家"一带一路"倡议，不仅开拓海外客户，还把海外的中资企业作为海外市场的服务对象。

瑞德智能没有外向型基因，主要采用间接外销的方式，通过与飞利浦等国际品牌合作进入海外市场。通过整体规划布局，它在深圳和苏州建立了办事处，2020年的内外销占比已达到了7:3。

天智航拥有国际领先的技术能力，生产了骨科医疗器械领域的原创产品，2021年占据中国市场近90%的份额。作为中国唯一参与国际标准制定的企业，天智航对行业的影响力毋庸置疑。

亿华通在氢能汽车产业，其国际化路径是多元的，海外研发尤其是亮点。其国际市场布局充分考虑氢气供应和政府支持两个要素，首选澳大利亚，其后开始向多国扩张。亿华通在加拿大温哥华有国际研发中心，做本地化预研。港股上市招股说明书也注明了准备在东京建设研发中心，和上游材料供应链合作；和日本高校合作，建设产学研合作体系；和丰田合资办厂，充分学习管理和技术知识。

宇视科技 2016 年明确了部件通用化的国际市场策略，截至 2023 年初，宇视科技交付的产品方案覆盖全球两百余个国家和地区，海外市场连续 5 年年复合增长率超过 100%，已经做到了向国际成熟市场的消费群体提供有品质的产品。

专精特新企业的国际化特点

接下来，我们将详细说明这些专精特新案例企业的国际化特点（见表 9-1）。

吸引专精特新企业走出去的动力主要可分为生存与成长两个方面。生存是广阔的国际市场空间，以及与自身实力旗鼓相当的海外二三线企业竞争的胜算。多数中小型专精特新企业属于后来者，无论由于国内市场份额已经被先发企业分割完毕，还是技术专精领域的国内市场总规模太小，向外探索都是给企业长期成长开拓充足市场的必要手段。比如，大清生物所做的植体 CE 产品，国内的市场容量只有小 20 万颗，其余 70% 靠出口，这也是他们必须走国际化路子的原因。成长则是把握向顶尖企业对标与学

表 9-1 专精特新企业的国际化特点

国际化维度	特征描述
国际化的动因	开展国际化战略的原因以及面临的问题和壁垒（为何国际化）
国际化的路径	国际市场进入模式和战略（如何国际化）
国际化的能力	国际国内双循环的结果和绩效（国际化的结果）

习的机会。通过与各国当地标杆企业接触后，发现不足再弥补提升，这为我国中小企业发展自身能力提供了清晰的路径指导，对"边打仗边建军"的中小企业尤其重要。比如，金洲精工在向日本市场扩张时碰到了本土企业联合工具公司，持续对标这家企业，从品质管控、新技术研究深度上向它学习是金洲精工在日本市场的主要任务。

不同于资源能力禀赋充足的成熟企业，中小型专精特新企业在国际化初期，一没有足够的体量支撑，二承担不起高昂的国际化成本，三不具备海外经验，四没有品牌积累，且在重点高科技制造领域，甚至会遭到某些国家对中国企业的制度性排外。这些问题在接受访谈的各家企业中屡见不鲜。比如，天智航表示，目前不能像华为那样做到研发全球化就是因为体量不够；奇安信也谈及，在规模不到的时候国际化，就变成一个成本问题。中国制造产品的质量保障在某些国际客户眼里是需要更多背书的。大清生物表示，中国的产品，尤其中国的医疗产品出口是需要下很大功夫的。更宏观的压力来自国际环境的不确定性、贸易摩擦和地区保护问题。金洲精工进入日本市场时，当地的自我保护使得进入难度加大；冀凯股份也因为中美贸易摩擦而没有真正在美国形成稳定的销售。面对如此复杂多样的国际市场壁垒、自身相对薄弱的风险承担能力，专精特新企业仍然敢于追求高质量增长和长期发展空间。很多时候这是需要破釜沉舟、背水一战的勇气的，也是志存高远的志气的体现。

正是因为国际化对中小型专精特新企业来说具有挑战性，所以他们的国际化路径必须是问题导向的，是面向内外部条件和企业发展需求制定的。由于缺少经验和品牌背书，专精特新企业需要考虑如何与海外客户打交道，如何赢得与国际大企业的竞争，从而在客户的选择中脱颖而出。这可以分为建立市场连接和培养竞争优势两个方面。在市场连接方面充分借力：借力代理商，大清生物就是通过客户代理商的连接成为德国和瑞士集采的主要供应者；借力政策推动，奇安信和国家的"一带一路"倡议相配合，解决了中资机构在海外拓展的网络安全问题。在竞争优势方面，重视质量，建立品牌。产品质量是品牌美誉度的一个方面，品牌也是质量和服务的背书，坚持打造优质品牌声誉是很重要的。有困难克服困难，重视高质量硬实力，这正是专精特新企业在国际化进程中体现出的自强不息、凭借实力争取国际认可的骨气。

随着国际化战略的深入推进，海外市场将有效拉动专精特新企业核心

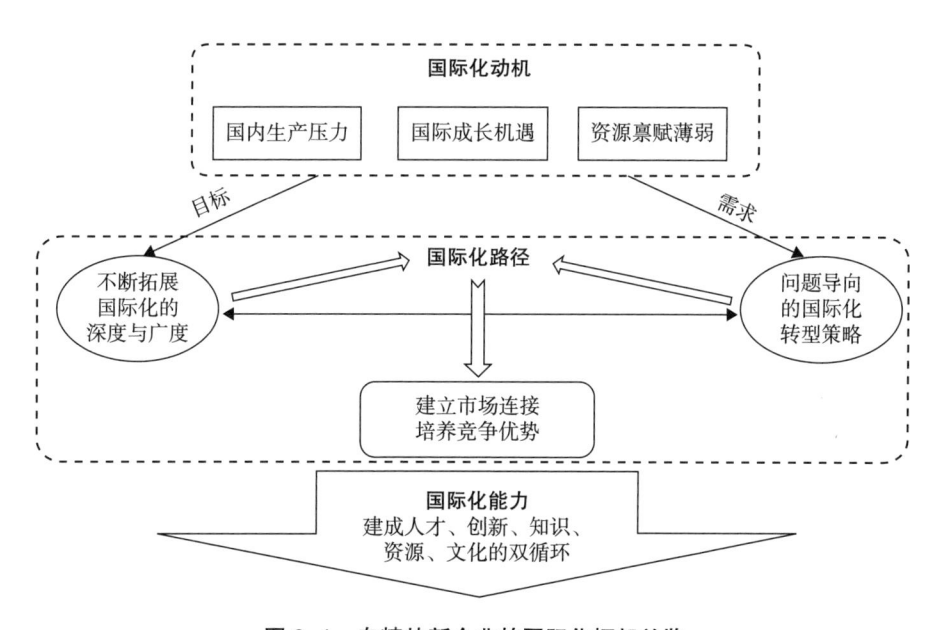

图 9-1 专精特新企业的国际化框架总览

竞争力的提升。它具体体现在成熟管理、研发知识、海外人才和行业话语权的获取。比如，天智航是唯一参与世界手术机器人性能和安全国际标准制定的中国企业，也是"国家机器人标准化总体组"成员单位。有了与行业领军者对话学习的机会，充分利用全球专业人才要素，组织与管理体系日益完善，研发进一步持续提升，这些都使国际化发展成为专精特新企业成长必不可少的一环。

国际化的动因

专精特新企业从国内走向陌生的国际市场，主要目的就是生存和成长。当本土市场份额不能给企业长期生存提供稳定的支持，或国内竞争难以找到突破点时，企业自然会把目光转向国际更大的探索空间。就像宇视科技的总裁张鹏国回顾2014年以来的国际化布局所言，面对相较海康威视和大华的竞争劣势，以及政府投资拉动市场的巨大波动，如果不是当时比较前瞻的战略选择，宇视科技可能已经和很多友商一样倒在了盲目逐利的路上，也不会有现在占到公司七成的渠道业务和海外业务，更不会造就今天六七十亿规模的公司。

另一方面，多数专精特新企业是在自身建设还不完善的阶段就开始了国际化，拉动企业成长也是国际化的目的之一。一些后发的中小型专精特新企业需要接触行业标杆去学习成熟经验的机会，拥有顶尖技术的企业也需要在国际上发声去提升品牌影响力（Luo & Tung, 2007；杨震宁等, 2010；王朝辉等, 2013）。比如，金洲精工提到，企业需要发达国家市场的高质量需求去拉动自身品质的提升；亿华通知道在国外主要竞争对手中日本丰田是最先进的，而且有可商业化的最先进的技术堆，因此才会积极推进与丰田的合作，亿华通帮丰田打开中国商用车市场，丰田帮助亿华通突破技术瓶颈。

当然，我国政策强调经济发展转型升级，建立内外双循环，也着力扶持中小企业的发展。专精特新政策就是为了充分激活中小企业的活力，所以相关政策环境为其国际化创造了许多可供借力的机遇。比如，亿华通和丰田的技术合作，欧阳明高院士带着团队去日本跟丰田聊，这是丰田在 85 年的历史上第一次把核心技术拿出来跟别人合资。这次合作主要得益于国家政策和标准的影响力。奇安信开拓海外的中资企业客户也是响应国家"一带一路"倡议的结果。

拓展新市场空间

专精特新企业的部分产品有时是领先国内产业大环境的，或者十分聚焦于某一细分领域，因此受众本来就比较少，国内市场空间有限，需求量不能支撑企业的增长。比如，大清生物即使在 CE 认证周期长、成本极高，承受长期国际化亏损的情况下，还是要坚持走国际化，希望能够再扩大需求，尤其重视对植体产品做 CE 认证，就是因为现在国内植体的总份额太小，只有出口才能创造更多收益。

宇视科技进军海外的直接推动力也是国内市场的困局，必须开拓新空间以求生存。准确地讲，宇视科技成立三年，到 2014 年底发现了一个问题，政府投资的市场不再增长，纯投资拉动的市场不再增长。当时宇视科技的紧迫难题在于，如果哪一天投资拉动的市场再缩小时公司是不是就没了。虽然在投资拉动的市场，也就是政府采购的市场也有比较好的毛利和净利，但宇视科技非常担心如果政府投资大幅度萎缩，那么公司就只有一个赛道，没有其他可以支撑的力量。对标国内先发竞争者，海康和大华已经做得非常好了，他们两家有业务规避护城河，但宇视科技没有。如果国内的投资拉动市场萎缩，宇视科技又小又没护城河，就会很危险。因此，宇视科技会考虑做消费拉动市场，无论是拉动国内消费，还是拉动国际消费，这不只是2C，也包括2B。

选择竞争者

即使掌握颇具竞争力的技术，中小型专精特新企业终究难以避免规模劣势等问题，在与领军者的竞争中显得吃力，需要避其锋芒。国际市场存在很多与自身体量相似的企业，将矛头首先指向这些对手，胜算更大，还可以把他们的人团结过来巩固自身力量。比如，宇视科技总裁张鹏国称，自己当时选择了一个基本打法，即先打弱敌后打强敌。当年宇视科技在渠道和海外业务中，有个对手选择的问题。基本上大家都瞄准海康和大华，但如果渠道和海外业务瞄准海康和大华必定会失败，因为以视频技术为核心的产品是这两家企业起家的"杀手锏"，兵力无比雄厚，资源无比多。不应该打它们，应该打二线和三线。在海外渠道有很多二线、三线对手，后来被宇视科技打掉之后加入宇视。

增速追求

专精特新企业要实现高速增长，就需要合理的赛道选择，也需要更加广泛的市场布局。金洲精工的目标是做到同行业全球第一，国际化自然是必由之路。2005 年，金洲精工从德国的一个工具专业期刊上看到了对全球工具的排名，那时的排名大概在第十名左右。这次清晰的行业认识让金洲精工进一步明确了要通过持续不断的努力一步步超越对手，做到第一。

竞争对手海外增速快的经验也是宇视科技决定出海的原因。宇视科技已经看到海康和大华两家，在渠道和海外业务的增速比投资拉动的模块增长快，宇视科技当然也想抢增速最快的市场。虽然老业务增速不错，但是已经慢于新业务，抢一个增速最快的新业务才是最有利于企业发展的。

海外的高增长同时也能对市场风险起到平衡作用，依赖单一市场会导致本就禀赋薄弱的专精特新企业在面对大的行业波动时遭受重创。企业稳中求进，就需要内外市场都有布局。奇安信持续加深国际化正是出于这一点的考虑。奇安信一方面参与外国客户公开招标赢得份额，一方面和国家的"一带一路"倡议相配合，解决中资机构在海外拓展的网络安全问题。董事长齐向东非常重视企业在国际市场发展的潜力，并认为海外业务到 2025 年可以保持每年 40% 的增长，是企业抗风险能力的有力保障。如果国内业务出问题，目前看这个增长的缺口——国际化的收入，可以弥补国内市场的风险。

国际化的条件

我国的经济发展政策充分鼓励专精特新企业建立国际连接，融入国际价值链，担负起国家创新主体的时代责任。在竞争与合作中提升国际品牌认可度也是企业高质量发展的重要方面。国际化并不是一个简单的课题，专精特新企业需要有一定的竞争力作为打开国际市场的入场券，技术能力是大多数企业竞争优势的来源。比如天智航，荣获国家科学技术进步奖二等奖一次，北京市科学技术进步奖一等奖两次，国家也有认证。基于这样的自身技术优势，天智航才有机会成为参与国际标准制定的唯一一家中国企业，在国际上对骨科机器人做出新定义，也才有机会摘走企业所追求的优质品牌，从而真正影响行业。

企业进行国际化需要进入一个陌生的市场环境。这既需要成本投入，又会分割本就有限的内部资源，同时也面临更多的不确定性。国际商务研究提出了"外来者劣势"概念，即跨国企业在进入海外市场后相对于本土企业更难取得合法性和利益相关者的信任。由于没有紧密的社会网络连接，对于当地的隐性知识获取也不及时，因此国际化是一个风险很高的战略决策。中小型专精特新企业在国际化初期往往不具备足够的禀赋去应对。比如，宇视科技在经历第一次尝试失败后，海外退货2000万美元，造成了企业内部很大的恐惧声音，很多人都觉得天要塌了。这是因为开启国际化已经占用了过多资源，挤压了原有业务的服务能力或增长能力，试错成本过高，如果收益不确定，就可能给企业带来不小的打击。

另外，随着全球政治环境中大国博弈越来越复杂，国际局势瞬息万变，这种国际关系会投射到经济交流中，会对专精特新企业的国际化产生巨大影响。比如，中美贸易摩擦中，冀凯股份不能形成稳定的销售；亿华通在美国遭受大额罚款；宇视科技在美国某些地区要放弃自己的品牌以免于抵制。这类例子并不少见。当然，某些国家良好的市场环境也会成为吸引企业将其选为国际化起点的动力。所以需要从内部禀赋和外部环境两个方向分析，从企业自身、行业特征、政策环境三个层次解构专精特新企业国际化的条件。

内部资源禀赋

专精特新企业在国际化起始阶段大多具有资源禀赋不足的特点，这会给企业投入支撑国际探索带来一定的压力，也决定了这类企业的国际化往往是一步一个脚印慢慢走，必须考虑每个尝试动作的收益回报。比如，奇安信所在的网络安全领域，安全要与服务能力同步，要么培训本地的服务提供商，要么自己把业务移过去，成本要求很高。原来规模达不到的时候，选择国际化战略就是一块一块地啃骨头，进入一个国家动辄需要几千万，甚至上亿的投入。大清生物表示，对于去国外参展的差旅费都有很大压力，每年投入很高，部分员工对国际化意见很大。宇视科技内部对国际化战略有很多反对的声音，很大程度上是因为担心国际业务占据了有限的供应链资源，会影响原本发展态势稳定的国内高端平台服务，动摇竞争优势。

天智航的海外人才难题也是源于体量小。在引进高端人才时说服本人没问题，说服家属是最难的，家属通常希望孩子的教育、生活平衡达到稳定状态。领军者通常是事业导向的，在美国、欧洲不想干了可以回国，但是有几个人最后说服不了家人，公司也挺无力的。天智航非常认同像华为一样成立研究所，人才在哪儿你在哪儿的做法，但是现在体量不够就做不到。真正的全球化布局，前提是有收入水平、管理体系和远程工作能力作支撑，这样的能力并不是很多中小型企业能复刻的。

不过也需要看到专精特新企业独特的禀赋优势。这部分企业相对于其他中小型企业的特殊性就在于技术专精，甚至可能具备国际领先的研发基因，这也是在国际上有竞争潜质的来源。以天智航为例，国际化不是在学习领军企业的技术，而是让自身的顶尖技术进入国际视野。在这一领域，中国的医疗器械企业大部分走迭代或者仿制路线，天智航则是与国际同步，而且还有领先优势。从综合定位精度来说，天智航的机器人达到全球最高的亚毫米级。国际上像美德利、捷迈邦美这样的世界五百强，他们的机器人操作精度是 1.5 毫米，天智航比它的精度更高。天玑骨科手术机器人是全球范围内唯一覆盖创伤、脊柱和关节手术的通用型产品。创新实现了一机多适应症覆盖，包含颈椎、胸椎、腰椎、骶椎全节段脊柱外科手术和骨盆、髋臼、四肢等部位的创伤手术和关节置换手术。从天智航的例子可见，专精特新企业虽然普遍存在规模劣势、资源劣势等禀赋困难，但已经具备了一定的技术积累，产品研发与创新能力在全球并不落后，甚至排在前列。

海外经验

海外经验能够给企业的市场选择、海外经营、客户网络的建立等提供帮助，但专精特新企业不同于成熟的跨国企业，国际化是一个从 0 到 1 的过程。由于之前没有过国际化布局，管理团队中可能缺乏相关人才。比如，大清生物的董事长李次会明确表明，自己对国际化人才的培养还不满意。2021 年国际部业绩不好，国际部经理的岗位也被空置，公司计划再引进一个有国际化能力的经理。

整个企业的产品设计没有海外经验做指导，不了解国际市场需求和产品投产的节奏，就可能造成过高的沉没成本。比如，瑞德智能的产品投产节奏和市场需求不一致，曾经看到储能行业的便携式锂电池能火，就成立了一家公司，风光互补、逆变等很多方面都做好了，但是后来调研全球市场容量，发现只有 900 万美元的市场，是一个非常小的市场。公司投入非常大，但是市场特别小，就不得不停止这个项目。没想到 2021 年因为环境变化，这块市场突然火起来了，所以瑞德智能现在又重新进入这个行业。宇视科技初次出海的失败也是对内外市场需求差异不了解导致的。宇视科技因为想节约资源和成本，最初是直接将国内积累很好的大规模解决方案复制到了海外，结果出现很多问题，不能满足海外客户便捷易用的核心需求。

品牌背书

品牌在国际市场很重要。宇视科技在访谈中提到一些感悟，比如西方的市场大概比中国市场有 15 年的先发优势，他们已经走过今天中国市场这种偏价格的年代，他们愿意依据品牌去寻找可靠的服务和质量。一个细节在于，宇视科技在拓展中国渠道的时候，讲究的是接地气，不在乎品牌。但是，在澳大利亚等国的渠道商竟然会给宇视科技的产品拍片子，甚至在泰国的社交媒体有一个引燃全网的片子是关于宇视科技的产品的。这些都是宇视科技在当地的渠道商自己花钱拍的，体现出强大的品牌意识。

专精特新企业的国际化是将年轻、不知名的品牌推向国际级舞台的过程。这一点与已经树立了品牌声誉，能够享受品牌溢价的成熟企业不同，没有初始背书，这需要在与客户的互动中慢慢积累。比如，瑞德智能靠间接外销，但没有自己的品牌，自我感觉国际化做得非常不够；宇视科技对比一些友商的失败经验，总结自己坚持"做困难而正确的事"，从无到有塑造品牌知名度是成功的关键。

突破制度壁垒

新兴市场跨国企业的研究表明，中国企业出海不仅有普遍的外来者劣势，还有"来源国劣势"。海外市场可能对中国产品有刻板印象，所以大清生物指出，中国医疗产品的出口壁垒更高。

还有一部分原因是大国摩擦。在目前乌卡的环境下，以美国为代表的多国对中国高科技领域进行卡脖子，贸易摩擦也不断升级，其后果是显而易见的。比如，即使第二大产煤国是美国，但因为美国对中国的抵制和2019年后的贸易摩擦，即使进入了美国的几大采购名单，冀凯股份也始终没有在美国建立稳定的销售。亿华通在海外的第一个布点就是澳大利亚，因为澳洲有很多氢气，褐煤制氢成本低，但澳洲的项目却经历很多磨难，主要是因为中澳关系。即使是把品牌营销放在国际营销非常重要位置的宇视科技，也会做适当妥协。比如在美国的某些地区，当地对宇视科技品牌比较敏感，那么宇视科技就会放弃自己的品牌。

国际化的路径

在上述条件的基础上，专精特新企业的国际化路径一定是问题导向的。整体的战略选择是为了在内外部各种优势劣势之间扬长避短、趋利避害，制定最适合自己的路径。因此，访谈的各家专精特新企业接触海外市场的方式是多样的，包括间接外销、直销等出口方式。国际化也并不仅仅是向海外市场出口商品和服务，布局全球研发体系、进行海外并购也是企业充分利用好外部市场资源的路径。

在进入海外市场后，企业就开始与当地客户、竞争者、合作者打交道。无论采取何种方式出海都需要解决如何赢得第一笔生意、如何建立长期合作的问题。高质量是赢得客户信任的基础，比如，金洲精工从不空喊口号或者简单地以价格战拿到更多订单，它的两个主要抓手是产品质量和创新。客户导向的创新和快速响应能力是服务质量的体现，也会成为加分项。比如，宇视科技特意让技术人员在一线销售，锻炼学习，建立了以客户为导向的企业文化。发达国家的市场重视品牌，保持优质的品牌形象才能走出由上到下的渗透路线。比如，天智航就坚持和其他中国医疗器械企业的低端路线区分开，一开始就从北京积水潭医院等头部医院从上往下走，往下走是非常快的，而从低端往高端发展是非常难的，这才是真正和国际品牌竞争的赛道。价格战是不可取的，就像低价解决不了大清生物进入欧洲的难题，性价比才是竞争优势。

国际化战略

出　口

出口产品和服务是最基本的国际化形式，出口方式也可以有很多种。瑞德智能是搭载于大品牌的成品，通过苏州工厂给飞利浦等两个美国大品牌供货，实现产品输出。借力合作商也是主要方式之一。比如，金洲精工在北美完全依靠经销商间接外销；大清生物在欧洲的销售主要是通过德国和瑞士集采，瑞士所有军人、消防和公安警察用的都是它的产品，欧洲客户找到大清生物就是通过客户代理商；宇视科技在海外市场采取了与国内完全不同的部件通用化策略，与渠道商合作，甚至专门对外释放自身定位的声音——宇视科技坚定地只做设备商，不做集成商，不做工程商，不做经销商，不跟合作伙伴抢生意。这种清晰的角色定位和利益分割也有利于专精特新企业团结产业的上下游合作者。

自己直接接触终端市场的方式可以分为分公司代销和直销。金洲精工通过在澳大利亚的集团分公司销售设备，分公司实际上是在帮金洲精工做代销，钻探设备、锚杆设备的市场表现非常好。同时，考虑到行业的全球竞争格局，金洲精工也会刻意做大量直销动作去建设自身品牌，让技术人员充分地接触客户端。对客户端的需求，直销模式能够抓到第一手资料，提升反应速度，紧密跟随市场，从而促进产品的更新换代。

国际并购

并购外资企业是国际化的途径之一，如果在并购后，内部管理协调得当，并购就能够成为直接的业务结构扩展方式。专精特新企业通过并购外资企业，获得对该企业的全部资产或者某项资产的所有权，或对该企业的控制权。这可以促使企业的主营业务从单一到多元，一方面获得了更多的国际连接，另一方面提升了竞争力。金洲精工在2016年到2021年的五年时间里，实现了从跟跑到并跑，再到领跑。2019年金洲精工在全球范围的市场销售量超过了日本的佑能公司。这个节点的主要推力在于金洲精工的数据钻孔分公司在2019年并购了昆山公司——原来属于德资企业的同类型公司，其他收购对象还有韩国公司，所以金洲精工变成了一个多业务、多地域的小型集团化企业。

国际技术合作

专精特新企业成长的主要驱动力是研发创新,因此企业会积极寻求技术合作网络的国际化。与他国企业取得合作不仅是为了争取海外市场份额,很多时候也是为了共享知识、优势互补,共同突破技术瓶颈。比如,亿华通看好日本的供应链优势,跟上游材料供应链的日本企业合作,也和日本高校组成产学研团体。多方合作主体的目标是一致的,管理体系也很完善,有具体的项目,项目有具体考核指标。互联网也为国际技术合作提供了交流便利,现在视频会议也很方便,可以每周组织例会。

如何迈出第一步

品质保证

国际市场,尤其是韩国、日本和北美,技术要求普遍比国内要高,所以用高品质建立客户信任,逐步树立品牌声誉是专精特新企业的一贯做法。金洲精工原来认为,把价格放低一点就能获得更多订单,但是现实并不是这样的,产品一定要足够好。韩国市场是金洲精工最早实现市场占有率第一的区域,它在韩国的竞争策略不是价廉物美,而是价格要有竞争力,同时将产品的性能发挥到极致。还有一个客观的现实制约条件就是在海外市场,如果产品出现了批量质量问题,想要退货,通过报海关退回是非常烦琐和麻烦的事情,所以一定确保产品质量。宇视科技的第一批产品能够获得认可,也是得益于质量优势。宇视科技第一批出海的产品全部是铝合金的，用户只要用手一掂，就知道这个产品做得非常扎实。

另外，高质量基线也给了企业向下渗透的空间，使其能够游刃有余地服务更多质量要求没那么高的客户，这比从低端走到高端要容易很多。宇视科技的双质量基线策略就是这个思路。总裁张鹏国指出，消费拉动和海外业务，不太强调那么高的品质和那么强的创新，比较偏同质化竞争，不像以前老的政府投资拉动市场，强调差异化，强调品质。投资拉动市场是一个比较高的质量基线，消费拉动是一个比较低的质量基线。质量基线后面意味着流程、意味着技术，公司走了一个双质量基线，是为了服务渠道和海外业务。海外渠道客户会选择利益最大化，当你树立了一个高质量的品牌形象，你的渠道合作伙伴的溢价就会高，利润空间就会大，这就是品牌的力量。另外，在安防领域，全球都知道中国的视频监控技术复杂度、解决方案复杂度和质量要求是最高的。所以宇视科技在国内市场最高点"拿下"了平安城市、智慧城市和复杂的组网等建设项目，就是在告诉全世界，宇视科技可以。同时，以高质量能力满足低质量需求，自然就能收获客户信任。

积极创新

专精特新企业在国际化中非常重视产品创新能力，将创新研发实力作为竞争点。比如，奇安信的安全产品和美国、俄罗斯、以色列三巨头同台比拼，不相上下，因此才能在公开招标中抢到国际大单；医疗器械行业的天智航创立新术式，凭借独家技术定义骨科手术机器人，真正在行业中开辟出属于自己的科技护城河，也因此参与到国际标准的制定中，是中国专精特新企业国际化的典型标杆。

另一方面，重要的高科技制造领域遭受国际卡脖子压力。只有具备自主创新能力、能够团结国内价值链伙伴共同突破关键技术的专精特新企业才能培养自主创造力，才能真正具备核心竞争力。比如宇视科技的"创新为魂"战略。2013年3月宇视科技的球型摄像头已经开始销售，但是非常遗憾的是，摄像机机芯很贵，那时所有摄像机机芯都没有国产化，都是从日本的两家公司进口。宇视科技和两家供应商谈了两天，这两家各降1美元。这说明不突破核心技术的公司是没有未来的。宇视科技从那以后立志做出中国人自己的机芯，大概投了4000万到5000万元的资金，用了大半年的时间实现突破，打破了技术壁垒，也为建设成本低、响应快、自主化高的产品链打下基础，提高了服务国际客户的能力。

客户导向

专精特新企业的国际化业务都有以客户为中心的特征。对于高科技行业，让技术研发人员具备客户导向思维，从而避免产品与市场需求割裂是很重要的。宇视科技成立之后，快速组建了自己的销售团队，把市场端原来做技术的人员全部赶到一线做销售，让他们快速成长。这样就形成了组织内部从研发到销售统一的客户导向文化，提升了组织执行力。金洲精工的做法也类似，在市场营销部门里设了一个技术服务组。这个技术服务组既可以做一些售前情况了解，也做一些新产品推出之后的紧密跟进，发现不足持续改进。从宇视科技的案例还能看到企业针对不同客户群体的差异化策略。PBG客户群的特点是业务复杂，对产品品质要求更高，更加注重业务个性化贴合性，因此对研发的要求除了具备通用产品品质解决方案的完整性，还要更加贴合不同类型客户的共性需求。EBG的客户则更追求易用、标准化，甚至拿过来即插即用，对这类客户要从方案易用性、产品易用性及产品性价比入手,突出性价比竞争优势,同时也不搞价格战,保证在同类产品里软硬件质量和安全性都能做到最好。

快速响应客户的服务意识和跟进能力让专精特新企业能够快速接手领先竞争者的市场份额。比如,奇安信在美国的产品退出后迅速占领这部分客户,除了产品技术与美国不相上下外,服务能力更是优于美国。美国解决客户问题都是找代理商,奇安信则是核心工程师立即奔赴现场,立刻解决。金洲精工也重视客户需求,会花大力气去推进根据客户的需求量身定做,这也加速了企业的产品迭代。相较而言,贴近客户对2B企业赢得市场更重要,响应客户的需求也更具有必要性。奇安信的董事长齐向东以网络安全行业为例进行对比:虽然2C电脑上能兼容几千万个互联网软件,2B端一个企业、一个政府部门有上百种软件,兼容适配难度不一样,但2B是更难做好的。因为2C软件不兼容时,客户只会把你卸载,但不一定要求你改进,所以360没有客户服务部门。2B不一样,有一款软件跟你的产品不兼容,客户会逼着你必须解决,不解决不行。所以奇安信在2B上有几千万个终端,软件都兼容,但不是一夜之间兼容的,是经历了问题解决的过程。

优质品牌形象

专精特新企业都着力塑造优质的品牌形象,一方面,好的品牌声誉能为品质、创新能力"背书",成为客户对企业的信任来源;另一方面只有品牌才能支撑企业收获高端客户。如金洲精工从2016年在台湾开始设立办事机构,不追求数量扩张,而是追求从高端客户和有难度的项目切入,已经实现了比较好的突破,一个月达到了50万支钻头的销售,这样高质量的发展也反过来极大提高了金洲精工品牌的美誉度。

当有足够的技术能力做支撑时，优质品牌路线也是专精特新企业真正和国际一线品牌对标和竞争的赛道，尤其在国际大企业聚焦于高端市场的领域，比如天智航专注的手术机器人领域。国内高端医疗设备完全被国际巨头占领，北京积水潭医院的高端设备基本都是进口的；中国的医疗器械还是在走低端路线，从乡村、县、市逐步到三甲医院。但天智航区别于其他的国内企业，一开始就和北京积水潭医院等头部医院合作，从上往下走。天智航拥有极高的技术禀赋，创立了20个国际新术式，骨科手术机器人精度在全球领先。高速磨钻系统完成了机器人辅助脊柱磨削与置钉一体化手术，以及机器人融合超声骨刀系统完成机器人辅助脊柱外科切割和磨削手术，都突破了国际对于骨科手术机器人功能的定义。所以天智航能够突破被国际品牌占领的高端市场，这也成为天智航发挥行业影响力的基础。

国际化的能力建设

国际化是复杂的、高成本的，需要承担很多风险，但是事实证明，国际化转型成功后能够给专精特新企业带来许多好处。进入海外市场不仅仅使需求量变大，还给了企业接触海外人才、接触国际企业、进入行业领军团体等拓展视野的机会。比如，亿华通借力日本的上游供应链资源，金洲精工在澳大利亚聘请当地的工程师，天智航成为"国家机器人标准化总体组"成员单位。专精特新企业在这个过程中连通国内国外两个市场，充分调动海外资源。

专精特新企业的高科技属性也意味着长期发展不能闭门造车。广泛布局全球研发体系以及嵌入国际合作网络是获得最前沿信息和知识的有效途径。比如，亿华通与日本高校建立产学研合作，在加拿大温哥华和日本东京设立研发中心。本地化的研发更了解市场，能够预测需求的发展方向，指导企业做提前几代的研发和生产。

同时，国际化也是自我锤炼的机会。国际业务让原本浸润在中国本土市场中的专精特新企业走向发达国家市场，接触更多高要求客户，而满足新市场要求也倒逼企业整体创新，提升自身的服务能力。比如，金洲精工面向国际市场的技术支持直接安排微钻产品研发部来对接，就是因为韩国、日本和北美等国际市场的技术要求普遍都高，所以金洲精工能通过这样的国际市场锻炼，促使金洲精工内部体系做得更好一些。

业务多元化

专精特新企业最初的主营业务是在国内市场培养起来的，在进入海外新市场后根据新的需要做出调整或建立新的产品线。这些新的产品形态拓宽了整个产品的生态布局，也意味着企业培养起了更加系统化的研发和生产能力。以宇视科技为例，2014年第一批产品输出时，宇视科技将国内的商业模式和产品完全复制到海外，但并没有如愿获得好评，在国内表现优异的大平台方案和行业NVR对于中小企业和个人用户并不适用。宇视科技秉承以客户为中心的服务理念让其停止所有的海外发货，然后紧急推进研发。在单品层面，研发新产品、新版本，此时推出的"酒杯筒"现已成为最热销的产品形态；在商业模式层面，打造通用产品线，开发嵌入式NVR以满足海外客户需求。

除了上述产品线的拓展，宇视科技的部件通用化思路也是在做海外分销渠道市场时确立的，特点是海量出货。最初这个策略主要是面向国际，但随后也开始向国内的渠道市场渗透。近年更是推出了"区县下沉"计划，通用部件业务的定位从针对国际转向内外双市场。这说明专精特新企业的国际化并不是割裂于其他业务，也不是独立单元，而是融入企业整体能力的培养，国际服务能力的进步同时意味着整体的企业成长有了更多可能。

全球创新研发

专精特新企业打开海外市场，进而有机会布局全球研发体系，其形式和方法是多样的。合作企业可以提供研发人才。比如，冀凯股份虽然没有考虑在海外设置研发设计中心，但是在澳大利亚与当地公司合作，可以利用当地工程师解决本土化问题。自己设立的海外办事处或分公司可以聘请当地的管理和技术人才。比如，宇视科技的理念就是想在任何一个国家发展，就必须要用本国人。

海外研发中心的创立也有效助力了创新能力的强化。我们曾提到亿华通的国际技术合作战略，公司在加拿大温哥华有研发中心，也准备在日本东京建设研发中心。在这里需要指出，亿华通的海外研发中心是专门做预研的，研发下一代的下一代产品。亿华通通过全球多点配合的研发网络建立起了现在的"预研一代、开发一代、推广一代，三代同步"研发体系。北京研发中心预研一代，海外比北京还要领先一代。国内预研一代面向未来3—5年，海外面向未来5—10年，要更长远一些，这也是和日本丰田交流学习的结果。

预研主要面向颠覆性技术，是企业长期在行业中占据领先地位的保障。以亿华通的高温膜项目为例，目前发动机的反应温度在100度以下，质子交换膜的温度在 80—90 度左右，温度低的时候效率不是太高，会产生比较多的热效率。预研产品的目标就是通过技术革新提升更多的电效率，高温膜的研究需求就出现了，比如到 200 度，如果这项技术能够做出来会颠覆现在的整个产品逻辑，也是抢占行业突破点的重要方向。

市场双循环

国际化是专精特新企业整体发展的有机组成部分。在国际化初期，企业需要国内的收益积累来支撑向海外进军的成本需要，而成熟的国际化则需要做到国际市场收益反哺国内建设，打通内外市场"双循环"的发展模式，打造健康的双元生态，真正做到两条腿走路。比如，宇视科技将海外市场的高增长收益投入国内创新团队的建设工作，在全国布局了"两院六所"的研发体系，平台化、智能化的产品革新在不断加速。反过来，技术进步和产品谱系的完善让宇视科技能够给全球市场提供更优质的服务。不断更新迭代的 AIoT 大型操作系统 IMOS 向后端产品和外部合作生态链建设提供接口。内有通信厂商血脉与坚持科技创新精神相结合的精工制造能力，外有国际市场可持续的高收益和市场需求对产品链、管理模式变革的推动，宇视科技的"双循环"模式将国际化转型内化为企业竞争优势的有力推手。

组织文化和管理融合

专精特新企业属于中小型企业群体，团队体量是有限的，而随着国际化，面向各个市场需要专业团队去经营。在当地会有新的分公司建立，有海外人才加入，也可能会有并购机会。为了在国际竞争中占据优势，创新团队、销售团队等业务部门的架构也可能要配合企业目标做出调整。所以专精特新企业的体量会随着国际化的广度和深度不断扩大，管理架构也会越来越复杂。

专精特新企业组建海外市场团队大多会采用本地化策略，即用当地人解决当地问题。随着外国研发人员、销售人员、高层管理人员进入组织，就需要和原有的中国成员互动。不同文化之间的沟通和理解不是易事，企业在国际化的过程中逐渐培养起了这种中外紧密合作、协调沟通的能力。比如，亿华通母公司与海外研发中心的例会机制，以及宇视科技招聘各种小语种的本国员工，在不同文化之间的沟通和理解中起到了纽带作用。宇视科技通常会在海外团队中任命一个组织认同度高的团队领导者，进而在创新能力提升的同时避免内部的企业文化矛盾。

专精特新企业在适应国际市场的过程中出现了专门设置国际业务团队、业务经理，增加新产品线，在不同市场间设置差异化策略等让组织管理难度有所提升的变化。大清生物董事长李次会表示，企业在国际化的过程中学习管理经验，目标是把职能分工管好，把责权利分好，把企业做大、组织做小。天智航也在国际竞争中意识到了人均效率的重要性，并采取一系列激励措施去提高人均销售额。人均销售额决定了一家公司用的是什么样的人，人如果都是贵的人和有效率的人，那么行业竞争力就强。

宇视科技也是在不断地组织结构调整中适应了激烈的国际竞争。从一开始由上至下的决策结构转变为放权给一线人员、充分尊重市场信息反馈的决策体系。宇视科技的国际化业务在各个国家和地区之间采取了差异化战略，非洲、中东，尤其是南亚的质量基线比较低，所以双质量基线不光是在国内存在，在全球都存在。双质量基线对公司的管理挑战是很大的，两套流程，两套制度，两种文化，但双基线又是最稳健、最合理、最好的商业逻辑。为了平衡低成本和质量基线塑造的优质品牌形象，宇视科技一直坚持着"做困难而正确的事"，既锻炼了管理能力，又逐渐能够应对不同市场间的差异。

国际化经验

争取技术自主化

在芯片、软件、核心元器件等关键领域，我们仍然不能忽视我国目前与一些发达国家之间的技术能力差距。专精特新相关政策也正是为了激发中小企业的力量去缩小差距，实现技术自主化。企业在国际化竞争中充分感受到了差距。奇安信表示，2021年11月份java一个组件出现漏洞，影响面几乎是中国软件业的100%，也就是说，中国的软件公司，几乎没有一家公司不用java。即使奇安信咬着牙把操作系统换成国产操作系统（麒麟），但是还得用java和组件，还得用PHP，几乎所有的计算机语言都是美国的。他们用的不光是语言编程方法，而且还有这种语言在40年当中形成的无数函数、模块、组件和平台，而离开这些他们的软件就归零了。所有的软件用的都是C语言和C++，完全靠自身去构建函数，要求非常高，他们没有任何一个人会写软件。在网络安全如此重要的关口上，奇安信在给用户提供各种数据平面和控制平面的操作台的时候，也大量使用java，只有大概1/3是用C语言和C++实现的，美国这些软件的模块和组件都可能留有后门或者有漏洞。它可以突破奇安信网络的所有防线，在无感知的情况下对数据库进行操作，所以必须清楚地认识到这种差距，要加快速度去弥补。

在高科技制造行业，元器件外源性依赖也会使企业自身的创新和产品升级速度受制于人，整机成本更高，进而在客户端竞争力下降。宇视科技在成立初期投入4000万建立自己的PUMA自研团队，就是为了突破元器件依赖。相似的还有亿华通发展国产化替代的例子。上游零部件空压机的生产难度非常大，后来他们跟石家庄一家原来做空气轴承的公司合作，把技术难题突破了。亿华通在汽车行业找不到能突破技术瓶颈的合作企业，就到航空领域去寻找，从别的行业引进相关技术。2018年国外一台空压机的价格达到二三十万元，亿华通自己做出来后降到3万元，现在批量生产甚至降到两万多元。可见空压机技术跟上游相关，原来空气轴承是航空用的，后来被引入汽车行业。

做好市场预研

因为最初没有国际化经营的经历和经验，大多数企业也缺乏面向海外市场的专业管理人才，所以很多专精特新企业一开始并不能瞄准海外需求，也会有多次的试错动作。比如，宇视科技把国内大型解决方案的模式复制到海外的本意是利用在国内高端市场的多年积累，采用最熟悉最擅长的主营业务，以求平稳过渡，但是结果却恰恰相反。海内外面向的客户群体不同，需求也就不一样，所以宇视科技最初经历了大规模的产品召回。再比如，瑞德智能放弃的产品很多，2021年以前产品的投产率只有50%，投入了大量成本但中途停止的项目不在少数，一部分原因就是借力成品商出海的方式把产品选择的自主权交给对方，自己无法做出准确的需求调研和预测。

重视细节

海外成熟市场中客户对细节的要求更高,在塑造品牌的国际声誉方面,细节决定成败。这是金洲精工在日本交了很多学费后吸取的教训。原来金洲精工认为,在日本需要更多的市场开拓,是因为日本企业相互之间抱团。后来自己进入日本市场,当地客户企业给金洲精工做测试,测试周期更长,因为它对金洲精工的品质不放心,在测试的环境设定上比对日本企业测试的环节多一些。在交付的过程中,一旦出现了一个小的过失,小到仅仅是有不同型号规格的产品放在了一起,或者标签贴得不好,日本制造型企业的工匠就判定审核不通过,价格不匹配。因为他认为你做事不严谨,产品质量管控有问题。金洲精工从中明白,要成为一个国际化企业,必须要在自身的质量管控体系下更大的功夫,做得更好。

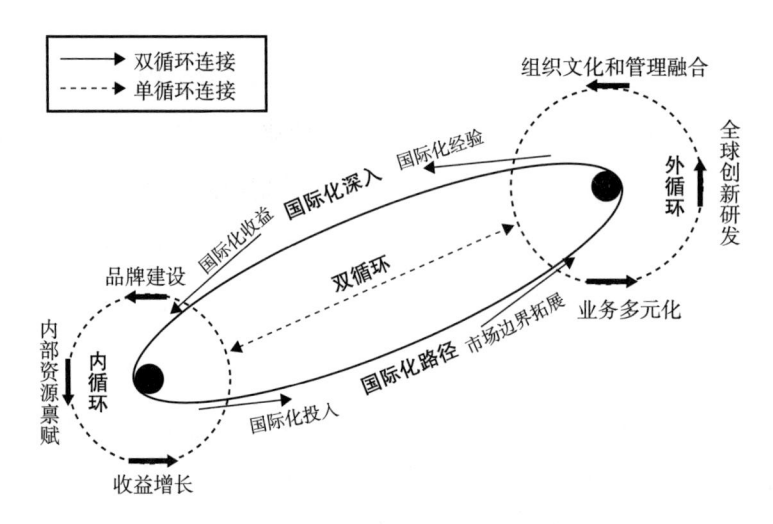

图 9-2 专精特新企业的国际化:以双循环为导向的路径模型

总　结

专精特新企业比较年轻，进入国际市场也晚，与在国际市场上有多年积累的领军企业对比，在很多方面还是需要提升的。同时专精特新企业研发能力强，服务意识好，也有属于自己的竞争优势。我们可以从访谈企业的自我反思提炼出以下几点。

第一，专精特新企业以研发见长。比如，北美市场早期有一到两家做 PCB 工具的企业，其中一家被日本的京瓷公司并购，现在还有一定量的生产，处于领先地位。金洲精工与它相比，产品、科技研发投入比较大，产品能够跟上时代的变化点。金洲精工在北美有一个大的客户叫 TTM，是全球排名前五的企业，这两年连续给金洲精工颁发优秀供应商奖——从 2000 家供应商当中评出 10 家。TTM 认可的是金洲精工在北美的 10 家工厂和中国大陆的 6 家工厂全面的交付品质和研发配合的能力。金洲精工在日本市场的表现也是相似的，以科技作为差异化竞争点，产品的丰富程度能够满足行业的一站式采购需求，而且在一些领先产品方面已经超过了日本本土企业。天智航的机器人精度也超过了美德利、捷迈邦美等世界五百强，达到了国际领先水平。

第二，品控和创新深度有待提升。金洲精工在日本市场的发展受到制约。在 2019 年之前日本联合工具这家企业一直领先于行业，显然日本是它的大本营。同时日本企业的优势在于它的技术创新能力、品质管控能力，还有日本企业本身的相互认可。金洲精工在日本市场的 15 年时间，所占的市场份额在 5% 左右或者更低，日本市场绝大部分还是被联合工具控制。金洲精工在研发广度和技术的更新迭代速度上比联合工具有优势，但还需要持续对标这家企业，从品质管控和新技术研究深度上向它学习。

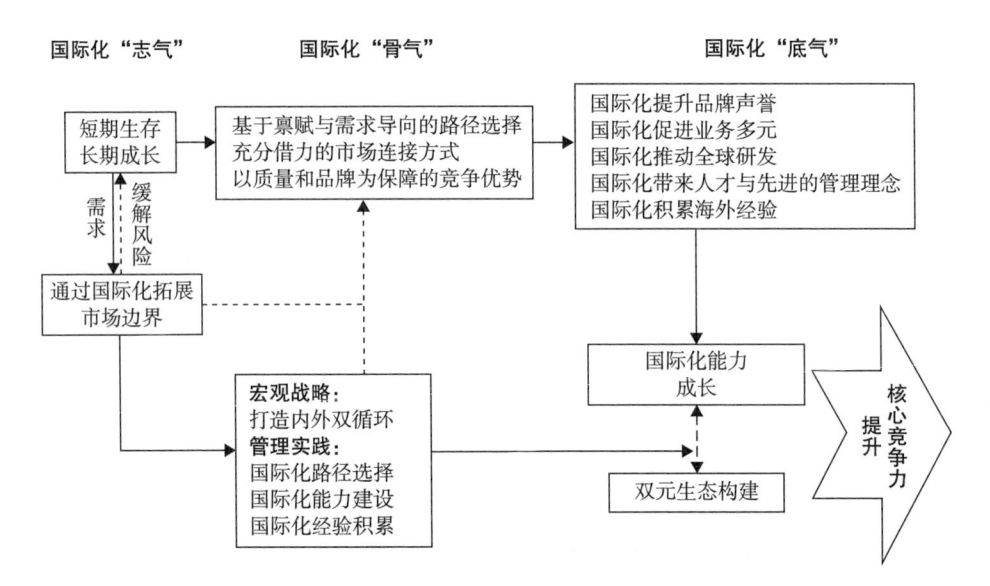

图 9-3 专精特新企业的国际化成长路径

第三，我国企业在国际化过程中应该更加重视市场规律，重视管理效率。国际化的专精特新企业应该在我国完善社会主义市场经济体制的背景下，在海外市场环境的机遇中充分激发自身的创新活力。金洲精工之所以能够在行业内做到全球领先，尤其在一些局部市场当中能够拔得头筹，很大程度上得益于完全按照市场规律运行。金洲精工的总部在深圳，这是一个改革开放的前沿地带，所以是有创新基因的。

总体而言，专精特新企业的国际化一直是以长期生存和可持续成长为核心驱动力，单一市场容量小、与国内大企业竞争的压力大、行业波动大等原因都促使这些各行各业的专精特新企业以收获更稳定的市场支持为目的走出国门。重视品质、以创新为推动力的这类企业，其产品质量高，研发能力出众，具有客户导向的服务和创新意识，在国际上也颇具竞争力。但中小型企业对于国际化的高成本、高风险承担能力有限，缺少国际经验和品牌背书也是痛点。所以在国际化的过程中，企业总是力求平稳，"边打仗边建军",根据内外部环境情况和自身的资源条件选择国际化路径。搭车、借力渠道商或直销,都是在成本、风险、品牌、接触市场等方面进行平衡。在赢得客户方面,企业也往往以高品质与优质的品牌形象作为差异点,这样才能避免打价格战,保持高质量发展。国际化是一件困难而正确的事,企业在国际市场的锤炼中有机会撬动全球资源去提升能力,也可以在与国际标杆企业的竞争中学习积累,让国际化能力真正内化为企业的核心竞争力。

参考文献

Almor, T. (2013). Conceptualizing paths of growth for technology-based born-global firms originating in a small population advanced economy. *International Studies of Management and Organization*, 43(2): 56-78.

Day, G. S. (2011). Closing the marketing capabilities gap. *Journal of Marketing*, 75(4): 183-195.

Figueira de Lemos, F., Johanson, J. & Vahlne, J. E.(2013). Risk management in the internationalization process of the firm: A note on the Uppsala model. *Journal of World Business*, 46(2): 143-153.

Luo, Y. (2022). Illusions of techno-nationalism. *Journal of International Business Studies*, 53(3): 550-567.

Luo, Y., & Tung, R. L. (2007). International expansion of emerging market enterprises: A springboard perspective. *Journal of International Business Studies*, 38: 481-498.

Simon, H. (1992). Lessons from Germany's midsize giants. *Harvard Business Review*, (3): 115-123.

Teece,D. J. (1986). Profiting from technological innovation: Implications for integration, collaboration, licensing and public policy. *Research policy*, 15(6): 285-305.

焦红浩,2013.浅析中小型企业国际化经营的困境与出路.人民论坛(5):66-67.

王朝辉,陈洁光,黄霆,等,2013.企业创建自主品牌关键影响因素动态演化的实地研究——基于广州 12 家企业个案现场访谈数据的质性分析. 管理世界（6）：111-127.

吴先明，高厚宾，邵福泽，2018. 当后发企业接近技术创新的前沿：国际化的"跳板作用". 管理评论，30（6）：40-54.

吴晓波，张馨月，沈华杰，2021. 商业模式创新视角下我国半导体产业"突围"之路. 管理世界，37（3）：123-136+9.

西蒙，杨一安，2015. 隐形冠军：未来全球化的先锋. 北京：机械工业出版社.

许晖，刘田田，丁超，2021. 技术压力情境下中国企业国际化进程中资源杠杆的构建与作用机制——基于华源和银龙的双案例研究. 管理学报，18（8）：1118-1127.

许晖，许守任，冯永春，2014. 新兴国际化企业的双元平衡及实现路径——基于产品 – 市场情境矩阵的多案例研究. 管理学报，11（8）：1132-1142.

薛荣久，2009. 经济全球化下贸易保护主义的特点、危害与遏制. 国际贸易（3）：28-31.

杨震宁，李东红，王以华，2010. 中国企业研发国际化：动因、结构和趋势. 南开管理评论，13（4）：44-55.

邹立凯，唐继凤，李新春，2021. 新兴市场天生国际化企业海外市场扩张机制研究——基于两家中国科技型企业的案例分析. 管理学报，18（11）：1581-1588.

图书在版编目（CIP）数据

做实："专精特新"企业的成长之道 / 王辉等著.
北京：商务印书馆，2024.（2025.6 重印）-- ISBN
978-7-100-24315-5

Ⅰ. F279.243
中国国家版本馆 CIP 数据核字第 202427469U 号

权利保留，侵权必究。

做实："专精特新"企业的成长之道

王辉 彭泗清 董小英 潘垚天 武亚军 王锐 著
刘力 陆瑜 策划
徐向娟 陈欣 责任编辑

商 务 印 书 馆 出 版
（北京王府井大街36号 邮政编码100710）
商 务 印 书 馆 发 行
山东临沂新华印刷物流集团
有 限 责 任 公 司 印刷
ISBN 978-7-100-24315-5

2024 年 9 月第 1 版	开本 710×1000 1/16
2025 年 6 月第 2 次印刷	印张 24¼

定价：108.00 元